Le Cordon Bleu

# LAS TÉCNICAS DEL CHEF

# Le Cordon Bleu

# LAS TÉCNICAS DEL CHEF

## EQUIPO · INGREDIENTES · TERMINOLOGÍA GASTRONÓMICA

**BLUME**

**BLUME**

Título original:
*Le Cordon Bleu Kitchen Essentials*

**Traducción:**
Ana María Pérez Martínez
Especialista en temas culinarios

**Coordinación de la edición en lengua española:**
Cristina Rodríguez Fischer

*Primera edición en lengua española 2001*

© 2001 Art Blume S. L.
Av. Mare de Déu de Lorda, 20
08034 Barcelona
Tel. 93 205 40 00  Fax 93 205 14 41
E-mail: info@blume.net
© 2001 Carroll & Brown Limited, Londres

I.S.B.N.: 84-89396-80-9

Impreso en Emiratos Árabes Unidos

CONSULTE EL CATÁLOGO DE PUBLICACIONES ON-LINE,
INTERNET: HTTP://WWW.BLUME.NET

# contenido

# introducción

**E**s para nosotros un gran placer presentarles nuestro nuevo libro, una obra que no puede calificarse como un simple libro de cocina, pues es mucho más que eso. Se trata de una guía que puede resultar útil tanto a los aficionados como a los profesionales. En un libro de cocina corriente, se intenta mejorar las habilidades culinarias ofreciendo una receta tras otra, pero tras más de un siglo enseñando a cocinar, Le Cordon Bleu ha aprendido que el secreto del éxito de un plato consiste en algo más que en una buena receta, pues se basa sobre todo en un sólido conocimiento de los ingredientes, las técnicas y los procedimientos para llevarlo a cabo. Una receta no es más que una guía que puede facilitar la creación de una comida deliciosa, algo que también contribuye a alimentar el espíritu y las relaciones personales.

Los ingredientes y utensilios culinarios son las claves de la cocina, aunque muchas personas las den por sentadas. Esta guía de Le Cordon Bleu le enseñará a comprobar la frescura de un pescado o a seleccionar un melón maduro, cuestiones que han dado problemas a cocineros de todo el mundo. También le proporcionará información para aprovechar al máximo sus compras y le presenta nuevos ingredientes procedentes de todo el mundo. Y no se limita a describirlos, sino que se los mostrará y le enseñará a seleccionarlos y a conservarlos frescos, así como todos aquellos aspectos relativos a la forma de prepararlos, como pelarlos, cortarlos y cocinarlos.

En la actualidad los cocineros disponen de un equipo mucho más profesional que antaño, y los *gourmets* pueden equipar su cocina de forma que parezca un restaurante en miniatura. Se trata de un libro único, ya que explica con el mismo detalle la forma de seleccionar los ingredientes como el empleo de la herramienta indicada.

El equipo de Le Cordon Bleu, constituido por más de cincuenta maestros cocineros de gama internacional, desea mostrar sus conocimientos tanto al cocinero aficionado y al aspirante a *chef* como al profesional experimentado. Durante sus estudios, nuestros alumnos conocen nuevos ingredientes y herramientas que aprenden a adaptar a su propio estilo de cocina y a sus respectivos lugares de origen. Confiamos en que la presente obra le resulte igualmente útil y le permita lograr estos mismos objetivos.

**André J. Cointreau**
Presidente de Le Cordon Bleu International

# conocimientos básicos

# cuchillos y cortadores

Una cocina bien equipada debe contener una variada selección de cuchillos. Los de mayor calidad son de acero inoxidable rico en carbono, y deben tener una espiga (la parte metálica estrecha situada en la base de la hoja) a continuación del mango. Muchos cocineros prefieren, sin embargo, la hoja pesada y rectangular de una macheta cuando se trata de cortar carnes.

**Cuchillo mondador** Se utiliza para cortar frutas, hortalizas, carne y pescado, y su tamaño es similar al de un cuchillo de cocinero; tiene una hoja de 6 a 9 cm.

**Cuchillo de cocinero** Esencial para picar, cortar a rodajas, a dados y picar; este cuchillo tiene una hoja larga de forma triangular cuya longitud va de los 15 a los 30 cm. Su extremo es ligeramente curvado, por lo que puede balancearse para picar con mayor facilidad.

## Afilar y guardar los cuchillos

Utilice una chaira para mantener los cuchillos afilados. Para utilizarla, sosténgala sobre la superficie de trabajo y coloque la parte más ancha de la hoja del cuchillo en un ángulo de 20° con respecto a la parte inferior de la misma y sosteniendo el cuchillo cerca del escudo. Mueva el cuchillo de arriba hacia abajo, acercando gradualmente el mango hacia usted, hasta que haya afilado la hoja por completo. Repita esta operación por el otro lado y realice varias pasadas hasta que ambos lados estén bien afilados.

Guarde los cuchillos en un bloque de madera.

**Cuchillo de sierra** Se vende en diferentes tamaños; los más pequeños, de 13 cm de longitud, son ideales para cortar frutas y hortalizas, mientras que los de mayor tamaño cortan panes y pasteles con gran facilidad.

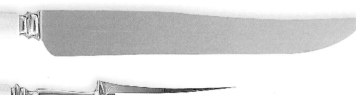

**Cuchillo y tenedor trinchante** Este cuchillo tiene una hoja larga y estrecha, ideal para cortar en lonchas carnes cocidas cuando están calientes. El tenedor de dos dientes se utiliza para sujetar la carne mientras se trincha.

**Cuchillo de hoja festoneada y extremo romo** Este cuchillo corta mejor las carnes frías que el que se utiliza para trinchar.

## Picar con cuchillo

Sostenga firmemente la punta del cuchillo con una mano contra la tabla y utilice la otra para levantar y bajar el mango, deslizando la hoja sobre los alimentos.

**Picar** Los alimentos se cortan en trozos pequeños e irregulares del tamaño de guisantes.

**Picado fino** Los ingredientes se cortan en trozos pequeños e irregulares menores de 3 mm.

**Cortar a dados** Corte dados pequeños y regulares de unos 5 cm de longitud. Primero corte el alimento en tiras largas como cerillas y a continuación del través.

**Juliana** Los alimentos se cortan en tiras finas como cerillas. Para ello, corte primero el alimento en rodajas de 5 x 3 cm y luego en tiras de 3 mm de ancho, a lo largo.

## Cortadores, peladores y ralladores

**La medialuna** cuenta con una hoja curvada sujeta mediante dos mangos de madera verticales situados uno a cada extremo. Corte los ingredientes mediante un movimiento de balanceo.

▶ **El mondador de hortalizas** resulta más fácil de utilizar que un cuchillo mondador para patatas, manzanas, zanahorias y otras frutas y hortalizas. La hoja móvil se adapta mejor a la forma de los ingredientes que una fija, por lo que se pierde menos carne.

▶ **Rallador** La mayoría son una caja hueca con diferentes tamaños de agujeros perforados en cada lado. Se encuentran los ralladores giratorios provistos de diferentes hojas; los de una sola cara, para cítricos y queso parmesano, y los ralladores cóncavos para nuez moscada.

▶ **Pelador de cítricos** Este rallador tiene una cabeza de acero inoxidable con cinco agujeros diseñados para retirar finas tiras de la piel de los cítricos cuando se arrastra sobre la superficie de la fruta.

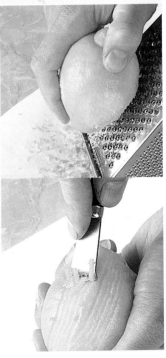

# otros utensilios esenciales

Existe una amplia gama de utensilios especializados para facilitar la realización de determinadas tareas, muchas de las cuales se demostrarán a lo largo del libro. Aquí nos centraremos en los más indispensables.

### Cuencos mezcladores

Poseen múltiples usos en la cocina, y una bien equipada dispondrá de varios recipientes de diversos tamaños. Los cuencos de acero inoxidable son muy duraderos y buenos conductores del frío y el calor; los de cerámica y vidrio son más pesados, por lo que deberán mantenerse asentados sobre la superficie de trabajo al batir los ingredientes. Los de pírex pueden utilizarse en hornos y microondas.

### Batidores

Disponibles en diferentes tamaños, desde los más grandes, que se utilizan para batir crema, masas ligeras y huevos, hasta los más pequeños, para mezclar aliños o chocolate caliente. Un buen batidor debe empuñarse con comodidad y las varillas han de estar sólidamente fijadas. Los batidores planos son ideales para alcanzar los extremos de las cacerolas y desglasar.

### Cucharas y vaciadores

Las cucharas de madera son esenciales para mezclar, remover y servir; además de fuertes e inflexibles, no son buenas conductoras del calor, lo que las hace ideales para batir y remover. Las cucharas metálicas y de plástico se utilizan para rociar, remover y mezclar. Puesto que no absorben sabores fuertes como las de madera, resultan más apropiadas para uso general. Las espumaderas se utilizan para retirar y escurrir los alimentos de los líquidos calientes y también para espumar. Los cucharones, de distintas capacidades, son esenciales para servir líquidos y los mejores cuentan con un pico a un lado que facilita el vertido. El vaciador de melón (*véase* pág. 221) posee generalmente dos cuchillas cóncavas en cada extremo y se utiliza para cortar bolas de patatas, frutas y otras hortalizas para guarniciones. La cuchara para hacer bolas de helado puede ser útil, aunque también puede utilizarse una cuchara de postre.

### Tamices y coladores

Se utilizan con ingredientes tanto secos como líquidos y son metálicos, de plástico o madera con diferentes calibres de malla. Las formas cónicas son ideales para colar ingredientes líquidos en jarras y recipientes altos; los de base redonda y los tamices de tambor están indicados para los ingredientes secos. Los

agujeros perforados de los coladores facilitan la tarea de escurrir pastas hervidas y verduras, así como lavar frutas y hortalizas. Los coladores con un mango y pies de apoyo son los más útiles.

## Utensilios y máquinas

Además de los aparatos eléctricos que se describen a continuación, existe un buen número de utensilios manuales que pueden utilizarse para facilitar diversas tareas.

- Mortero y mano de mortero (*véase* pág. 229). Se trata de un cuenco pequeño provisto con su correspondiente mano que se acciona manualmente y que tiene múltiples usos en la cocina. Con ambos se aplastan y machacan especias, frutos secos, semillas y anchoas, así como otros ingredientes para obtener salsas y pastas.
- Relojes. Éstos pueden ser tanto automáticos como de arena y son vitales para avisar sobre los diferentes estadios de cocción y preparación.
- Termómetros para freír, azúcar y carne. Son esenciales para asegurarse que los ingredientes alcanzan la temperatura óptima de cocción.
- Máquinas para pasta. Sirven para extender y para cortar la pasta. Se venden con diferentes cortadores para obtener pastas y fideos de diferentes anchuras.
- Batidores giratorios manuales. Para batir huevos, montar crema y batir otros líquidos.

**Equipamiento eléctrico** Existe una amplia variedad de aparatos eléctricos para la cocina que pueden facilitar y disminuir el tiempo de preparación de los alimentos.

- Un robot eléctrico es una máquina multiuso que puede picar, cortar y reducir a puré un amplio abanico de ingredientes. La mayoría de modelos llevan incorporados discos para cortar así como varillas para amasar masa.
- Aunque una batidora mezcladora no es tan versátil como un robot eléctrico, es muy útil para reducir sopas a cremas, preparar salsas, bebidas y purés. Las más potentes pueden picar hielo.
- Las mezcladoras o amasadoras pueden ser tanto manuales como de mesa. Son esenciales para preparar masas y pastas, batir crema, claras de huevo y preparar masas para pasteles. Los modelos de mesa llevan a menudo otras opciones tales como accesorios para preparar pasta, moler e incluso extraer zumos.
- Las freidoras llevan un termostato para regular la temperatura del aceite, lo que las hace más seguras de usar que una sartén o freidora convencional.
- Las heladoras pequeñas baten la mezcla del helado en el congelador y las de mayor tamaño o de mesa tienen su propio mecanismo integral para remover y enfriar.

## Medir y mesurar

Para cocinar con éxito, los ingredientes deben medirse y pesarse correctamente. Los libros norteamericanos utilizan medidas de tazas, pero los europeos indican los ingredientes por peso y volumen de acuerdo con el sistema métrico decimal.

Las cucharas para medir son ideales para pequeñas cantidades de ingredientes secos. A no ser que se especifiquen cucharadas colmadas, éstas se entienden rasas (*véase* inferior).

Las jarras y tazas medidoras son útiles para medir el volumen de los líquidos. Deben leerse a la altura del ojo para asegurarse de que se alcanza la cantidad precisa (*véase* inferior).

Las balanzas, ya sean de equilibrio o digitales, deben emplearse en aquellas recetas que indiquen el peso de los ingredientes.

▶ **Medir una cuchara rasa**
Llene la cuchara con el ingrediente indicado sobre un cuenco o plato. Pase el filo de la hoja de un cuchillo por la cuchara empezando por el extremo del mango y avanzando hacia adelante hasta nivelar la superficie.

▶ **Comprobar la medida de un líquido** Coloque la jarra sobre una superficie plana y espere a que el líquido deje de moverse. Sitúe el recipiente a nivel de los ojos para comprobar la medida justamente; el líquido debe llegar a la línea de volumen requerida.

▶ **Comprobar el volumen** Al igual que los ingredientes, la fuente o cacerola debe tener el tamaño correcto. Si desea comprobar su capacidad, llénela con agua vertida de una jarra medidora, añadiendo medio litro cada vez. Vaya llenándola y tomando nota de las medidas hasta que el agua alcance el borde del recipiente.

# la batería de cocina

Una cocina bien equipada dispondrá de una amplia selección de cacerolas para cocinar los diferentes alimentos. La compra de una batería completa puede suponer un gasto importante; si desea adquirir toda una gama de cacerolas le conviene tener en cuenta algunas cuestiones antes de comprar sólo una pieza y comprobar si su manejo le resulta cómodo. Recuerde también que la base de la cacerola debe ser de un tamaño apropiado para su cocina.

## ¿Cuántas cacerolas son necesarias?

- Tres o cuatro cazos de $^3/_4$ de litro a 2 litros para la cocción diaria de salsas y hortalizas.
- Una cacerola de dos asas para alimentos de gran tamaño como por ejemplo mazorcas de maíz o langosta.
- Una o dos cacerolas hondas y anchas de 4-6 litros de capacidad para cocinar caldos, sopas, pasta y arroz.
- También es interesante la adquisición de una vaporera; los alimentos cocidos al vapor mediante un calor suave y húmedo adquieren un sabor delicioso. Existen muchos modelos, desde los eléctricos hasta los convencionales, que constan de una cacerola base sobre la que se acoplan dos o tres recipientes cubiertos por una tapa hermética.

**Los materiales** deben conducir el calor de forma homogénea desde la base hacia las paredes. Las cacerolas y cazos de paredes rectas y razonablemente profundos mantienen mejor el calor.

**Los mangos** deben ser consistentes, resistentes al calor y estar bien asegurados. Si resultan demasiado pesados el recipiente podría volcarse.

**El agujero** del final del mango puede usarse para colgarlo.

**Las bases** deben ser gruesas y pesadas. Si son demasiado ligeras, los alimentos podrían pegarse.

**Las tapas** deben encajar perfectamente y el pomo debe estar bien fijado.

**El peso** es importante: levante el recipiente para comprobar su peso.

## Materiales

- Los recipientes de aluminio conducen bien el calor y no se abollan fácilmente pero pueden afectar el sabor y el color de los platos ácidos o los elaborados a base de huevos si se cuecen lentamente.
- Las cacerolas de hierro colado distribuyen el calor uniformemente y se enfrían con lentitud. Es preciso adaptarlas antes de su uso para obtener un acabado antiadherente (*véase* recuadro inferior), y además no son apropiadas para cocinar hortalizas, pues el hierro destruye la vitamina C.
- Las cacerolas de cobre son caras pero conducen el calor a la perfección. No las utilice para preparar encurtidos: el vinagre podría reaccionar con el metal y provocar un envenenamiento. Evite cocer en ellas hortalizas, pues el cobre destruye la vitamina C. Para evitarlo, asegúrese de que el recipiente esté recubierto con una capa de acero inoxidable.
- Las cacerolas de hierro colado esmaltadas no son apropiadas para salsas delicadas. El esmalte puede cuartearse si se caen y el interior también puede estropearse.
- El acero inoxidable es un material muy resistente. La mayoría de los recipientes fabricados con este metal tienen una capa de cobre o aluminio que ayuda a transmitir el calor.
- Los utensilios de vidrio y porcelana sólo están indicados para cocciones muy suaves y a fuego lento. El vidrio es un conductor medio del calor.
- Los utensilios antiadherentes son ideales para cocinar sin grasas, pues no es necesario utilizar más aceite del normal.

### Preparar una cacerola de hierro colado

*Las cacerolas de hierro colado (no esmaltadas) deben adaptarse a su uso antes de estrenarlas para obtener un acabado antiadherente. Lave la cacerola con agua caliente jabonosa y séquela bien. Frote toda la superficie, incluso la externa y la tapa, con un paño embebido con aceite vegetal. Caliente la cacerola colocándola boca abajo en el horno precalentado a 175 °C durante una hora. Apague el horno y deje enfriar el recipiente.*

## BAÑO MARÍA

Un baño María es un «baño de agua» que se obtiene colocando un cazo o un cuenco en un recipiente de mayor tamaño con agua caliente. Un hervidor doble (*véase* derecha) es ideal para cocer al baño María. Este método suave de cocción se utiliza a menudo para preparar salsas delicadas y derretir chocolate.

### Limpieza y cuidado

**El aluminio** es relativamente fácil de limpiar; frótelo con un limpiador suave poco abrasivo. Si el utensilio se ha oscurecido, llénelo con agua y vinagre o zumo de limón y déjelo hervir durante 15 minutos.

**El hierro colado** debe lavarse cuidadosamente con agua hirviendo y papel de cocina o paño suave (sin jabón); utilice un estropajo de nailon para frotar cualquier resto de comida. Séquelo bien tras cada uso para evitar que se oxide. También es conveniente secar el recipiente con un papel empapado en aceite.

**Para reparar los utensilios quemados** extienda una capa de detergente biológico en polvo para lavar sobre la superficie quemada del utensilio. Añada dos tazas de agua y déjelo cocer 10 minutos a fuego lento. A continuación, vacíe el recipiente y lávelo.

**El hierro colado esmaltado** no debe frotarse con estropajos abrasivos. Si los alimentos se han pegado, remoje el recipiente con agua caliente y utilice una esponja de plástico para desprenderlos.

**El cobre** debe lavarse con agua caliente jabonosa, ayudándose de un paño suave, y secarse enseguida. Estas cacerolas han de recubrirse de vez en cuando. El cobre se empaña rápidamente, por lo que la superficie externa debe pulirse con regularidad; límpiela frotando con medio limón sumergido en sal.

**El acero inoxidable** resulta fácil de limpiar pues no se raya al frotarlo. Lávelo con agua caliente jabonosa utilizando un estropajo de nailon y pula el exterior con papel de periódico para abrillantarlo.

**El vidrio y la porcelana** son fáciles de limpiar y pueden ponerse en el lavavajillas. Para retirar la grasa, remójelos en agua caliente jabonosa.

**Los acabados antiadherentes** deben limpiarse con esponja y jabón.

# utensilios para pastas y pasteles

La amplia gama de utensilios especializados disponible en el mercado le ayudará a obtener galletas, pasteles, empanadas y tartas perfectas. Si compra un molde determinado cada vez que desee preparar una receta nueva, creará gradualmente una buena colección.

## Placas para hornear

Se utilizan para preparar galletas, *strudels*, pasta *choux* y lionesas. Las placas para hornear de aluminio grueso con un acabado mate producen pastas y galletas uniformemente doradas. Se obtiene una mejor circulación del aire si las placas son como mínimo 5 cm menores en longitud y anchura que su horno y si poseen tan sólo uno o dos extremos levantados. Un borde levantado permite retirar la placa con facilidad, mientras que los planos facilitan que las preparaciones delicadas puedan deslizarse de la placa en lugar de levantarse. Engrase la placa sólo si la receta lo indica, pues algunas preparaciones tienen un alto contenido en grasa.

### ▼ Engrasar y enharinar

Para evitar que las preparaciones se peguen, extienda de forma homogénea un poco de mantequilla con papel sulfurizado engrasado y luego cúbrala con una cucharada de harina deslizándola sobre la placa y sus extremos.

## Moldes

Los moldes para pastelería son metálicos y pueden ser cuadrados, redondos o rectangulares. Además, presentan diferentes tamaños y capacidades (*véase* derecha). El tamaño del molde debe ser el adecuado para la cantidad de mezcla pastelera, y lo ideal sería que el molde tuviera la misma altura que el pastel en su punto más alto, por lo que al verter la mezcla en el mismo deberá asegurarse que éste se encuentre lleno como mínimo hasta la mitad.

### ▼ Cómo medir los moldes

Déles la vuelta y coloque una regla sobre la base para comprobar su tamaño. Si el molde posee paredes inclinadas, mida su parte superior desde un extremo interno hasta el opuesto. Mida también la profundidad desde su inferior hasta el extremo superior.

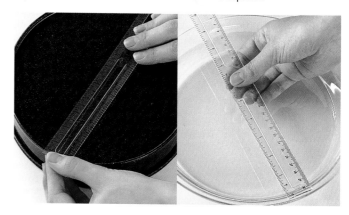

### ▶ Forrar un molde para pastel

Engrasar y enharinar un molde evita que la preparación se pegue. Algunas preparaciones han de forrarse con papel sulfurizado antiadherente. Coloque el molde sobre el papel y después dibuje en éste la base. Recorte el círculo obtenido, engrase el molde, fórrelo con el papel, engráselo y enharínelo.

# MOLDES PARA TARTAS Y EMPANADAS

Los moldes para empanadas pueden ser de vidrio, porcelana o metal, tienen formas redondas, poco profundas y paredes inclinadas. Elija uno lo suficientemente hondo para que el relleno y los zumos no se desparramen. En tartas y *quiches* es preferible utilizar un molde plano de base desmontable para facilitar la extracción. Los moldes pequeños para tartaletas poseen a menudo formas decorativas y los de vidrio o metal con acabados mates producen una pasta bien dorada. Elija un molde profundo si el relleno es sustancioso.

**Los moldes de paredes desmontables** son más hondos que los comunes y tienen una base desmontable, con un dispositivo en el lateral que facilita la extracción. También se venden con bases de formas decorativas y en forma de anillo.

**El molde para brazo de gitano** es rectangular y muy poco profundo, diseñado para cocer placas de bizcocho.

**Los moldes para tartas** se utilizan para preparar tartas y *quiches*, las paredes suelen ser acanaladas y las bases extraíbles. Los moldes pequeños para tartaletas tienen las paredes acanaladas.

## Rejilla para pasteles
Pueden ser redondas o rectangulares; las mejores cuentan con unos pies que facilitan la circulación de aire bajo las preparaciones para que se enfríen al sacarlas del horno.

▶ **Judías para hornear** Estas formas de cerámica o metal se utilizan para asentar la pasta en el molde cuando se desea hornearla sin el relleno para evitar que se abolle.

## Equivalencias de moldes

| Molde indicado | Equivalencia |
|---|---|
| Cuadrado de 15 cm | redondo de 17 cm |
| Cuadrado de 17 cm | redondo de 20 cm |
| Cuadrado de 20 cm | redondo de 22 cm |
| Cuadrado de 22 cm | redondo de 25 cm |
| Cuadrado de 25 cm | redondo de 27 cm |
| Moldes para bizcocho de 2 x 17 cm | 18 moldes de papel |

## Capacidad del molde

| Tamaño | Volumen aproximado |
|---|---|
| Cada molde para madalenas de 7 x 3 cm | 6 cucharadas |
| Molde para pan de 21 x 11 cm | 1,25 litros |
| Molde cuadrado de 20 cm | 1,25 litros |
| Molde cuadrado de 22 cm | 2,2 litros |
| Molde para empanadas de 22,5 cm | 1 litro |
| Molde de 30 x 17 cm | 1,9 litros |
| Molde de 32 x 20 cm | 3,1 litros |
| Molde para brazo de gitano de 39 x 26 cm | 1,6 litros |

## Cortapastas
Se venden por separado o en series de diferentes tamaños, suelen ser metálicos y tienen bordes rectos cortantes. Sus formas varían entre las redondas o lisas hasta diseños de fantasía.

## Rodillo
Elija un rodillo de madera pesado con un acabado liso y fino. Puede ser con o sin asas, o con unas sujetas a ambos extremos del rodillo.

## Cortapastas de rueda
Se trata de un cortapastas con mango de madera sujeto a una rueda dentada. Se utiliza para recortar decorativamente los extremos de las tartas y las empanadas.

◀ **Pincel de pastelería** Estos pinceles pueden ser de cerdas planas o redondeadas y estar fabricados de plástico o cerdas naturales. Se utilizan para extender los glaseados sobre las pastas antes de hornearlas.

utensilios para pastas y pasteles

17

# preparar pastas

Para obtener deliciosas tartas y pasteles deberá dominar diversas técnicas, aunque el empleo del material adecuado también le facilitará la tarea.

### Tartas y empanadas perfectas

Una pasta tierna y hojaldrada es algo fácil de conseguir para cualquier cocinero aficionado. Sólo debe tener en cuenta las siguientes consideraciones:

- Todos los ingredientes deben estar fríos al empezar a trabajar (utilice la mantequilla de la nevera y agua helada), y la cocina tampoco debe estar caliente.
- La masa debe manejarse lo mínimo posible. También debe dejarse enfriar unos 30 minutos antes de extenderla.
- Una mezcla de mantequilla y grasa blanca vegetal proporciona los mejores resultados, pues la mantequilla aporta sabor y color, y la grasa blanca, la textura hojaldrada.

### Incorporar la mantequilla a la harina

En la mayoría de las recetas de pastas se ha de incorporar la mantequilla a la harina para airear la preparación. Esto puede hacerse a mano o con un utensilio denominado mezclador de masa.

### Extender la pasta con el rodillo

Para evitar que la pasta se pegue sobre la superficie de trabajo, enharínela ligeramente, espolvoreándola con más si es necesario.

Extienda la pasta trabajando desde el centro hacia adelante y luego hacia atrás, dé un cuarto de vuelta a la pasta y extiéndala de nuevo rotándola cada vez hasta obtener un círculo uniforme.

**Con las manos** Corte la mantequilla en trozos pequeños y póngala en el cuenco con la harina. Añada un poco de harina con cada trozo de mantequilla y frote con los dedos para amalgamar la mezcla.

**Con una mezcladora de masa** Las varillas de alambre unidas al asa mezclarán la mantequilla con la harina al balancear la mezcladora sobre ambas.

**Enfondar el molde** Extienda la pasta en forma de círculo y enróllela en torno al rodillo. Deslícela sobre el molde y presiónela sobre su fondo con los dedos. Presione sobre las bolsas de aire que hayan quedado, pero no estire ni extienda la pasta. Si se desgarra, humedezca los extremos y presiónelos.

## Hornear a la perfección

- Para manejar fácilmente su tarta o empanada y evitar que el relleno se derrame, colóquela sobre la placa de hornear antes de introducirla en el horno.
- Para evitar que las empanadas o tartas cubiertas con pasta queden húmedas, practique unas pequeñas entallas sobre la capa de pasta superior antes de introducirlas en el horno; de esta forma el vapor escapará durante la cocción.
- Antes de retirar su tarta o empanada del horno, compruebe el punto de cocción. Las tartas de frutas estarán listas cuando el centro burbujee, las de crema, cuando al insertar un cuchillo a unos 2 cm en el centro de la preparación salga limpio.

## Recetas básicas

**Pasta quebrada** Una pasta rica y hojaldrada con una buena proporción de grasa con respecto a la harina. También denominada *pâte brisée*, se utiliza para preparar tartas de frutas y crema o *quiches*, así como para empanadas de dos capas.

**Pasta *choux*** Esta pasta se cuece en dos etapas y es la pasta clásica de las lionesas. Con ella se obtienen pastas crujientes y etéreas para los palos y las lionesas, así como para aperitivos salados. También puede freírse para preparar buñuelos.

**Pasta de hojaldre** Se trata de una pasta ligera y mantecosa que aumenta varias veces su grosor original gracias a la acción del vapor. Se utiliza tanto en preparaciones dulces como saladas, y con ella se elaboran volovanes, hojaldres y *bouchées*.

**Pasta azucarada** Es parecida a la pasta quebrada, pero se diferencia de ésta por contener azúcar y produce una pasta más arenosa. Está especialmente indicada para tartas dulces.

## Bordes de pasta decorativos

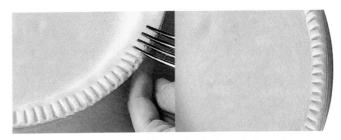

**Decorar los bordes** La pasta debe quedar al mismo nivel que el extremo del molde; si es necesario, recorte la pasta sobrante. Pase un tenedor enharinado sobre el borde de pasta presionando ésta contra el molde.

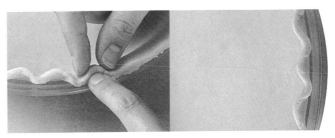

**Pliegues** Ponga el índice en el borde externo y con la ayuda de los dedos pulgar e índice de la otra mano pellizque suavemente la pasta hasta formar pliegues. Deje 0,5 cm entre cada pliegue.

**Pliegues marcados** Presione el índice contra el extremo externo del borde, y con los dedos índice y pulgar de la otra mano pellizque firmemente hasta obtener pliegues bien marcados. Deje 0,5 cm entre cada pliegue.

**Cuerda** Presione el pulgar contra la pasta para formar un ángulo y luego pellízquela entre el pulgar y el nudillo del índice. Coloque el pulgar en el hueco del índice, y pellizque como antes; repita la operación por todo el contorno.

# preparar pasteles

Existen dos tipos básicos, los preparados siguiendo el método cremoso y los batidos. El éxito de los pasteles cremosos depende del batido de la mantequilla y el azúcar, que debe convertirse en una mezcla pálida y esponjosa a la que posteriormente se le agregan los ingredientes secos, homogéneamente repartidos. Para obtener un pastel batido ligero y suave, los huevos se han de batir por separado.

Para obtener pasteles perfectos debe tener en cuenta que:
- Los huevos deben estar a temperatura ambiente al batirlos para obtener el máximo volumen.
- Se ha de utilizar mantequilla ablandada, no derretida, para facilitar la mezcla.
- Se debe golpear suavemente la base de los moldes sobre la superficie de trabajo una vez llenos para evitar la formación de burbujas de aire.
- Conviene hornear los pasteles en el centro del horno. Si prepara más de dos capas, dé la vuelta a los moldes a media cocción.
- No se ha de abrir la puerta del horno durante los primeros 15 minutos de horneado, pues el pastel podría desmoronarse.

Todos los pasteles deben enfriarse antes de desmoldarlos; los preparados con el método cremoso deben dejarse enfriar unos 10 minutos sobre una rejilla y desmoldarse enseguida para que no queden húmedos. Los pasteles batidos deben dejarse enfriar por completo en los moldes. Los bizcochos preparados con claras batidas y los pasteles del ángel deben enfriarse boca abajo.

En muchas recetas los moldes deben engrasarse y enharinarse y en ocasiones forrarse (*véase* pág. 16) para obtener los mejores resultados. También existen técnicas para cortar varias capas y asegurar un resultado limpio así como para enrollar bizcochos limpiamente. Compruebe que el pastel esté bien cocido y déjelo enfriar por completo antes de rellenarlo y glasearlo.

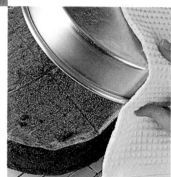

**◄ Comprobar la cocción**
Presione el centro de los bizcochos y pasteles batidos con dos dedos; si están cocidos volverán a su posición original. Los lados de un pastel de queso bien cocido se separarán de las paredes del molde y al insertar una broqueta metálica en el centro ésta debe salir limpia.

**► Desmoldar pasteles** Pase con cuidado un cuchillo pequeño contra las paredes del molde para desprenderlo. Coloque a continuación una rejilla sobre el molde e inviértalo con cuidado. Retire el molde y deslice el pastel sobre otra rejilla.

## Preparar un brazo de gitano

Los bizcochos pueden recortarse con diferentes formas o enrollarse en torno a un relleno. La preparación se ha de hornear, volcar y dejar enfriar antes de enrollarse. Si utiliza papel sulfurizado para enrollar el bizcocho obtendrá un acabado más limpio.

Transfiera el bizcocho cocido sobre papel sulfurizado espolvoreado con azúcar muy fino y desprenda el papel adherido al bizcocho. A continuación, añada el relleno.

Doble unos 2 cm de uno de los extremos más alargados y empiece a enrollar el bizcocho. Estire el papel sulfurizado para enrollar con facilidad el bizcocho.

## Rellenar y apilar capas

Para obtener un acabado limpio los pasteles deben cortarse en capas regulares. La base del pastel tiene a menudo la superficie más plana, por lo que puede utilizarse como capa superior. Un cuchillo de paleta facilitará la tarea de extender el glaseado homogéneamente.

▶ **Cortar capas** Coloque dos cucharas mezcladoras del mismo tamaño a ambos lados del pastel, paralelas una a la otra. Practique un corte vertical a un lado del pastel con un cuchillo pequeño. Deje descansar un cuchillo de sierra sobre las cucharas y corte el pastel en sentido horizontal.

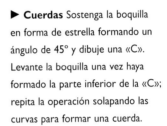

◀ **Extender rellenos / glaseados**
Extienda el glaseado en una capa con un cuchillo de paleta. Añada la siguiente capa, alineando los cortes. Extienda el glaseado. Añada la última capa con el lado del corte hacia abajo. Extienda el glaseado en la superficie y los lados con un cuchillo de paleta caliente.

### Recetas básicas

**Bizcocho batido** Se trata de una mezcla ligera de huevos, azúcar, harina y sal. Puede añadirse mantequilla para realzar su sabor.

**Bizcocho Victoria** Se prepara mediante una mezcla de harina, mantequilla, azúcar y huevos, y suele rellenarse de confitura de frambuesas.

**Pastel de frutas** Es la base tradicional para los pasteles de fiesta. Consiste en frutas secas, especias y azúcar moreno mezclados con harina, huevos y mantequilla.

**Pastel de queso** Se prepara con crema de queso, queso fresco o requesón mezclado con azúcar y crema agria, y se hornea en un fondo de pasta precocido.

**Glaseado de crema de mantequilla** Un glaseado muy cremoso de mantequilla, huevos, azúcar y almíbar, también puede llevar chocolate.

## Glasear y decorar pasteles

Una manga pastelera con diferentes boquillas es ideal para los acabados decorativos. Para llenar la manga con facilidad, colóquela sobre un vaso pesado. Deje caer los lados de la bolsa sobre el vaso y llene la bolsa hasta la mitad con el glaseado.

▶ **Rosetas** Sosteniendo la manga a la que habrá acoplado una boquilla en forma de estrella, forme un ángulo de 90° justo por encima del pastel, y retuerza la manga moviendo la boquilla en sentido circular. Deje de oprimir la manga y levántela.

▶ **Cuerdas** Sostenga la boquilla en forma de estrella formando un ángulo de 45° y dibuje una «C». Levante la boquilla una vez haya formado la parte inferior de la «C»; repita la operación solapando las curvas para formar una cuerda.

▶ **Cenefas y letras** Con ayuda de una boquilla para escribir y un glaseado poco denso, sostenga la boquilla formando un ángulo de 45° que toque justo el pastel. Retuerza suavemente la manga pastelera a medida que trabaja y levántela ligeramente para obtener una cenefa.

▶ **Puntos** Sostenga una boquilla para escribir formando un ángulo de 90° justo sobre el pastel. Retuerza suavemente la manga hasta obtener un punto, luego deje de exprimirla y levante la boquilla.

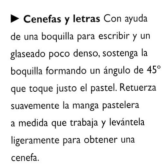

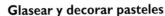

preparar pasteles

21

# blanquear y ablandar

Algunos alimentos deben tratarse de una forma especial antes de cocinarlos. El blanqueado es una técnica muy útil que presenta diferentes funciones. Se utiliza para preparar hortalizas crudas antes de la etapa final de cocción, por ejemplo, si va a preparar un salteado, ya sea tradicional u oriental, o si desea anticipar parte de la preparación o congelarla. Al blanquear se inhibe la acción de las enzimas durante la congelación, asegurando que las hortalizas se mantengan en las mejores condiciones para la cocción posterior. El blanqueado también se utiliza para retirar las pieles de ciertas frutas y hortalizas, para realzar su color, para reducir el sabor amargo de algunas hortalizas y para retirar el exceso de sal del cerdo y del beicon. Si desea ablandar alimentos, también debe hacerlo antes de cocerlos.

### Blanqueado

Los alimentos se blanquean hirviéndolos en agua durante un tiempo muy breve, sumergiéndolos luego en agua helada hasta que estén totalmente fríos. La mayoría de las hortalizas pueden blanquearse con éxito en agua hirviendo y otras sobre vapor, el cual mantiene mejor su forma a la vez que hace que se conserven más nutrientes. También pueden blanquearse en el microondas, que mantendrá tanto el color como los nutrientes. El tiempo dependerá de la clase de hortaliza y su empleo posterior; si sólo desea pelarlas con facilidad serán suficientes de 1 a 2 minutos.

**Blanquear en agua** Ponga a hervir agua ligeramente salada hasta que alcance su punto de ebullición. Prepare las hortalizas y colóquelas en un colador o cesta que se ajuste al recipiente, de modo que los alimentos puedan moverse. Coloque las hortalizas sobre el agua y lleve rápidamente el líquido a ebullición. Remueva las hortalizas una vez que el agua vuelva a hervir. Hierva durante el tiempo indicado y sumerja enseguida las hortalizas en agua helada o déjelas bajo el chorro del agua fría hasta que se hayan enfriado por completo; escúrralas enseguida.

**Blanquear al vapor** Utilice una cacerola grande con una tapa que ajuste bien y llénela con 5 cm de agua. Coloque una rejilla en la cacerola y hierva el agua (asegúrese que el agua no toque la rejilla). Añada las hortalizas colocándolas hasta formar una sola capa de no más 5 cm de profundidad y cubra la cacerola. Deje cocer al vapor el tiempo indicado, a continuación sumerja las hortalizas en agua helada o póngalas bajo el chorro del agua fría hasta que se hayan enfriado; escúrralas enseguida.

**Blanquear en el microondas** Coloque 1 kg de hortalizas en una cacerola apta para microondas y añada 5 cucharadas de agua. Tápela y cueza al 100 % de potencia durante 4-6 minutos, hasta que estén cocidas de forma homogénea. Déjelas enfriar y escúrralas.

### Sancochar

Al sancochar alimentos éstos se cuecen más tiempo que al blanquearlos, pues se dejan casi a media cocción. Las hortalizas viejas se sancochan para ablandarlas y para que se cuezan en el mismo tiempo que las más frescas. Para obtener los mejores resultados al asar patatas, éstas deben sancocharse antes de asarse (*véase* pág. 165). También puede sancochar las hortalizas por anticipado para ahorrar tiempo en la preparación final, algo que resulta muy útil si se van a saltear posteriormente.

### Pelar

Los melocotones, albaricoques y tomates pueden pelarse mejor si se cuecen en agua hirviendo durante no más de un minuto. Deben retirarse del recipiente de cocción con una espumadera y sumergirse enseguida en un cuenco con agua helada para parar la cocción. Las frutas y hortalizas pueden sumergirse directamente en agua hirviendo. Es más fácil pelar los tomates si antes se entalla una «x» poco profunda en el extremo inferior de cada uno. También puede utilizar esta técnica para pelar almendras. Póngalas en un colador, sumérjalo en agua hirviendo y cuézalas de 2 a 3 minutos. Pellizque la piel ablandada entre sus dedos índice y pulgar para retirarla.

## Ablandar

Muchos cortes de carnes, aves y algunos pescados precisan ablandarse antes de cocerse. Existen diferentes métodos, pero el más fácil consiste en espolvorear un ablandador de carne sobre ésta; sin embargo, a veces sólo se ablanda la superficie y el interior queda duro. Otro método consiste simplemente en aplastar la carne para romper los músculos y un tercer método consiste en remojar la carne o pescado en un adobo o marinada a base de vino o vinagre. De esta forma no sólo se aromatiza y ablanda la carne, sino que gracias a la acción del ácido del vino o vinagre se ablandan las fibras y se desnaturalizan las proteínas superficiales. Debido a ello se debe utilizar un recipiente no reactivo, como vidrio, porcelana o esmaltado para contener el adobo o marinada.

**Adobos y marinadas** El tiempo en que deberá mantener los alimentos en un adobo o marinada dependerá de la naturaleza y tamaño de los mismos. Los cortes pequeños de carne que van a cocerse a la parrilla o a freírse sólo deben adobarse durante una o dos horas; incluso 30 minutos son suficientes para las broquetas. Un asado de cerdo grande puede adobarse durante 1-2 días. Si va a adobar o marinar un alimento más de 30 minutos, póngalo en la nevera y déle la vuelta de vez en cuando con una espumadera para asegurarse de que el adobo o marinada lo cubre por completo. Antes de cocinar los alimentos, éstos deben estar a temperatura ambiente, por lo que deben retirarse del adobo o marinada y escurrirse por

**Aplastar** Al aplastar la carne golpeándola, no sólo se rompen los tejidos conjuntivos, sino que de este modo también queda más aplanada para poder cocerla más rápidamente. Puede utilizar un rodillo, una macheta o un utensilio especial.

completo. Si utiliza azúcar, deberá reducir la temperatura de cocción y vigilar que el azúcar no se queme al caramelizarse.

**Adobos y marinadas rápidas** Cuando no disponga de mucho tiempo, coloque el alimento con su adobo o marinada en una bolsa de plástico y sacúdala bien para que quede uniformemente recubierto. Este método está especialmente indicado para los cortes muy pequeños.

Los tiempos más breves del cuadro inferior se refieren al blanqueo en agua; los más largos, al blanqueo al vapor. Algunos alimentos sólo pueden blanquearse de una forma.

**Brécoles troceados** 4 minutos/3-5 minutos

**Col en hojas o en tiras**
1 $^1/_2$ minutos/2 minutos

**Coles de Bruselas** 3-4 $^1/_2$ minutos/3-5 minutos

**Espárragos medianos**
3 minutos/4 minutos

**Inflorescencias de coliflor**
3 minutos (blanquee sólo al vapor)

**Judías verdes o cerosas**
2 minutos/3 minutos

**Pimientos morrones** 2 minutos/3 minutos

**Zanahorias a rodajas**
4 minutos/4 $^1/_2$ minutos

**Berza** 2 $^1/_2$ minutos (blanquee sólo en agua)

**Chayote a dados**
2 minutos/2 $^1/_2$ minutos

**Colirrábano a dados** 1 minuto/1 $^3/_4$ minutos

**Espinacas**
2 $^1/_2$ minutos (blanquee sólo en agua)

**Guisantes**
1 $^1/_2$-2 $^1/_2$ minutos/2-3 minutos

**Hojas chinas**
2 $^1/_2$ minutos (blanquee sólo en agua)

**Mazorcas de maíz**
6-10 minutos/7 minutos

**Nabos a dados** 2 minutos/2 $^1/_2$ minutos

**Quingombós medianos**
3-4 minutos/4 minutos

**Taro** 2 $^1/_2$ minutos/3 minutos

# rellenar

Tanto las aves como los pescados, los mariscos, la carne y muchas hortalizas pueden beneficiarse de la adición de un relleno antes de cocinarlas. A veces el relleno se coloca sobre el ingrediente, como en el caso de los mejillones, o en un espacio vaciado, como en las alcachofas. En el caso de los filetes se suele envolver el pollo, pescado o carne alrededor del relleno. En otras ocasiones puede practicar un hueco en el alimento.

## Aves

Tanto las aves enteras como las pechugas pueden enriquecerse con la adición de un relleno que aporte más sabor y jugosidad. Antes de rellenar un ave entera asegúrese de lavarla bien por dentro y por fuera, así como de secarla. Rellene el ave justo antes de asarla, pero si utiliza un relleno cocido, asegúrese de que esté frío antes de usarlo, a no ser que vaya a asarlo enseguida, pues las bacterias se multiplican rápidamente en los rellenos tibios. Los muslos y el extremo de la cola deben atarse para mantener el relleno dentro de la cavidad corporal. La temperatura del relleno en un ave asada debe ser de 80 ºC (para más detalles, *véase* pág. 35).

### Rellenar un ave entera ▶

Coloque el ave con la pechuga hacia arriba sobre un cuenco, de forma que se mantenga enhiesto. Introduzca el relleno con una cuchara dentro de la cavidad corporal.

Ate un bramante alrededor de los muslos y bajo la piel de la cola para asegurar bien el relleno. Si lo desea, puede añadir más relleno en la cavidad del cuello que deberá asegurar con una broqueta.

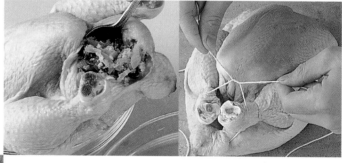

### ◀ Rellenar una pechuga entera

Introduzca suavemente los dedos entre la piel y la carne de la pechuga de pollo para obtener una especie de bolsa. Trabaje con cuidado para no rasgar la piel.

Con la ayuda de los dedos o de una cuchara, empuje el relleno hacia dentro y alíselo aplanándolo con la piel.

### Rellenar una pechuga ▶

Puede practicar una bolsa de 3-4 cm de profundidad a un lado de la pechuga e introducir en ella el relleno, o bien aplastar un filete de pechuga y enrollarlo cuidadosamente en torno al mismo.

En este último caso, para mantener el relleno en su sitio ate el rollo obtenido con bramante a intervalos de 4 cm.

## Pescados y mariscos

La carne de los pescados es delicada, por lo que el relleno no debe ser demasiado consistente. Asegúrese de que todos los ingredientes estén finamente picados y utilice migas de pan molidas. Puede tratar un filete de pescado de la misma forma que uno de pollo, enrollándolo en torno al relleno. En este caso deberá asegurarlo, por ejemplo, con unas ramitas de cebollino, que no sólo aportará atractivo al plato sino que aromatizará el pescado.

Aunque puede rellenar la cavidad estomacal, en el caso de un pescado entero es preferible rellenar la ventral para que mantenga una buena forma.

Los mejillones, almejas, ostras, bogavantes, langostas y cangrejos pueden rellenarse colocando el relleno directamente sobre su carne para llenar el espacio disponible en sus conchas o caparazones.

## Carne

Algunos cortes de carne como las coronas de cerdo o de cordero son ideales para rellenar. Lea atentamente la receta para saber cuándo debe añadir el relleno. Es bastante usual añadirlo cuando la carne ya está parcialmente asada, pues si se incorpora al principio el alto calor generado durante todo el proceso hará que se sobrecueza. Podrá transformar cortes como el solomillo o el pecho de ternera practicándoles unas bolsas y añadiéndoles un relleno.

Corte a lo largo del centro de un solomillo, pero sin llegar a cortar la carne del todo, para que se mantenga unida. Extienda la carne, distribuya el relleno por encima y átela con un bramante para asegurar el relleno.

Si se trata de un pecho de ternera, separe los dos músculos principales con un cuchillo para deshuesar. Extienda el espacio hasta obtener una bolsa ancha y profunda, introduzca el relleno con una cuchara y cierre con una broqueta metálica.

## Hortalizas

Muchas hortalizas como las patatas, los pimientos morrones, las calabazas, los chiles y los tomates pueden vaciarse para albergar atractivos rellenos. Las hortalizas de hoja como la col y la lechuga pueden envolverse en torno a un relleno y la col también puede vaciarse retirándole el centro y utilizarse como un atractivo recipiente.

Puede vaciar hortalizas como las alcachofas y los pimientos retirándoles el heno y las semillas antes de añadir el relleno. Retire el interior de una col entera dejando una pared de unos 2,5 cm y rellénela a continuación. Reserve dos hojas para tapar el relleno y asegúrelas con un bramante antes de cocer la col.

Las hojas individuales de col o lechuga pueden utilizarse para envolver un relleno. Las hojas de col deben blanquearse antes de su uso (*véase* pág. 22). Asegúrese de que las hojas estén bien planas (quizá deba recortar y pulir las nervaduras) y coloque el relleno en el centro de cada hoja. Doble los lados sobre el relleno y luego enrolle la hoja desde un extremo para obtener un paquete.

rellenar

# hervir

Existe un sistema rápido y eficiente para cocer los alimentos sin dorarlos. Al hervir los alimentos, toda su superficie entra en contacto con el agua (u otro líquido) y las moléculas de agua imparten su energía con gran rapidez. Además, también es fácil alcanzar y mantener el punto de ebullición del agua, que a diferencia del aceite debe regularse continuamente con un termómetro. El hervido expone el sabor natural de las hortalizas y ayuda a retener su color manteniendo sus nutrientes. Por otro lado, ablanda la carne, rompiendo las proteínas de colágeno que se forman en los tejidos conjuntivos. También se utiliza para cocer pasta, crustáceos y huevos, así como para reducir salsas.

### Tipos de hervido

Una vez el agua alcanza 100 °C, su punto de ebullición, el líquido se agitará y las burbujas subirán a la superficie, donde se romperán constantemente. Si se hierve moderadamente, la superficie del agua se agitará pero no se moverá, mientras que si se hierve a fuego vivo habrá muchas turbulencias. Se puede cocer justo por debajo del punto de ebullición, estadio en el que sólo aparece visible una corriente de burbujas pequeñas sobre la superficie.

### Hervir hortalizas

La mayoría de las hortalizas deben cocerse lo más brevemente posible para mantener al máximo su color, textura y sabor. A no ser que la receta especifique lo contrario, cuézalas en una cantidad mínima de agua ligeramente salada para que no se pierdan los nutrientes. Cuanto más frescas y más pequeñas, más rápidamente se cocerán. Las hortalizas cortadas con un tamaño similar también se cuecen de un modo más homogéneo. Si va a servirlas frías o a recalentarlas más tarde, sumérjalas en agua helada para detener el proceso de cocción.

### Hervir crustáceos

Las langostas, bogavantes, cangrejos, gambas y langostinos deben cocerse en una cacerola grande y honda con un mínimo de 3 ½ litros de agua o de otro líquido. Por cada 600 g de crustáceos, utilice

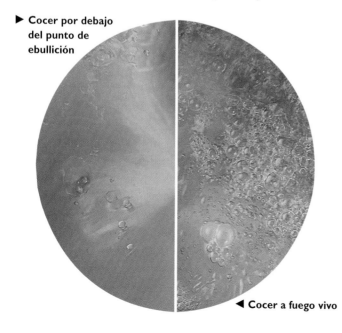

▶ **Cocer por debajo del punto de ebullición**

◀ **Cocer a fuego vivo**

**Las hortalizas de raíz** tales como las patatas, los nabos y las chirivías deben añadirse al agua fría y llevarse lentamente a ebullición.

**Las verduras** como espinacas y brécoles deben sumergirse enseguida en agua hirviendo a fuego vivo.

## Recetas básicas

**Caldo corto** Se trata de un líquido de cocción aromático que consiste en una mezcla de recortes de pescado, agua, zanahorias, cebollas, ramillete de hierbas, sal y granos de pimienta blanca.

**Caldo de cangrejos** Consiste en un caldo picante y especiado apropiado para hervir cangrejos. Puede contener pimienta de Jamaica, pimienta en grano, chiles y otras hierbas y especias.

***Bouillon à la nage*** Se trata de un líquido de cocción que se hierve hasta reducirlo a la mitad y se utiliza para aportar jugosidad a langostas, bogavantes, gambas, langostinos y cangrejos.

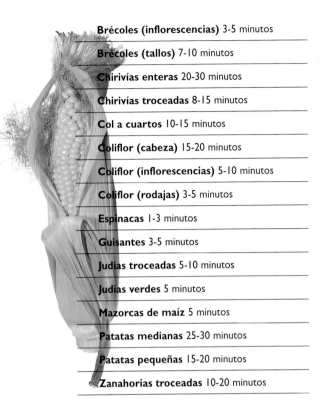

**Brécoles (inflorescencias)** 3-5 minutos

**Brécoles (tallos)** 7-10 minutos

**Chirivías enteras** 20-30 minutos

**Chirivías troceadas** 8-15 minutos

**Col a cuartos** 10-15 minutos

**Coliflor (cabeza)** 15-20 minutos

**Coliflor (inflorescencias)** 5-10 minutos

**Coliflor (rodajas)** 3-5 minutos

**Espinacas** 1-3 minutos

**Guisantes** 3-5 minutos

**Judías troceadas** 5-10 minutos

**Judías verdes** 5 minutos

**Mazorcas de maíz** 5 minutos

**Patatas medianas** 25-30 minutos

**Patatas pequeñas** 15-20 minutos

**Zanahorias troceadas** 10-20 minutos

2 litros de agua y 1 cucharada de sal. Añada los crustáceos en cuanto el agua hierva a fuego vivo. Cueza el tiempo indicado (*véase* inferior derecha), escurra y enfríe. Los crustáceos deben hervirse siempre con el caparazón.

### Hervir huevos

Utilice un cazo o cacerola de reducido tamaño para que los huevos no se muevan demasiado y llénelo con el agua suficiente para cubrirlos por completo. Mantenga el agua por debajo del punto de ebullición antes de añadir los huevos. Cuente a partir del momento en que el agua alcance el punto de ebullición y después cueza por debajo de dicho punto, reduciendo el fuego si fuese necesario, durante el tiempo deseado. Si utiliza los huevos como guarnición y desea que la yema quede centrada, gire el huevo en el recipiente mientras lo cuece. Si el huevo se cuartea durante la cocción, agregue al agua un poco de sal o vinagre para coagular la clara y evitar que se desparrame.

### Reducir salsas

Si hierve una salsa o caldo para evaporar parte del líquido reduciendo su volumen, ésta se espesará y concentrará. La salsa quedará más sabrosa, consistente y homogénea. El tiempo de cocción dependerá de la cantidad de líquido y del grado de concentración deseado. Reducir el líquido hasta que cubra el dorso de una cuchara precisa más tiempo.

### Tiempo de cocción

Puesto que la temperatura del agua desciende al añadirle hortalizas, mariscos o huevos, el tiempo de cocción (*véase* recuadro, derecha) se cuenta generalmente a partir del momento en que el agua vuelve a hervir una vez se han añadido los alimentos.

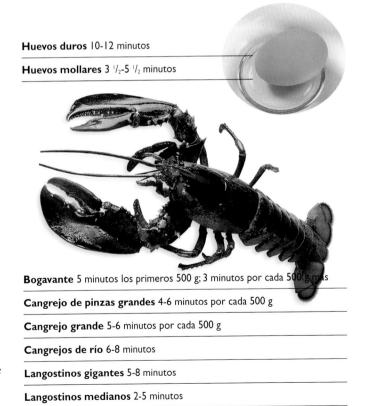

**Huevos duros** 10-12 minutos

**Huevos mollares** 3 ¹/₂-5 ¹/₂ minutos

**Bogavante** 5 minutos los primeros 500 g; 3 minutos por cada 500 g más

**Cangrejo de pinzas grandes** 4-6 minutos por cada 500 g

**Cangrejo grande** 5-6 minutos por cada 500 g

**Cangrejos de río** 6-8 minutos

**Langostinos gigantes** 5-8 minutos

**Langostinos medianos** 2-5 minutos

# escalfar

Se trata de un método de cocción suave en el que los alimentos se cuecen en agua; está caliente pero no alcanza el punto de ebullición. Es apropiado para carnes delicadas, el pollo, el pescado, la fruta y también para obtener huevos blandos escalfados. Durante el escalfado los aromatizantes del agua penetran en los alimentos y viceversa y los alimentos quedan más sabrosos. Algunos cortes de carne cuando se escalfan producen un caldo delicioso. Los alimentos deben escalfarse en trozos grandes para que se mantengan jugosos, y los huesos pueden dejarse pues también aportan sabor al líquido. Sólo necesita un recipiente bastante grande para contener los alimentos y el líquido necesario para cubrirlos; si el recipiente es demasiado grande, la preparación será menos sabrosa.

## Escalfar pescado

Los pescados y mariscos deben añadirse al agua fría y ésta debe calentarse sólo hasta que la superficie empiece a agitarse. Esto evitará que el exterior del pescado se cueza antes que el interior y que, en consecuencia, se rompa o se rasgue la piel. Si desea escalfar un pescado entero, compre una besuguera (*véase* derecha), pero las rodajas y filetes de pescado pequeños pueden cocerse sin problemas en una cacerola. Todos los pescados deben eviscerarse y escamarse antes de escalfarse; corte las aletas.

**Escalfar rodajas y filetes** Deslice el pescado en una cacerola con agua fría o caldo corto ayudándose con una espumadera. Caliente el agua por debajo del punto de ebullición y cueza.

**Escalfar pescado ahumado** Para retirar el exceso de sal de los pescados ahumados y suavizar su sabor, cuézalos con leche o una mezcla a partes iguales de agua y leche. Coloque el pescado en la leche con una o dos hojas de laurel y unos granos de pimienta y caliéntela a fuego moderado por debajo del punto de ebullición. Retire el recipiente del fuego, tápelo y deje reposar el pescado.

## Escalfar huevos

Un aparato para escalfar huevos facilita la tarea, pero también puede deslizarlos suavemente en una cacerola ancha y poco profunda con agua justo por debajo del punto de ebullición.

**Utilizar una besuguera**
Mida la parte más gruesa del pescado antes de colocarlo sobre la rejilla de la besuguera. Cúbralo con agua fría o caldo corto, caliéntelo justo por debajo del punto de ebullición y cuézalo durante 10 minutos por cada 2,5 cm de grosor.

Si añade 1-2 cucharaditas de vinagre evitará que los huevos se desparramen. Utilice huevos muy frescos y tan pronto como entren en contacto con el agua muévalos en sentido circular para que mantengan la forma. Cuando las claras se hayan solidificado y las yemas empiecen a espesarse, retírelos con una espumadera y escúrralos sobre papel absorbente. Para obtener mejores resultados, cuézalos de uno en uno y, para respetar el tiempo de cocción, no cueza más de cuatro a la vez. Si desea conseguir unos contornos limpios, recórtelos con unas tijeras.

## Escalfar pollo

Las aves enteras y las pechugas escalfadas quedan tiernas y suculentas, y si además se cuecen con hortalizas producen un caldo delicioso. Para mantener las pechugas jugosas quizá deba albardillar el ave. Las aves enteras estarán cocidas cuando al insertar una

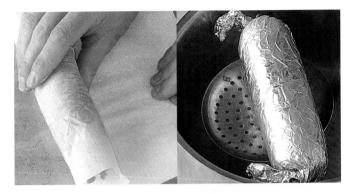

**Cómo preparar una espiral**
Aplane una pechuga de pollo, colóquela sobre una hoja de papel sulfurizado y extienda el relleno a lo largo del centro. Enrolle la pechuga formando un cilindro, enrolle el papel en torno a ella y retuerza ambos extremos.

Envuelva el pollo en papel de aluminio y sumérjalo en una cacerola con agua hirviendo. Tápela, reduzca el calor y escalfe hasta que al insertar una broqueta metálica en el centro del rollo la sienta caliente al tacto (unos 15 minutos).

**Aves enteras**
20 minutos por cada 500 g de peso

**Espirales de pollo rellenas** 15 minutos

**Frutas en almíbar de azúcar** 10-15 minutos

**Frutas en vino tinto** 15-25 minutos

**Huevos** 3-5 minutos

**Pechugas de ave** 6-7 minutos

**Pescado en filetes** 5-10 minutos

**Pescado en rodajas** 10-15 minutos

**Pescado entero** 10 minutos por cada 2,5 cm de grosor (*véase* izquierda cómo utilizar una besuguera)

broqueta en el muslo sus jugos salgan claros y transparentes. Guarde el líquido de cocción para utilizarlo como caldo.

**Aves enteras** Para que las aves mantengan su forma, brídelas. Colóquelas en la cacerola con las hortalizas y cúbralas con agua fría. Caliéntelas a fuego moderado hasta el punto de ebullición. El pollo formará una espuma; retírela. Calcule el tiempo de cocción a partir de que retire la espuma.

**Espirales** Las pechugas de pollo escalfadas al natural son ideales para utilizar en bocadillos y ensaladas; a las espirales se les puede añadir un relleno.

## Escalfar frutas

Si escalfa las frutas en un almíbar de azúcar al natural o aromatizado con vino, obtendrá un postre delicioso. Las frutas deben ser firmes y no demasiado maduras para conservar su forma. Pele las frutas duras y los cítricos y descorazone las peras y las manzanas antes de cocerlas; también puede retirar las semillas y la piel de las frutas blandas al escalfarlas. Una vez escalfadas, déjelas enfriar en la cacerola. Reduzca el vino o líquido de cocción hirviéndolo, cuélelo y utilícelo como salsa.

**Cocer en un almíbar de azúcar** Prepare el almíbar de azúcar en una cacerola y añada la fruta. Escálfela hasta que esté tierna. Retire la fruta con una espumadera.

**Cocer en vino** Caliente el vino tinto con el azúcar y los aromatizantes hasta que el azúcar se disuelva. Añada las frutas y lleve por debajo del punto de ebullición. Escálfelas, retírelas del fuego, tápelas y enfríelas.

# cocer al vapor

Se trata de un método de cocción muy eficaz gracias al cual se conservan todos los nutrientes de los alimentos. Además, al cocer al vapor se conserva el color de las hortalizas, así como el sabor de alimentos delicados como el pescado. A diferencia de los alimentos hervidos, los cocidos al vapor no entran en contacto con el agua, con lo que se evita que se desgarren y endurezcan, pues se cuecen gracias al calor intenso del vapor que los circunda. Los alimentos se han de colocar sobre una rejilla dispuesta sobre agua en el recipiente de cocción y éste se ha de tapar para evitar que el vapor se escape. Mientras que una capa de líquido hierve en el fondo del recipiente, la superficie, en cambio, se mantiene más fría. Constituye el método de cocción ideal para los espárragos ya que sus delicadas yemas se mantienen intactas. Para asegurarse el éxito, es importante que el vapor circule libremente por la cacerola y que el líquido no entre en contacto con los alimentos, pues podría calentarlos en exceso o secarlos. Tenga a mano otra cacerola con agua hirviendo para reemplazar la evaporada, y de esta forma la temperatura del agua se mantendrá constante.

**Cestillos de bambú para cocer al vapor**

Si utiliza estos cestillos, que encajan unos con otros, podrá cocer diferentes alimentos a la vez utilizando la misma fuente de calor. Si cuece sobre un *wok*, vierta dentro el agua suficiente para cubrir el fondo y llévela a ebullición. Coloque encima una trébede y disponga los cestillos encima: las hortalizas más firmes quedan abajo y las más delicadas encima.

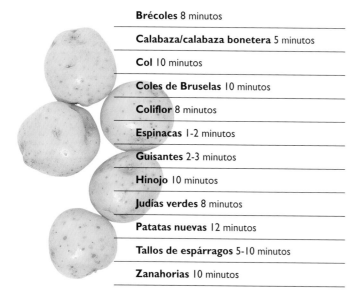

**Brécoles** 8 minutos

**Calabaza/calabaza bonetera** 5 minutos

**Col** 10 minutos

**Coles de Bruselas** 10 minutos

**Coliflor** 8 minutos

**Espinacas** 1-2 minutos

**Guisantes** 2-3 minutos

**Hinojo** 10 minutos

**Judías verdes** 8 minutos

**Patatas nuevas** 12 minutos

**Tallos de espárragos** 5-10 minutos

**Zanahorias** 10 minutos

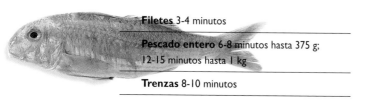

**Filetes** 3-4 minutos

**Pescado entero** 6-8 minutos hasta 375 g; 12-15 minutos hasta 1 kg

**Trenzas** 8-10 minutos

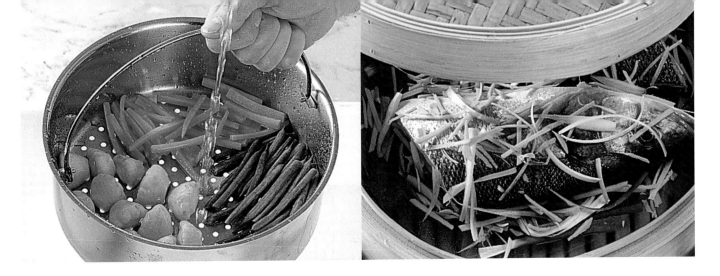

## Cocer hortalizas al vapor

Los cestos para cocer al vapor facilitan el escurrido de las hortalizas. El agua debe estar justo por debajo del punto de ebullición y no debe hervir a fuego vivo cuando añade las hortalizas. No eche sal, pues podría decolorarlas y resecarlas. Cuando las hortalizas estén tiernas, retire el cesto, refrésquelas bajo el agua fría corriente, recaliéntelas y sazónelas. Los espárragos se suelen cocer de pie, de forma que los tallos duros y gruesos se cuezan en agua por debajo del punto de ebullición y las yemas al vapor; para ello se venden vaporeras especiales, aunque también pueden cocerse horizontalmente en una cacerola honda.

## Cocer pescado al vapor

No existe una fórmula más adecuada que ésta para cocer pescados delicados. Este método resulta ideal para pescados enteros, en rodajas y en filetes, así como para vieiras, gambas y langostinos. Además, conserva el color de algunos pescados como el salmonete. Utilice un caldo aromatizado (*véase* pág. 27), aunque también puede incorporar al agua de cocción otros aromatizantes más intensos como la escalonia o el jengibre. Si utiliza una vaporera convencional, coloque el pescado formando una sola capa; estará cocido cuando adquiera un aspecto opaco y la carne parezca jugosa y tierna al pincharla con un tenedor. Si utiliza una vaporera de bambú y un *wok*, podrá añadir más aromatizantes al pescado como zanahorias, que se podrán servir como guarnición.

## Cocer mejillones al vapor

A diferencia de otros mariscos, los mejillones se cuecen directamente al vapor en un líquido de cocción aromatizado, por lo general, vino blanco con hierbas. Una vez el líquido está caliente se añaden los mejillones preparados y cerrados, se remueven. Éstos se abrirán mediante la acción del vapor y podrán servirse en su propio líquido de cocción previamente filtrado y reducido.

## Budines cocidos al vapor

Puede cocer un buen número de budines al vapor. De esta forma, quedarán más jugosos, blandos y consistentes que si se hornean. Por lo general, se cuecen en un cuenco cubierto con papel encerado y luego con papel de aluminio doblado (para dejar escapar el vapor) antes de colocarlo en la vaporera.

# brasear y guisar

Ambos métodos son ideales para cocer cortes de carne duros, aves viejas y hortalizas fibrosas. El braseado y el guisado son técnicas muy parecidas y la principal diferencia estriba en que la primera precisa menos líquido y la carne se cuece entera o en porciones grandes. El guiso, en cambio, contiene más líquido y la carne se suele trocear en porciones más pequeñas.

### Brasear

En este proceso, primero se saltean o doran los ingredientes (*véase* pág. 44) para aportar color y sabor y a continuación se cuecen lentamente en una pequeña cantidad de líquido (de 0,5 a 1 cm generoso de agua, caldo, vino, sidra o salsa de tomate) en un recipiente herméticamente cerrado. Este método de cocción húmedo y vaporoso rompe suavemente los tejidos conjuntivos duros de las carnes a la vez que éstas desprenden sus propios jugos. La carne dorada se coloca a menudo sobre una *mirepoix* (un lecho de hortalizas aromáticas picadas), que posteriormente se reduce a puré y se emplea como salsa.

**Brasear hortalizas** Aunque las hortalizas se brasean generalmente con carnes o aves, también pueden hacerse por separado y servirse como acompañamiento. Los hortalizas de raíz y de hojas verdes

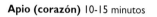

| | |
|---|---|
| **Apio (corazón)** 10-15 minutos | |
| **Endibias** 15-20 minutos | |
| **Hortalizas de hoja** 5-10 minutos | |
| **Puerros enteros** (blanqueados previamente) 15-25 minutos | |
| **Puerros partidos por la mitad** 10-15 minutos | |
| **Zanahorias** 8-15 minutos | |

quedan deliciosas una vez braseadas. Pueden cocinarse con mantequilla o con un poco de agua, caldo o vino, además de algunas hierbas y condimentos. La incorporación de azúcar proporcionará una atractiva superficie brillante.

### Cocer las aves en una cacerola

Las aves viejas y algunas aves de caza pequeñas como las codornices y el gallo de monte, a veces duras y secas, quedan mejor si se cuecen de modo lento y con humedad. Las porciones de ave se ablandan si se dejan reposar y cocer lentamente en un adobo de vino tinto concentrado. Para ello es esencial utilizar un buen vino, pues su sabor quedará reflejado en el plato una vez cocido. Para evitar un sabor crudo y demasiado pronunciado, hierva el vino hasta reducirlo como mínimo a la mitad, pues de esta forma se evapora el alcohol y el vino se concentra y suaviza el sabor.

Para realzar el sabor del guiso puede refrigerarlo y recalentarlo al día siguiente. Si desea aportar mayor jugosidad a la carne de las aves pequeñas, puede envolverlas en beicon (*véanse* págs. 34-35) y dejarlas en adobo antes de cocerlas en el líquido aromatizado.

### Guisar carne

En esta técnica, los trozos pequeños de carne se cubren completamente con agua, caldo, vino o una mezcla de los mismos, a la que se incorporan hortalizas y condimentos. La carne puede o no dorarse previamente, pero si se dora se sellan sus deliciosos jugos

## CACEROLAS

Utilice una cacerola cuya tapa cierre herméticamente y cuyo tamaño no sea mucho mayor que el de la carne más el líquido; estas precauciones asegurarán que el calor se dirija a los alimentos y no a los espacios vacíos. Las cacerolas de hierro colado esmaltado o las fabricadas con diferentes metales conducen el calor de forma uniforme y eficiente evitando agarres y quemaduras.

### Mirepoix y brunoise

*Se trata de dos picadillos de hortalizas empleados popularmente para realzar sopas, guisos, salsas, carnes, ave y pescado y para servirlas por sí mismas como adorno. La primera es una mezcla de hortalizas cortadas a dados (zanahoria, cebolla, apio) y la segunda consiste en dados minúsculos de apio, zanahoria, puerro o calabacín empleados solos o como mezcla.*

y la salsa adquiere más color. La carne estará cocida cuando al insertarle la punta de un cuchillo pequeño se deslice facilmente a través de las fibras.

Al finalizar el proceso, la carne estará bien aromatizada y, si se reduce el líquido de cocción mediante ebullición (*véase* pág. 26) o se espesa con un espesante, se obtendrá una salsa deliciosa. Los guisos más exitosos son los que contienen ingredientes con tiempos de cocción similares; los tubérculos duros como las patatas, las zanahorias, las chirivías, así como las cebollas, pueden soportar tiempos de cocción prolongados. Si utiliza hortalizas más delicadas, incorpórelas al finalizar la cocción o al recalentar el guiso.

**Preparar la carne para guisar** Puesto que muchos guisos emplean algo más de grasa para aromatizar los cortes de carne duros, deberá retirar cualquier grasa visible antes de servirlos. Para que los tejidos gelatinosos se rompan y los músculos duros se ablanden hasta producir la textura propia de la carne guisada, ésta debe cortarse en dados regulares que se cocerán uniformemente.

- Extraiga la grasa y los nervios visibles de la carne.
- Corte la carne en el sentido de las fibras en lonchas de 3-4 cm de grosor. Corte éstas por la mitad a lo largo y luego en sentido contrario para obtener dados regulares.
- Dore los dados de carne por tandas para sellar sus jugos.
- Si el guiso está caliente, puede espumar la grasa (que aparecerá sobre la superficie en forma de pequeñas manchas brillantes) de la salsa con una espumadera. Si lo deja enfriar toda la noche en la nevera, será bastante fácil retirar la capa de grasa de la superficie.

## Recetas básicas

**Cacerolas/cazuelas** Se refiere a cualquier preparación cocinada en el recipiente del mismo nombre.

**Ragú** Preparación en la que la carne, ave, caza, pescado u hortalizas se trocean en porciones regulares y se cuecen en un líquido sazonado y espesado. Existen dos grandes tipos, el oscuro y el blanco. En el primero los ingredientes se doran antes de brasearse y en el segundo no. La blanqueta, el *navarin* y el fricasé son variantes de los ragús.

**Daube de buey** Se refiere a la preparación de carne, ave, caza u hortalizas adobados y braseados en un caldo con vino tinto bien condimentado con un ramillete de hierbas. Puede servirse tanto fría como caliente.

# asar y hornear

Con estos métodos los alimentos crudos se cuecen en un ambiente seco y caliente. El primer término se refiere generalmente a la cocción de aves enteras y trozos grandes de carne a los que a menudo se añade grasa. Hornear consiste en cocer en el horno alimentos como pescado, aves troceadas, panes y repostería. Para asar se utiliza generalmente un recipiente poco profundo para que el aire circule de forma homogénea y el calor pueda penetrar con facilidad. Las piezas para asar se colocan con la parte grasa hacia arriba de forma que ésta se derrita durante el proceso de cocción rociando la carne. Los cortes magros quizá deban albardillarse o mecharse (añadirles grasa para mantenerlos tiernos y suculentos), o bien rociarse regularmente. Los fondos de cocción obtenidos forman la base de deliciosas salsas.

## Carnes

Los trozos de carne grandes y tiernos con un poco de grasa interna son muy recomendables, pues quedan muy sabrosos. Entre los cortes de buey más populares se encuentran el lomo alto y bajo, el solomillo y las chuletas; en cuanto a la ternera, son recomendables la espaldilla, el lomo, la cadera y el pecho; del cerdo, el lomo, las chuletas, el solomillo y la pierna; y por último, entre los mejores cortes de cordero se encuentran la paletilla, el codillo, la corona y las chuletas. Puede aromatizar aún más su asado añadiéndole un relleno (*véase* pág. 25) o una pasta sazonada, o bien insertando hierbas directamente en la carne.

Al asar cortes con huesos, coloque la carne sobre una rejilla dispuesta sobre la fuente para que el calor circule y la carne no se cueza en sus propios jugos. Los huesos actuarán como soporte.

## Aromatizar asados

Los ingredientes de sabores pronunciados tales como hierbas, mostaza, especias, ajo y anchoas pueden reducirse a una pasta en un mortero y emplearse para recubrir la superficie de los asados. También es posible insertar directamente trozos de ajo y hierbas frescas en cortes practicados en la carne.

**Mechar y albardillar la carne**
Puede insertar grasa de cerdo bien fría en asados magros o bien envolverlos con la misma para mantener la carne jugosa mientras se asa. Las aves magras como el faisán también mejoran si se cubren sus pechugas con grasa, pero en este caso conviene utilizar tiras de beicon. Éste puede servirse con el ave; en cambio, deberá retirar las albardillas de grasa de los asados antes de llevarlos a la mesa.

**Insertar aromatizantes**
Practique unas incisiones directamente sobre la carne e introduzca en ellas hierbas y ajo.

**Mechar** Introduzca una tira de grasa de cerdo en un asado magro, insertándola con una aguja para mechar. Introdúzcala en la carne en el sentido de las fibras y retírela dejando dentro la grasa.

**Albardillar** Envuelva la carne con una loncha fina de grasa de cerdo y asegúrela con un bramante.

## Aves

Las aves grasas, como el pato o la oca, desprenden mucha grasa durante la cocción, por lo que quizá deba retirar parte de la misma. En el caso de las aves más magras como el pavo o el faisán, puede añadirla albardillándolas o introduciendo mantequilla ablandada bajo la piel para aportarles jugosidad. El resto de las aves han de rociarse regularmente para asegurar una carne jugosa y una piel crujiente. Si la piel se oscurece, tápela con papel de aluminio.

▶ **Preparar un ave grasa**

Corte el exceso de grasa de la cola y la cavidad corporal. Coloque el ave con la pechuga hacia arriba sobre una rejilla dispuesta sobre la fuente para asar y pinche la piel en varias partes para que la grasa se escurra durante la coccion.

◀ **Albardillar aves** Coloque unas lonchas de beicon sobre los muslos y la pechuga del ave.

## Rociar

Muchas recetas de asados indican que éste se coloque en una rejilla o trébede dispuesto sobre la fuente de asar. Así se escurren los jugos de cocción, la carne no se cuece en sus propios jugos y se obtiene una costra dorada y crujiente. Los fondos de cocción pueden utilizarse para humedecer la carne durante el proceso.

**Rociar** Recoja parte de los fondos de cocción con una cuchara o perilla para rociar y viértalos sobre la carne.

**Perilla para rociar** Este utensilio parecido a una jeringa se utiliza para retirar grasa o succionar los jugos; éstos se inyectan sobre el asado.

## Comprobar el punto de cocción

Todas las carnes y aves deben cocerse cuidadosamente para neutralizar cualquier organismo dañino. Deberá asegurarse de que el grado de cocción sea el deseado. Un termómetro de carne facilitará la tarea. El buey estará poco hecho a 60 °C y en su punto a 70 °C. Los asados de cerdo pequeños deben alcanzar una temperatura interna de 70 °C y los de mayor tamaño, como la pierna de cerdo, a 87 °C. El cerdo en su punto a 70 °C debe tener un centro rosado y un tono rosado más oscuro cerca de los huesos, mientras que el cerdo bien hecho tiene un color menos rosado. El cocido a una temperatura más elevada queda duro y seco. El cordero estará poco hecho a la temperatura de 70 °C, en su punto a 87 °C y bien hecho, cuando sobrepase esta temperatura. Las aves deben asarse a 93-98 °C y los rellenos deberán alcanzar la temperatura de 82 °C.

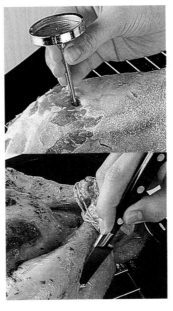

◀ **Carnes** Inserte el termómetro en la parte más gruesa del asado, pero sin tocar el hueso.

◀ **Aves** Inserte el termómetro en la parte más gruesa del muslo sin tocar el hueso y en dirección al cuerpo. También puede insertar un cuchillo pequeño en la parte más gruesa del muslo; los jugos deberán salir transparentes.

▶ **Preparar la salsa**

Retire el ave o asado de la fuente y tire casi toda la grasa excepto una cucharada. Coloque el recipiente a fuego lento, espolvoree por encima una cucharada de harina y mezcle bien hasta que se desprendan los residuos dorados. Incorpore 6 dl de agua o caldo caliente removiendo con una batidora de varillas. Suba el fuego y lleve a ebullición. Cueza 1-2 minutos a fuego lento sin dejar de batir.

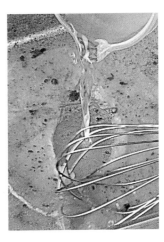

# tiempos de asado

Los cuadros siguientes proporcionan unas guías para conocer los tiempos de cocción adecuados para diferentes cortes. Todas las carnes y aves deben estar a temperatura ambiente y han de retirarse del horno cuando alcancen una temperatura de 35-41 °C por debajo del punto de cocción deseado; su temperatura aumentará durante el reposo.

## BUEY

| Tipo y peso | Temperatura del horno | Tiempo de cocción (poco hecho) | (en su punto) |
|---|---|---|---|
| Lomo alto/chuleta 3-4 kg | 175 °C | 2 1/4-2 1/2 horas | 2 3/4-3 horas |
| Lomo bajo 2-3 kg | 175 °C | 1 3/4-3 horas | 2-2 1/2 horas |
| Solomillo 2-2 1/2 kg | 220 °C | 50-60 minutos | 60-70 minutos |
| Medio solomillo 1-1 1/2 kg | 220 °C | 35-40 minutos | 45-50 minutos |
| Lomo bajo 3-4 kg | 175 °C | 2 1/2-3 horas | 3-3 1/2 horas |
| Babilla | 160 °C | 1 1/2-1 3/4 horas | 2-2 1/4 horas |

## TERNERA

| Tipo y peso | Temperatura del horno | Tiempo de cocción (por cada 500 g) |
|---|---|---|
| Espaldilla deshuesada 1 1/2-2 1/2 kg | 160 °C | 35-40 minutos |
| Lomo alto (deshuesado) 1 1/2-2 1/2 kg | 160 °C | 35-40 minutos |
| Lomo bajo deshuesado 1 1/2-2 1/2 kg | 160 °C | 25-30 minutos |
| Pecho deshuesado 1 1/2-2 1/2 kg | 160 °C | 30-35 minutos |

## CORDERO

| Tipo y peso | Temperatura del horno | Tiempo de cocción (por cada 500 g) poco hecho | al punto | bien hecho |
|---|---|---|---|---|
| Pierna entera 2 1/2 - 3 1/2 kg | 160 °C | 15 minutos | 20 minutos | 25 minutos |
| 3 1/2 - 4 1/2 kg | 160 °C | 20 minutos | 25 minutos | 30 minutos |
| Pierna (deshuesada) 2-3 1/2 kg | 160 °C | 20 minutos | 25 minutos | 30 minutos |
| Riñonada 1 1/2-2 kg | 160 °C | 25 minutos | 35 minutos | 45 minutos |
| Codillo 1 1/2-2 kg | 160 °C | 30 minutos | 40 minutos | 45 minutos |
| Chuletas de aguja 900 g-1 1/4 kg | 190 °C | 30 minutos | 35 minutos | 40 minutos |
| Corona (chuletas de centro) sin rellenar 1-1/2 kg | 190 °C | 25 minutos | 30 minutos | 35 minutos |
| Paletilla 2-3 kg | 160 °C | 20 minutos | 25 minutos | 30 minutos |
| Paletilla (deshuesada) 1 3/4- 3 kg | 160 °C | 35 minutos | 40 minutos | 45 minutos |

## CERDO

| Tipo y peso | Temperatura del horno | Tiempo de cocción (por cada 500 g) |
|---|---|---|
| Corona 3-4 kg | 175 °C | 20 minutos |
| Cinta de lomo (con hueso) 1 1/2- 2 1/2 kg | 175 °C | 20 minutos |
| Lomo deshuesado 1-2 kg | 175 °C | 20 minutos |
| Jamón fresco deshuesado 6-8 kg | 175 °C | 25-30 minutos |
| Codillo trasero 1 1/2-2 kg | 175 °C | 40 minutos |
| Chuleta de riñonada 1 1/2-3 kg | 175 °C | 45 minutos |
| Solomillo 250 g-1 kg | 220-230 °C | 25-35 minutos en total |
| Costillar 1 1/2-2 1/2 kg | 160 °C | 20 minutos |

## AVES

| Tipo y peso | Temperatura del horno | Tiempo de cocción (rellenas) | (sin relleno) |
|---|---|---|---|
| Pollo 1 1/4- 1 1/2 kg | 175 °C | 1 1/4-1 1/2 horas | 1 1/4-1 1/2 horas |
| 1 1/2-2 kg | 175 °C | 1 1/2-1 3/4 horas | 1 1/2 -1 3/4 horas |
| 2-3 kg | 175 °C | 1 3/4-2 horas | 1 3/4-2 horas |
| Capón 2 1/2-3 kg | 160 °C | 2-2 1/2 horas | 2 1/2-3 horas |
| 3-4 kg | 160 °C | 2 1/2-3 1/2 horas | 3-4 horas |
| Pollo tomatero 500 g | 175 °C | 1-1 1/4 horas | 1-1 1/4 horas |
| Pavo 4-6 kg | 160 °C | 2 3/4-3 horas | 3-3 1/2 horas |
| 6-7 kg | 160 °C | 3-3 3/4 horas | 3 1/2-4 horas |
| 7-9 kg | 160 °C | 3 3/4-4 1/4 horas | 4-4 1/4 horas |
| 9-10 kg | 160 °C | 4 1/4-4 1/2 horas | 4 1/4 -4 3/4 horas |
| 10-12 kg | 160 °C | 4 1/2-5 horas | 4 3/4-5 1/2 horas |
| Pato 2-2 1/2 kg | 175 °C | 2 1/2-2 3/4 horas | 2 1/2-2 3/4 horas |
| Oca 5-6 kg | 175 °C | 2 3/4-3 1/4 horas | 3-3 1/2 horas |
| Picantón 500-750 g | 175 °C | 1- 1 1/4 horas | 1-1 1/4 horas |
| Pichón 375-500 g | 175 °C | 1-1 1/4 horas | 1-1 1/4 horas |
| Faisán por cada 500 g | 230 °C los primeros 10 minutos, luego 180 °C durante 35 minutos | | |
| Codorniz por cada 500 g | 190 °C | 15-20 minutos | |

### Jamones enteros ahumados

Los que llevan la etiqueta «completamente cocido» o «listo para comer»
pueden degustarse sin cocerlos, pero si lo hace realzará su sabor y textura.
Hornee el jamón a 160 °C hasta que al insertar un termómetro en el centro
lea 60-65 °C. Un jamón entero de 7-8 kg necesitará de 1 a 1 3/4 horas en total
y medio jamón de 3-4 kg a 1 hora. Los jamones ahumados que no estén
«completamente cocidos» deben cocerse a 160 °C hasta que el termómetro
para carne registre una temperatura interna de 150 °C.

# hornear

## Pescado

Los pescados enteros grandes y medianos, las rodajas y filetes pueden hornearse sin problemas; algunas técnicas le ayudarán a que se conserve jugoso. Si lo envuelve en papel de aluminio sus jugos no se escaparán y el relleno se mantendrá en su lugar. Si lo hornea en papillote (en una bolsa de papel), lo protegerá, y si añade aromatizantes, éstos perfumarán el pescado. Las hojas de parra y plátano mantienen el pescado jugoso. Si lo hornea recubierto con una costra de sal obtendrá una piel crujiente y una carne jugosa, sin que ésta quede salada en exceso.

▲ **En papillote** Corte un trozo de papel sulfurizado o de aluminio 5 cm más grande que el pescado. Acéitelo y coloque el pescado y los condimentos a un lado del papel.

Doble por encima la otra mitad para sellar el paquete. Hornee hasta que el papel se haya hinchado durante 15-20 minutos a 180 °C.

▶ **Hornear a la sal** Extienda una capa uniforme de sal marina gruesa de 5 cm de grosor en el fondo de una cacerola de fondo grueso. Ponga encima el pescado y cúbralo con otra capa de sal (1 ¹/₂ kg de sal cubrirán un pescado de 1 kg). Rocíe la sal con agua y hornee el pescado a 220 °C durante 30 minutos. Cuando esté cocido, rompa con un martillo pequeño la costra de sal superficial, extraiga el pescado y retire con un pincel el exceso de sal.

## Hortalizas

La mayoría de las hortalizas pueden hornearse o asarse; los tubérculos y hortalizas fibrosas como las berenjenas pueden cocerse solos o con salsa, pues mantienen su forma durante una cocción prolongada y precisan poco líquido adicional. El largo tiempo de cocción intensifica su sabor. Las patatas y otras hortalizas de raíz, así como las calabazas, pueden hornearse enteras o troceadas; mézclelas con aceite y aromatizantes y déles una o dos vueltas mientras se hornean. Las patatas y otros tubérculos sin pelar han de pincharse antes de hornearse para que dejen escapar el vapor interno; las remolachas, en cambio, deben dejarse intactas.

Las patatas se hornean mejor si se colocan sobre un utensilio especial consistente en varias espigas metálicas sujetas a un mango central. Las espigas conducen el calor del horno hasta el centro de cada patata, de forma que sus interiores quedan perfectamente cocidos.

Tiempos de cocción para las hortalizas asadas (a 200 °C)

**Berenjenas** 30 minutos

**Boniatos** 45 minutos

**Calabazas de invierno** 30-45 minutos

**Chirivías** 30-45 minutos

**Nabos** 30-45 minutos

**Patatas** 1-1 ¹/₄ horas

**Zanahorias** 45 minutos

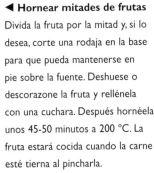

**◄ Remolachas** Deben cocerse antes de utilizarlas en las ensaladas. No las pele, pues el color podría emborracharse. Corte la parte superior dejando los tallos intactos y envuélvalas en papel de aluminio. Después, áselas a 150 °C durante 1-1½ horas. Déjelas enfriar ligeramente antes de pelarlas.

**◄ Hornear mitades de frutas** Divida la fruta por la mitad y, si lo desea, corte una rodaja en la base para que pueda mantenerse en pie sobre la fuente. Deshuese o descorazone la fruta y rellénela con una cuchara. Después hornéela unos 45-50 minutos a 200 °C. La fruta estará cocida cuando la carne esté tierna al pincharla.

**► Patatas** Para obtener unas patatas perfectas, cepíllelas y séquelas. A continuación, pínchelas uniformemente con un tenedor. Para obtener las pieles crujientes, páseles un pincel con un poco de aceite de oliva. Las patatas estarán cocidas cuando al insertar en su centro la punta de un cuchillo pequeño, salga con facilidad.

**► Hornear manzanas** Practique una entalla en el centro de la fruta para que pueda expandirse durante el horneado. Descorazónela, rellénela con una cuchara y colóquela en una fuente para hornear. Cúbrala con mantequilla y hornee durante 45-50 minutos a 200 °C.

## Frutas

El horneado realza el dulzor natural de las frutas proporcionándoles una textura suave y melosa. Las frutas firmes y maduras constituyen la mejor elección, y las más grandes forman recipientes ideales para contener rellenos dulces. Las frutas deben deshuesarse o descorazonarse dependiendo del tipo de relleno elegido. Las frutas que se oxidan con facilidad como los melocotones y las manzanas deben rociarse primero con zumo de limón.

## Pan

Gran parte del éxito que se obtenga al hornear pan dependerá de la calidad de la masa y del tiempo que se haya dejado levar (*véase* pág. 147). Hornee el pan en la rejilla central del horno y si cuece varias preparaciones a la vez, deje una distancia mínima de 5 cm entre cada rejilla. Si el pan queda demasiado pálido, colóquelo directamente sobre la rejilla del horno y hornéelo 5-10 minutos más. Si se ha cuarteado es porque la masa tenía demasiada harina o el molde estaba demasiado enharinado; si tiene agujeros significa que no se amasó lo suficiente. El pan estará cocido cuando se separe de las paredes del molde, esté bien dorado y al golpear su base con los nudillos de la mano suena a hueco.

## Panes rápidos

Los *muffins*, *scones* y otros panes rápidos necesitan el mismo tratamiento para hornearse de forma satisfactoria. Asegúrese de que la levadura esté fresca, y a no ser que la receta indique el uso de mantequilla fría, empiece a trabajar con los ingredientes a temperatura ambiente. No amase la masa en exceso pues el producto final quedaría duro. Si utiliza moldes, llénelos solamente hasta dos tercios de su altura y alise la superficie de la preparación con una espátula de goma. Si utiliza moldes especiales para *muffins*, llénelos dos tercios o tres cuartos y llene hasta la mitad alguno vacío con agua. Hornee en el centro del horno y, si va a cocer dos panes a la vez, deje un poco de espacio entre los moldes para que el aire circule. Para comprobar la cocción, inserte un palillo de cóctel en el centro del pan, el cual deberá salir limpio. En caso contrario, hornee la preparación unos minutos más.

## Postres

Consulte las páginas 18-21 para obtener más información sobre cómo cocer pastas y pasteles. Al hornear cremas éstas no deben sobrecocerse pues el postre quedaría aguado y empezaría a separarse. Si cuece las cremas en un baño María, obtendrá una cocción homogénea. Para ello divida la mezcla en pequeños moldes individuales o refractarios y colóquelos en una fuente para hornear. Vierta agua hirviendo en la fuente hasta que alcance la mitad de la altura de los moldes. A continuación, transfiera la fuente al horno y hornee la crema.

# asar al *grill*

Este método de cocción rápido y sencillo utiliza el calor vivo para obtener una superficie externa dorada y un interior suculento. Para que la carne quede tierna y jugosa, se debe mantener un delicado equilibrio entre una cocción rápida superficial y una transferencia interna de calor más lenta. Cuanto más lejos coloque el alimento de la fuente de calor, más tiempo podrá dejarla sin que se sobrecueza. Para que los alimentos se cuezan de un modo rápido y uniforme deben tener un tamaño regular y estar a temperatura ambiente. Los bistés finos o las broquetas pueden colocarse en un estante alto, mientras que los trozos más grandes de carne, que requerirán mayor tiempo de cocción, han de disponerse en un nivel inferior. Si no está seguro, coloque como norma general los ingredientes a una distancia de 10-15 cm de la fuente de calor. Precaliente el *grill* con antelación.

## Carne

Los cortes magros y tiernos de carne son los más adecuados para asar al *grill*. Puesto que el éxito de este método de cocción radica en muchas variables como la forma de la carne, la cantidad de huesos y grasa, la temperatura al introducirla bajo el *grill* e incluso la precisión de su horno, los tiempos de cocción sólo pueden ser aproximados. Para determinar el punto de cocción no tenga en cuenta únicamente el color de la carne y su textura. Practique un corte pequeño (cerca del hueso, si lo hubiere, o cerca del centro si se tratara de un corte deshuesado) y observe el interior.

Al asar bistés al *grill*, recorte el exceso de grasa, dejando aproximadamente unos 3 mm, y entalle ésta para evitar que la carne se alabee durante la cocción. Recorte el exceso de grasa de todas las carnes, pues podría prenderse si el *grill* está muy caliente. La carne muy magra puede pincelarse ligeramente con aceite o un adobo. Si va a utilizar un adobo a base de aceite, seque la carne antes de asarla para evitar que se incendie. Para no pinchar la carne (y evitar que desprenda sus jugos y se reseque), déle la vuelta con unas pinzas en lugar de un tenedor.

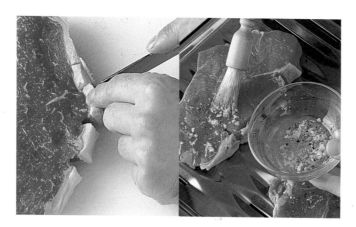

▲ **Recortar la grasa** Corte toda la grasa dejando tan sólo unos 3 mm y corte a través de la grasa restante a intervalos regulares.

▲ **Pincelar con aceite** Añada un poco de ajo picado y pimienta negra molida al aceite de oliva y pincele la carne ligeramente.

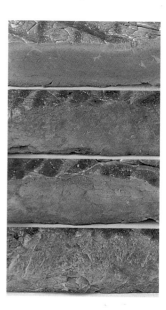

▶ **Puntos de cocción** Utilice siempre un termómetro de carne para los cortes gruesos y asegúrese de que registre una temperatura de 70 °C si la desea entre medio y poco hecha y una de 75 °C si la desea medio hecha. Empezando desde la imagen superior, la carne estará muy poco hecha (1-2 minutos por lado); poco hecha (2-3 minutos por lado); medio hecha (3-4 minutos por lado); y bien hecha (soasada 3 minutos por lado y otros 6-10 minutos adicionales a temperatura más baja, con una sola vuelta).

## Pescado

Los pescados grasos como el salmón, la trucha, la lubina, el atún y el pez espada quedan tiernos y jugosos si se cuecen rápidamente bajo el *grill*. La piel y las espinas ayudan a mantenerlos jugosos, por lo que es preferible asar al *grill* los pescados pequeños enteros. Recorte las aletas, escame y eviscere el pescado antes de cocerlo (*véase* pág. 65), y entállelo para que la piel no se rompa. Puede aromatizar el pescado pincelándolo con una salsa. Colóquelo sobre la placa a una distancia de 10-15 cm de la fuente de calor y cuézalo durante 8-10 minutos por cada 2,5 cm de grosor. El pescado estará cocido cuando su carne quede opaca. Inserte la punta de un cuchillo pequeño en la parte más gruesa y separe la carne suavemente para comprobarlo.

## Aves

El calor seco e intenso del *grill* hace que las pieles de las aves queden crujientes y les proporciona un sabor único y delicioso. Las aves enteras o troceadas y los cortes pequeños pueden asarse bajo el *grill*, aunque las carnes oscuras suelen quedar más jugosas y proporcionan los mejores resultados. Las carnes blancas tienden a sobrecocerse en exceso y resecarse. Para obtener mejores resultados no pele las aves ni las adobe (*véase* pág. 23) por anticipado.

Al asar aves enteras, necesitará un espetón para los pavos y otras de gran tamaño; en el caso de las aves pequeñas, puede aplanarlas y embroquetarlas. Asegúrese de precalentar el *grill* y colocar la rejilla a unos 11 cm de la fuente de calor. Si la rejilla no puede situarse lo suficientemente separada de la fuente de calor, ase el ave en el horno a 180 °C. No forre la rejilla con papel de aluminio, pues la grasa podría formar llamas durante la cocción.

▲ **Entallar el pescado** Practique dos o tres entallas a un lado del pescado, cortando a través de las espinas. Repita la operación por el otro lado.

▲ **Aromatizar el pescado** Introduzca hierbas y rodajas de lima o limón en las entallas del pescado antes de asarlo.

**Asador rotativo** Muchos hornos disponen de un asador rotativo que gira lentamente bajo la fuente de calor y que resulta ideal para asar aves grandes. El ave se ensarta a través de un espetón largo de sección cuadrada rematado a ambos extremos por dos espigas en forma de «tenedor» que la sujetan. Esta técnica rápida y fácil permite que la carne se rocíe con sus propios jugos a medida que gira lentamente.

### Embroquetar aves

Esta técnica es la más adecuada para las aves pequeñas. El ave se aplana con el fin de que adquiera un grosor uniforme, lo cual resulta ideal para asar al *grill*.

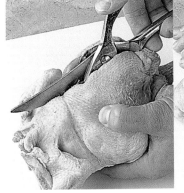

Corte a lo largo de ambos lados del espinazo con unas tijeras para aves y retírelo. Después, coloque las alas hacia abajo y retire la espoleta.

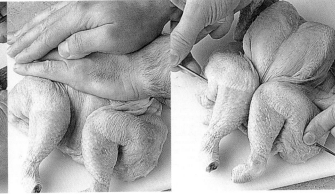

Aplaste el ave con firmeza, aplanándola contra la tabla de picar, hasta que oiga cómo se rompe el esternón.

Mantenga el ave plana y atraviésela con una broqueta metálica que pase a través de las alas y la pechuga y otra a través de los contramuslos.

# barbacoa

Este método de cocción similar al *grill* se diferencia de éste en que los alimentos se cuecen al aire libre, directamente por el calor de leña o carbón, sobre una parrilla de gas con trozos de lava o sobre una parrilla metálica. Los alimentos así cocinados adquieren un sabor ahumado y se sirven de forma más informal que los asados al *grill*. Este método de cocción presenta dos variantes: el asado mediante calor directo, en el que los alimentos se colocan sobre la fuente de calor y se les da la vuelta por ambas caras para exponerlos al calor de las brasas; y el asado mediante calor indirecto, en el que los alimentos que precisan un tiempo de cocción más prolongado se cuecen sobre una barbacoa tapada. Se colocan sobre el fuego, se tapa la barbacoa y no hay necesidad de dar vueltas a la carne

**Preparar broquetas** Asegúrese de que todos los alimentos que vaya a cocer en una broqueta tengan el mismo tiempo de cocción y deje un poco de espacio entre pieza y pieza para que cuezan uniformemente. Alterne la carne con rodajas o dados de hortalizas para proporcionarle color y hacer que cunda más.

## Equipo para la barbacoa

**Las tenazas de mango largo** son necesarias tanto para sostener los alimentos como para distribuir las briquetas y brasas calientes. Necesita dos, una para cada función. Las tenazas son preferibles a los tenedores para manejar los alimentos.

**Un pincel** con mango largo, aunque puede utilizar unas ramitas ensartadas para pincelar los alimentos con aceite, adobo o marinada durante la cocción.

**Espátula** Las de mango angular, provistas de una hoja de acero inoxidable de 10-15 cm, se deslizan con facilidad bajo las chuletas y los filetes de pescado evitando que se rompan y se peguen a la parrilla.

**Guantes** Elija unos guantes gruesos e ignífugos, si es posible que lleguen a la altura del codo.

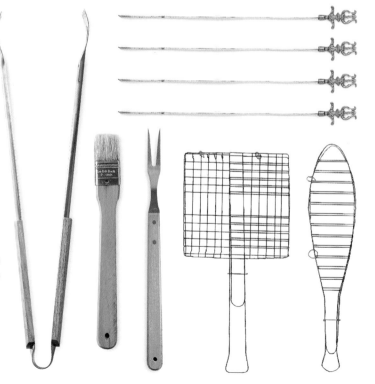

**Broquetas** Las broquetas, tanto metálicas como de bambú, son esenciales para cocer broquetas y satés. Remoje las de bambú un mínimo de 30 minutos en agua (para evitar que se quemen) y tírelas una vez utilizadas.

**Parrillas** Son ideales para cocer pescado, hamburguesas de carne y otros alimentos pequeños. Las parrillas de bisagra deben tener mangos largos y asegurarse con una aldaba metálica. Pase un pincel con aceite antes de utilizarlas.

**Termómetro de lectura instantánea** Los termómetros para cocer al *grill* proporcionan lecturas ajustadas tan sólo unos segundos después de haberlas insertado. También son necesarios para asegurar que las piezas grandes de carne hayan alcanzado la temperatura interna necesaria.

## Hortalizas

Tanto las calabazas como las berenjenas, las setas, los pimientos morrones, las cebollas y los tomates son adecuados para asar a la barbacoa, pero se resecan al contacto con el calor elevado por lo que es preciso pincelarlas con aceite antes de colocarlas sobre la parrilla. Quedarán mejor si se añaden aromatizantes. Si los ensarta en broquetas, córtelas en trozos de tamaño similar para que se cuezan en el mismo tiempo que la carne, ave o pescado; de lo contrario, cuézalas por separado. Algunas hortalizas de cocción prolongada, como las zanahorias, deben blanquearse (*véase* pág. 22) antes de asarlas a la barbacoa. Las patatas pueden envolverse en papel de aluminio y cocerse directamente sobre las brasas, y las mazorcas de maíz se asan frecuentemente con sus hollejos; remójelas en agua fría 15 minutos para evitar que se quemen al cocerlas. Después, escúrralas y estire con cuidado de la farfolla tres cuartos de su longitud para retirar los filamentos. Pincele las mazorcas con una cucharada de aceite de oliva, recúbralas de nuevo con la farfolla y déjelas cocer durante 30-40 minutos dándoles la vuelta de vez en cuando hasta que estén tiernas al pincharlas con un cuchillo.

## Carnes

La mayor parte de cortes de carne deben adobarse para ablandarse y aromatizarse (*véase* pág. 23). Los cortes de buey tiernos pueden cocerse directamente sobre fuego vivo sin adobarlos. Los bistés

deben tener un mínimo de 2-2,5 cm de grosor, de lo contrario se resecarían. Recorte el exceso de grasa y entalle los bordes gruesos para evitar que se abarquillen (*véase* pág. 40). Las hamburguesas deben tener 2,5 cm de grosor, pues también se resecarían. Dé la vuelta a la carne de vez en cuando.

## Pescado

Puesto que la mayoría de los pescados tiene poca grasa interna, quedan mejor si se marinan, esto evita que se resequen. Aceite la parrilla para evitar que su delicada carne se pegue a la misma o colóquelos sobre una rejilla. No mueva el pescado demasiado y déle una sola vuelta, pues su carne podría rasgarse. Si no dispone de una parrilla especial para pescados, puede cocerlos envolviéndolos en papel de aluminio doblado formando un paquete; ciérrelo con un pliegue doble tanto en la parte superior como en los extremos; deje espacio para que el vapor pueda expandirse. La carne de los pescados y los mariscos debe sentirse firme al tacto una vez cocida.

## Aves

A no ser que prepare broquetas o saté, utilice aves sin deshuesar para que se mantengan jugosas. Al igual que en el caso del pescado, las aves quedan deliciosas y se mantienen jugosas si se adoban o aromatizan. Las aves estarán asadas cuando al pincharlas con un cuchillo sus jugos salgan transparentes.

# freír

Freír significa cocer en grasa caliente. El atractivo de este método de cocción estriba en el maravilloso sabor y en la apariencia deliciosamente dorada de los alimentos. Si éstos se fríen correctamente, quedan ligeros y no resultan grasos. Existen varios sistemas para freír; en sartén, con poca grasa, saltear y saltear siguiendo el sistema oriental y freír por inmersión. Los ingredientes deben estar a temperatura ambiente, pues si estuviesen fríos harían descender la temperatura de la grasa. La superficie de los alimentos debe estar seca: la humedad se convierte en vapor, provocando que baje la temperatura.

Para freír es importante elegir el aceite indicado. La mayoría de los salteados chinos se preparan con aceite de cacahuete. Cuando fría por inmersión, utilice un aceite que pueda calentarse a temperatura elevada sin que humee. Los aceites de cártamo, soja y maíz empiezan a humear a temperaturas elevadas, por lo que son los más indicados para freír por inmersión.

- El aceite de maíz es un aceite neutro insaturado, ideal para freír.
- El aceite de oliva es ideal para saltear y también para el salteado oriental, aunque inapropiado para freír por inmersión, pues humea a temperaturas elevadas.
- El aceite de cacahuete es ideal para los salteados orientales. También puede calentarse a temperaturas elevadas.
- El aceite de cártamo es ideal para todos los sistemas.
- El aceite de soja tiene un sabor neutro y puede calentarse a temperaturas elevadas.

## Saltear y freír en sartén

Estos métodos de cocción rápidos son muy parecidos, aunque el primero es una técnica de origen francés. Los trozos pequeños de carne (bistés, pechugas o filetes), el hígado de ternera, los filetes de pescado, las gambas y los langostinos, las vieiras y los huevos resultan ideales para ambos métodos. La temperatura elevada y la grasa caliente sellan la carne o el pescado manteniéndolos jugosos y suculentos. Para obtener los mejores resultados, siga estos consejos:

- Corte la carne en porciones de 1 cm de grosor.
- Utilice una mezcla de aceite y mantequilla derretida.
- Agregue la carne y cuézala por ambos lados a fuego moderado hasta que esté tierna.
- Si desea preparar una salsa, retire la carne y resérvela. Incorpore a la sartén los ingredientes de la salsa y redúzcalos si fuese necesario antes de agregar la carne de nuevo y cubrirla con la salsa.

## Freír filetes

Para freír filetes de pollo o pavo, lo mejor es colocarlos entre láminas de papel sulfurizado o en una película de plástico y aplastarlos hasta darles un grosor uniforme; la carne se ablanda y se asegura una cocción uniforme. Los filetes de ternera también deben aplastarse un poco, pero seque la carne una vez aplastada. Estos filetes delicados se empanan con harina, huevo y pan rallado antes de freírse en aceite caliente. Para que los filetes de ternera queden tiernos no deben cocerse demasiado.

**Preparar el empanado** Los filetes se pasan generalmente por harina sazonada, leche, huevo batido o agua y, finalmente, por pan rallado. Esta operación protegerá su delicada carne a la vez que les aporta sabor.

**No sobrecueza** Una vez los filetes estén uniformemente dorados por ambos lados, retírelos de la sartén. Si los cuece demasiado, los filetes de carne y aves quedarán duros.

## Freír en seco pechugas de pato

Los alimentos grasos como las pechugas de pato pueden freírse en seco con su propia grasa sin incorporarles más aceite. Para obtener los mejores resultados, pula y entalle la piel del ave para que la grasa pueda escaparse durante la cocción. Coloque la pechuga con la piel hacia abajo en una sartén a fuego moderado, para que la grasa empiece a derretirse. Cueza unos 5 minutos presionando la pechuga con un cuchillo de paleta, antes de darle la vuelta y cocerla por el otro lado.

**Entallar un motivo** Practicar unas entallas romboidales sobre la piel no sólo facilitará que se derrita el exceso de grasa, sino que permitirá obtener una presentación más atractiva.

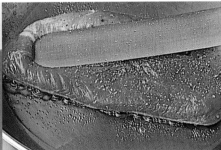

**Extraer los jugos** Coloque la pechuga boca abajo y, mientras la cuece, presiónela con un cuchillo de paleta para mantenerla plana y facilitar la extracción de sus jugos.

## SARTENES PARA FREÍR Y SALTEAR

Una buena sartén debe tener una base sólida y gruesa para que el calor se distribuya uniformemente, paredes bajas y un mango refractario. El acero inoxidable, el aluminio anodizado y el hierro colado son buenos materiales. Las salteadoras tienen paredes rectas, son pesadas y poseen una profundidad de 6-10 cm.

## Huevos fritos con poca grasa

Un huevo frito perfecto debe tener la yema líquida y la clara cuajada. Caliente el aceite o la mantequilla en una sartén hasta que esté bien caliente antes de añadir los huevos. Fríalos a fuego moderado y rocíelos frecuentemente con la grasa caliente. Para obtener una forma limpia, coloque un cortapastas metálico en la sartén con el aceite y caliéntelo. Deslice el huevo dentro del cortapastas y fríalo hasta que alcance el punto de cocción deseado. Retire cuidadosamente el cortapastas de la sartén antes de sacar el huevo.

# salteado oriental

El salteado oriental es un método fácil y rápido para cocer a fuego vivo alimentos finamente cortados con la mínima cantidad de grasa. Es ideal para mantener el color, el sabor, la textura de los alimentos y conservar sus valores nutricionales. Los alimentos se cuecen tanto por el calor del recipiente como por el del aceite y se deben remover sin cesar hasta que estén uniformemente cocidos. Esta técnica se originó en el Lejano Oriente, tal como atestiguan las especias, aromatizantes e ingredientes que se suelen emplear en las preparaciones.

Es un método de cocción muy rápido que precisa una larga preparación. La carne, el pescado y las hortalizas se cortan en tiras o lonchas finas del mismo tamaño y grosor y se agrupan en cuencos de acuerdo con sus tiempos de cocción. Es esencial tener al alcance de la mano todos los utensilios, salsas y especias antes de calentar el *wok*. Si ha guardado algún ingrediente en la nevera, retírelo unos 30 minutos antes de empezar a cocinar. Para obtener los mejores resultados, caliente primero el *wok* y vierta el aceite en forma de chorrito fino alrededor de sus paredes. Asegúrese de que el aceite esté muy caliente antes de añadir cualquier alimento; compruébelo con una tira pequeña de cebolla; si ésta chisporrotea significa que el aceite está suficientemente caliente. No añada muchos alimentos a la vez o se guisarán en vez de freírse. Recuerde que debe removerlos sin cesar para que se cuezan de manera uniforme.

## Equipo para el salteado oriental

**Macheta** Para picar y cortar en lonchas o tiras los ingredientes. Éstas se encuentran en los supermercados chinos; un cuchillo de cocinero grande y afilado le resultará de fácil manejo.

**Accesorios** Una espátula mecánica, un anillo para colocar el *wok*, una espumadera de rejilla y un par de palillos son útiles.

**Wok** Se utiliza tradicionalmente para los salteados orientales. El fondo redondeado y las paredes cóncavas están diseñados para cocer sobre una llama, pero también encontrará *woks* de bases planas apropiados para placas eléctricas. Pueden tener un mango largo o dos asas metálicas o de madera. Se venden en diferentes tamaños, aunque el de 35 cm es el más habitual. Los mejores son de acero al carbono o hierro colado. Con el acero inoxidable los alimentos se pegan al fondo.

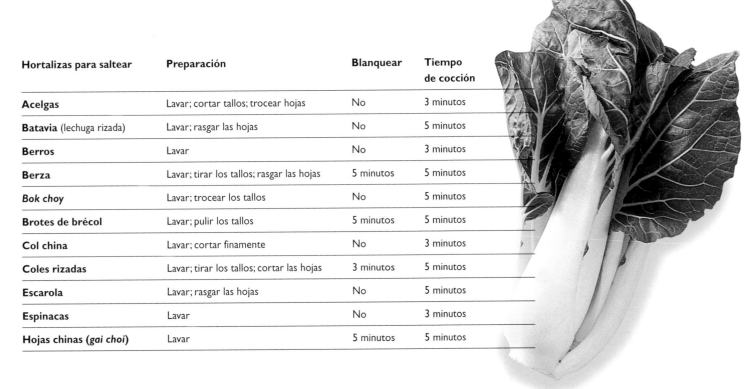

| Hortalizas para saltear | Preparación | Blanquear | Tiempo de cocción |
| --- | --- | --- | --- |
| **Acelgas** | Lavar; cortar tallos; trocear hojas | No | 3 minutos |
| **Batavia** (lechuga rizada) | Lavar; rasgar las hojas | No | 5 minutos |
| **Berros** | Lavar | No | 3 minutos |
| **Berza** | Lavar; tirar los tallos; rasgar las hojas | 5 minutos | 5 minutos |
| *Bok choy* | Lavar; trocear los tallos | No | 5 minutos |
| **Brotes de brécol** | Lavar; pulir los tallos | 5 minutos | 5 minutos |
| **Col china** | Lavar; cortar finamente | No | 3 minutos |
| **Coles rizadas** | Lavar; tirar los tallos; cortar las hojas | 3 minutos | 5 minutos |
| **Escarola** | Lavar; rasgar las hojas | No | 5 minutos |
| **Espinacas** | Lavar | No | 3 minutos |
| **Hojas chinas** (*gai choi*) | Lavar | 5 minutos | 5 minutos |

## Preparar las hortalizas para el salteado oriental

Es importante que las hortalizas destinadas a esta preparación se troceen en porciones pequeñas y regulares para que puedan removerse y cocerse rápidamente en el elevado calor del *wok*. Las hortalizas largas como los pepinos, los puerros y las cebollas tiernas se cortan en juliana. Las zanahorias, las setas y el calabacín se han de cortar en rodajas finas, el brécol y la colifor se separan en ramitos.

## Elegir y preparar la carne para el salteado oriental

La carne puede cortarse en tiras finas y pequeñas o en lonchas finas como el papel. Elija cortes de carne tiernos que puedan cocerse rápidamente tales como solomillo de cerdo y buey, o pechuga de pollo o pavo. Para ablandar y aromatizar la carne o las aves, éstas se han de adobar 1-2 horas antes de la cocción en una mezcla de aceite, ajo, salsa de soja, jengibre y aromatizantes.

### Col salteada

Recorte el corazón duro de la col, separe las hojas y córtelas en trozos pequeños y regulares del tamaño de una caja de cerillas. Caliente el aceite en el *wok*, añada las especias y aromatizantes, la col y saltéela sin dejar de remover durante 2-3 minutos. Aromatícela con salsa de soja.

### Fideos salteados con verduras

Para cocinar este plato clásico, los fideos de huevo secos se remojan, escurren y rocían con salsa de soja. Después se saltean las verduras troceadas y se incorporan los fideos durante los últimos 2-3 minutos de cocción. Puede aromatizar con salsa de soja u ostras al finalizar la cocción.

### Cortar pollo para salteados

Con un cuchillo pequeño y afilado, corte el tendón blanco y cartilaginoso situado bajo la lechuga y desprenda el filete. Corte la pechuga y filetee en tiras finas diagonales de aproximadamente 1 cm de ancho. Para facilitar la tarea, congele el pollo una hora antes de prepararlo.

### Cortar buey para salteados

Corte el buey en tiras finas como cerillas; si lo congela una hora antes le resultará más fácil cortarlo. Corte hortalizas como apio, puerro o cebolla tierna en tiras de juliana del mismo tamaño que el buey. Corte también el jengibre fresco en juliana.

freír

# freír por inmersión

Al freír por inmersión los alimentos se cuecen en abundante grasa caliente. Existe una amplia gama de alimentos que pueden freírse siguiendo este método, desde patatas y mariscos hasta pollo e incluso frutas. Es un sistema de cocción rápido y sano a pesar de su mala fama, ya que si se realiza correctamente los alimentos no absorben demasiado aceite. Lo más importante es utilizar un aceite de calidad, llevarlo a la temperatura adecuada y recubrir o empanar los alimentos antes de la cocción cuando sea necesario. Los alimentos deben cortarse en trozos del mismo tamaño y grosor, así como secarse lo máximo posible. Una vez retirados de la freidora, escúrralos sobre papel de cocina para que se mantengan secos y crujientes.

## La temperatura adecuada

Si el aceite está demasiado caliente, quemará la superficie externa de los alimentos antes de que el interior se haya cocido. El aceite empieza a quemarse por encima de los 200 °C, por lo que deberá asegurarse de que se encuentra a la temperatura apropiada. También puede utilizar una freidora eléctrica con termostato o un termómetro. Para alcanzar los mejores resultados, el aceite debe estar a 180-190 °C. Si no dispone de termómetro, caliente el aceite en una freidora o *wok* hasta que esté a punto de humear y luego sumerja dentro un dado de pan. Si el pan se dora en 30 segundos, significa que el aceite está a la temperatura adecuada. No fría demasiadas porciones a la vez para mantener la temperatura durante la cocción.

## Masas y coberturas

Las coberturas protegen los alimentos del aceite caliente evitando que absorban grasa en exceso. La harina es la cobertura más sencilla y forma una costra fina y crujiente. En el caso del pollo o del pescado, éstos pueden pasarse por harina, huevo y finalmente por pan rallado. Otra clase de cobertura consiste en una masa preparada con harina y leche o agua, a la que a veces se añade huevo batido. Tamice la masa para asegurarse de que no queden grumos o bátala con la batidora eléctrica. Utilice cerveza en lugar de leche para proporcionarle color y añada un poco de pimienta de Cayena, chile o curry en polvo a la harina para aromatizarla. La masa para *tempura* es ultraligera y crujiente, de forma que el color de los alimentos se adivina a través de la misma. Utilícela cuando desee una cobertura ligera y crujiente para langostinos, hortalizas a rodajas o trozos pequeños de fruta.

## La seguridad ante todo

- Utilice una freidora o *wok* hondo y pesado.
- Llene las freidoras hondas hasta no más de dos tercios de su altura con aceite; los *woks* no deben llenarse en más de un tercio de su altura.
- Seque bien los alimentos antes de freírlos para evitar salpicaduras.
- Sumerja suavemente los alimentos en aceite caliente para que no salpiquen y evitar quemaduras.
- Utilice una espumadera de malla o un cestillo para retirar los ingredientes de la freidora.
- Las asas o mangos de la freidora no deben estar en contacto con el calor.
- No deje de vigilar la freidora mientras cocina.
- Limpie cualquier mancha inmediatamente y asegúrese de que no quede grasa depositada en el exterior de la freidora.
- Mantenga cerca del fogón una manta para apagar el fuego en caso de incendio.

## Patatas fritas

Las patatas pueden cortarse de diferentes formas para freír; desde las patatas fritas comunes cortadas en tiras a las *gaufrettes*. Pélelas y córtelas dándoles un tamaño y grosor uniformes. Sumérjalas en agua acidulada (*véase* pág. 169) a medida que trabaja para evitar que se oxiden. De esta forma también desprenderán parte de su almidón, lo que ayudará a que queden bien crujientes. Escúrralas y séquelas bien antes de freírlas.

**Freír patatas según el método francés** Con este método las patatas se fríen dos veces para conferirles un acabado más crujiente. Primero se fríen hasta ablandarlas y se dejan enfriar, y a continuación se fríen de nuevo a una temperatura más elevada. Caliente el aceite a 160 °C, sumerja las patatas y fríalas 5-6 minutos; retírelas, escúrralas y déjelas enfriar. Después aumente la temperatura a 180 °C, sumerja de nuevo las patatas y fríalas 1-2 minutos hasta que estén crujientes.

## Buñuelos

Los buñuelos de frutas presentan un exterior maravillosamente crujiente y un interior dulce y jugoso. Puede utilizar cualquier fruta firme como manzanas, plátanos o piña. Pele la fruta primero y retírele las membranas y semillas antes de recubrirla con la masa.

**Buñuelos de frutas** Pele las frutas y séquelas. Utilice un tenedor de dos dientes para sumergir los trozos de fruta en una masa ligera y deje caer su exceso. Caliente el aceite a 190 °C y fría los buñuelos 2 minutos o hasta que estén dorados.

Deje escurrir los buñuelos sobre papel absorbente y páselos a continuación por azúcar extrafino para recubrirlos de forma homogénea.

## Freír pescado por inmersión

Para obtener los mejores resultados, la grasa debe estar a una temperatura elevada, es decir a 180-190 °C. En la cocina china, incluso se fríen por inmersión pescados enteros en un *wok*. Por motivos de seguridad, utilice un recipiente con dos asas y elija un pescado entero de carne firme como el salmonete o la lubina. El pescado se fríe hasta que está dorado por ambos lados y luego se brasea en una salsa. Si utiliza porciones de pescado, elija bacalao, rape, emperador o marrajo. Recubra gambas y langostinos con una masa para *tempura*.

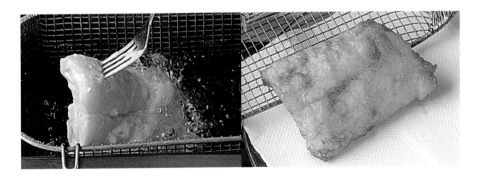

**La masa proporciona** una cobertura protectora a las porciones de pescado a la vez que lo mantiene tierno y suculento. Corte el pescado en trozos regulares, rodajas o filetes y cueza los trozos grandes de uno en uno para obtener una cocción uniforme. Para preparar *goujons*, corte el pescado en tiras finas, colóquelas en una bolsa de plástico con harina sazonada y sacúdala bien para que queden uniformemente recubiertas.

# trinchar

Incluso si ha asado un ave o un trozo de carne a la perfección, un trinchado deficiente puede arruinar todos sus esfuerzos. El cuchillo para trinchar (*véase* pág. 10) debe tener una hoja lo suficientemente larga para trinchar las pechugas de las aves grandes o los lados de un asado en lonchas finas y regulares, por lo que ha de sobrepasar ambos extremos de la carne unos 5 cm para poder trincharla con facilidad. Si deja reposar la pieza asada cubierta con papel de aluminio por espacio de 10-15 minutos, obtendrá una carne más firme y jugosa y, en consecuencia, más fácil de trinchar. Trinche la carne en sentido contrario a la fibra para obtener lonchas más tiernas, y precaliente la fuente de servicio.

### Trinchar un pollo o ave ▶

Corte los muslos separándolos del cuerpo. Separe el muslo del contramuslo y transfiéralos a una fuente caliente.

Practique un corte profundo horizontal justo sobre el ala y atravesando la pechuga hasta que el cuchillo toque el espinazo.

Practique a continuación una serie de cortes verticales a través de la carne de la pechuga, con el cuchillo paralelo a la caja torácica.

Superponga las lonchas de carne blanca en la fuente, al lado de los muslos y contramuslos.

### ◀ Trinchar un pato

Retire cada ala cortando a través del punto de unión entre el ala y el cuerpo. Para cortar las patas, corte la piel situada alrededor de las mismas y luego realice un corte entre el muslo y el cuerpo para dejar al descubierto la juntura; a continuación, divida ambas partes. Si lo desea, corte también por el punto de unión entre el muslo y el contramuslo.

Sostenga la hoja del cuchillo formando un ángulo de 45° con el pato y corte lonchas finas y largas de un lado de la pechuga. Repita la operación en el otro lado.

Coloque las lonchas, las alas y los muslos en una fuente.

## Trinchar chuletas asadas ▶

Solicite a su carnicero que retire el espinazo situado en la base de las chuletas para poder trinchar el asado entre los huesos de las mismas.

Coloque el asado sobre la tabla de trinchar con la parte de los huesos hacia abajo. Sostenga el cuchillo a 1 cm de un extremo y corte entre las costillas.

Corte luego en sentido horizontal para liberar una loncha. Transfiérala a una fuente caliente.

Continúe cortando lonchas como antes. A medida que las costillas queden expuestas, córtelas y añádalas a la fuente.

## ◀ Trinchar un pecho de ternera asado

Sujete el asado con un tenedor trinchante y corte la carne hacia abajo siguiendo la línea del hueso de la costilla.

Recorte la costilla expuesta y continúe trinchando lonchas de carne regulares a lo largo del pecho asado. Transfiera las lonchas a una fuente caliente.

## Trinchar cordero ▶

**Pierna** Corte una loncha del extremo más fino de la pierna y déle la vuelta dejando que se apoye en este corte. Practique un corte vertical al hueso a una distancia de 2-3 cm del codillo. Después, realice a partir del codillo cortes de carne regulares y perpendiculares al hueso, en dirección contraria al codillo. Dé la vuelta a la pierna y corte siguiendo la línea del hueso.

**Trinchar un costillar** Coloque el costillar con las costillas mirando hacia abajo sobre la tabla de trinchar. Sosténgalo firmemente y corte entre las costillas con un movimiento de sierra.

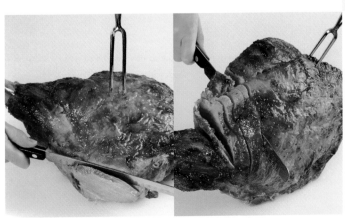

## ◀ Trinchar un jamón entero

Coloque el jamón sobre la tabla de trinchar. Sosténgalo con un tenedor trinchante y corte unas pocas lonchas a partir del lado más fino del jamón para que se mantenga plano.

Sostenga el jamón sobre la superficie cortada y corte a continuación una cuña pequeña de carne en la parte del codillo. Después, corte lonchas regulares y perpendiculares al hueso.

Desprenda las lonchas del hueso pasando la hoja del cuchillo bajo las mismas y empleando un movimiento de sierra. Transfiera las lonchas a una fuente caliente.

# guarniciones

La presentación de los alimentos no sólo los vuelve más apetitosos y les aporta color e interés, sino que también puede mejorar su sabor y su textura. Unas pocas hierbas bien elegidas pueden transformar una simple tortilla en algo mucho más interesante, mientras que un poco de salsa puede realzar un postre sencillo para una ocasión especial. Por ejemplo, unas simples peras escalfadas (*véase* derecha) pueden transformarse en un delicado postre tan sólo añadiéndole un cordón de salsa de chocolate y unas cuantas bayas.

### ◀ Rellenar higos con ricotta

Para obtener una variante decorativa de la tradicional combinación italiana de higos y jamón, se mezcla queso ricotta con hierbas y condimentos que se introducen con una manga pastelera en el centro de cada higo.

### Flecos de cebollas tiernas ▶

Se utilizan para decorar carnes frías, bistés, ensaladas y platos chinos. Prepárelas con dos horas de antelación. Practique varios cortes en la base de la cebolla a una distancia de 1 cm del bulbo, sumérjala en agua helada y déjela reposar hasta que los flecos se abran.

### ◀ Timbales

Las verduras y hortalizas cocidas y reducidas a puré o las preparaciones con arroz quedan impresionantes si se sirven como timbales. Presione el relleno elegido en un molde aceitado, inviértalo sobre el plato y retire el molde. Si no lo puede sacar a la primera, pase un cuchillo por las paredes del molde para desprenderlo. Para acabar, coloque pequeños trozos de verduras u hortalizas de diferentes colores sobre la superficie de cada timbal.

## Toques decorativos para las sopas

Unos remolinos de crema o yogur, unas especias espolvoreadas, unos picatostes especiados o queso finamente rallado son tan sólo unas pocas formas de transformar un plato de sopa en algo sumamente más apetitoso.

**Hojas de salvia frescas** Las hierbas frescas, ya sean enteras o picadas, dependiendo del tipo de hierba, combinan a la perfección con las cremas de verduras. Estas hojas de salvia flotando sobre una sopa de calabacín le dan un aspecto delicioso.

**Almendras tostadas** Las guarniciones pueden utilizarse para aportar textura, sabor y color. Unas pocas almendras tostadas fileteadas son perfectas para proporcionar un contraste crujiente a la sopa de manzana y almendras.

## Adornar carnes y aves

Existe un buen número de guarniciones de hierbas tradicionales. Entre éstas se encuentran la salvia fresca para el cerdo asado, la menta fresca para el cordero asado, las ramitas de berros para el buey asado, las de perejil para la ternera asada y los cebollinos y el cilantro para el pollo. Las hierbas frescas picadas proporcionan un toque especial a todo tipo de guisos. Las rodajas y espirales de limón se suelen utilizar para adornar ensaladas de pollo o pavo, mientras que las de naranja son las tradicionales para el pato.

**Manojo de cebollinos** Los cebollinos combinan muy bien con el pollo. Este atractivo manojo de cebollinos aporta color y un toque de estilo al pollo en papillote. Para prepararlo, reúna unas ramitas de cebollino fresco y átelas cerca de la base con otra ramita.

**Hortalizas torneadas** Con un cuchillo afilado y un poco de tiempo puede preparar una gran variedad de «flores» vegetales. Pele una tira larga de cualquier hortaliza (las zanahorias, los pepinos y los rabanitos son perfectos) y enrolle la espiral para obtener una forma de flor que deberá asegurar en la base con un palillo.

## Decorar postres

Una roseta de crema aplicada con la manga pastelera o un ligero velo de azúcar o cacao en polvo pueden añadir atractivo a cualquier postre. Las frutas glaseadas necesitan cierto tiempo, pero unas uvas o grosellas simplemente pasadas por azúcar quedan impresionantes sobre un suflé, una *mousse* u otros postres con frutas frías. Lave y seque unos racimos de uvas o grosellas y páselos por clara de huevo batida. Sumérjalos a continuación en azúcar superfino, sacuda el exceso de éste y déjelas secar sobre una rejilla metálica.

**Frutas semirrecubiertas** Las decoraciones de chocolate siempre resultan deliciosas. Derrita un poco de chocolate sobre agua caliente y sumerja hasta la mitad frutas enteras pequeñas como cerezas, fresas o uvas. Déjelas secar sobre papel sulfurizado y sírvalas para adornar postres de frutas o chocolate (*véase* pág. 249 para otras decoraciones de chocolate).

***Coulis* contrastantes** Los *coulis* o salsas de frutas proporcionan a los postres un sabor delicioso y a la vez un bello contraste de color. Para adornar un plato en el que vaya a servir un postre (superior), necesitará dos salsas de la misma consistencia. Vierta un poco de cada una en cada mitad del plato y una ambas salsas en su punto de encuentro con un palillo.

# ingredientes

pescados y mariscos

carne

aves y caza

productos lácteos y huevos

legumbres y cereales

hortalizas

frutas y frutos secos

aromatizantes

INGREDIENTES Esta sección del libro le proporciona toda la información necesaria para que se familiarice con la amplia gama de ingredientes disponibles. Cada capítulo cubre un grupo fundamental, donde se muestran las variedades que ofrecen mayores posibilidades y con información sobre la forma de elegirlas, prepararlas y cocinarlas. También se detallan sus valores nutricionales, los materiales especiales requeridos y las técnicas a seguir paso a paso.

# pescados y mariscos

# pescados blancos

Los pescados blancos pueden dividirse en dos grandes grupos: los planos, entre los que se incluye el lenguado, la platija, el fletán y el rodaballo; los de cuerpo redondo y la familia del bacalao, entre la que se encuentra el eglefino, el abadejo y la merluza. En el grupo de los pescados redondos también destacan la lubina, el mero y el salmonete. Muchos pescados blancos se evisceran en el mar recién pescados para que su carne se mantenga blanca.

Aunque gracias a los procesos de congelación la disponibilidad del pescado ya no está estrictamente gobernada por las estaciones, no hay nada que pueda compararse al sabor del pescado cuando éste se encuentra en su estación y en el punto de máxima calidad, en especial en el caso del pescado blanco. Los pescados blancos, los marinos en general y los de las aguas frías del norte del Atlántico y del Pacífico tienen la carne más firme y son los de mejor sabor.

## Elección

Para asegurarse de que el pescado sea totalmente fresco, cómprelo en un establecimiento de confianza, si es posible el mismo día que lo vaya a cocinar. Cuando necesite algo especial, asegúrese de encargarlo por anticipado en su pescadería, mercado o supermercado habitual y adquiéralo siempre en un establecimiento que tenga una rotación rápida. Compre sólo el pescado exhibido sobre hielo o expuesto en el refrigerador.

Los filetes y rodajas de pescado deben parecer frescos y translúcidos y no presentar una apariencia lechosa. Si sus extremos tienen un aspecto seco o descolorido no los compre. La textura del pescado varía de uno a otro, pero en general la carne debe ser densa, por lo que si parece blanda es mejor no comprarla.

Los pescados congelados, ya sean enteros, fileteados o a rodajas deben estar perfectamente sellados en su embalaje y presentar la mínima cantidad de cristales de hielo y a ser posible ninguno. Las gambas y los langostinos suelen hacer más cristales de hielo, pero los filetes y rodajas no tienen por qué tenerlos.

Al comprar pescado congelado en el supermercado, asegúrese de que esté sólidamente congelado, en especial los paquetes colocados en la parte superior de la pila. Los pescados que tengan una apariencia seca, blanca o descolorida significa que están quemados por el hielo y deben desecharse. Los pescados cortados en rodajas y filetes tienden a deteriorarse con mayor rapidez que los enteros, ya que la superficie expuesta es más vulnerable a las bacterias.

## UNA MIRADA AL PESCADO FRESCO

El aspecto y el olor del pescado son la mejor guía para evaluar su frescor y estado.

**Carne**
Si es posible, presione la carne para comprobar que sea firme y dura, en lugar de fláccida y blanda.

**Ojos**
Los ojos deben tener un aspecto brillante, las pupilas deben ser negras y las córneas transparentes.

**Cola**
La cola debe parecer fresca y húmeda, ni seca ni curvada.

**Piel**
La piel del pescado entero debe ser brillante, y las escamas apretadas en su sitio.

**Agallas**
Deben presentar un tono rosa o rojo brillante.

**Pescados planos blancos** Tienen dos caras y el espinazo está situado a lo largo del centro del pescado, con dos líneas de espinas laterales que separan los filetes superiores de los inferiores. Su tamaño oscila desde el fletán grande, que puede alcanzar los 2 m de longitud, a los pequeños rodaballos, platijas y lenguados. Los fletanes grandes se venden cortados en rodajas, pero los de menor tamaño y todos los demás pescados planos pueden cocerse enteros o fileteados. Si se cuecen enteros, normalmente se retira la piel oscura superior, pero se puede dejar la piel blanca inferior, mucho más delicada. La raya se vende en forma de «alas».

| Tipo | Forma disponible | Sustituto | Métodos de cocción |
|------|------------------|-----------|---------------------|
| **Fletán** | En rodajas o en filetes | Rodaballo | Escalfado, al *grill* o frito en sartén |
| **Lenguado** | Entero o en filetes | Platija | Al horno, al vapor, escalfado o frito en sartén |
| **Platija** | Entera o fileteada | Lenguado | Al horno, al vapor, escalfada, al *grill* o frita en sartén |
| **Rodaballo** | Entero o en filetes | Fletán | Como el fletán |
| **Raya** | En alas | Lenguado | Al horno o frita en sartén |

**Pescados redondos** Tienen un cuerpo redondeado y sus ojos están situados a un lado de la cabeza. Poseen una piel uniformemente coloreada y la espina dorsal corre a lo largo del centro del pescado, con espinas laterales curvadas hacia abajo que separan los dos filetes gruesos de ambas caras. Los pescados redondos pueden limpiarse y cocerse enteros o filetearse y cortarse en rodajas antes de cocerse.

| Tipo | Forma disponible | Sustituto | Formas de cocción |
|------|------------------|-----------|--------------------|
| **Abadejo** | En rodajas o en filetes | Bacalao, eglefino | Al horno, al *grill* o frito por inmersión |
| **Bacalao** | En rodajas o en filetes | Eglefino, merluza | Al horno, al *grill*, escalfado o frito en sartén o por inmersión |
| **Besugo** | Entero o en filetes | Dorada, mero, palometa | Al horno, al *grill* o frito en sartén |
| **Corbina** | Entera | Lubina, palometa | Braseada, al *grill* o a la parrilla |
| **Dorada** | Entera | Besugo | Al horno o al *grill* |
| **Eglefino** | En filetes | Bacalao | Al horno, al *grill* o escalfado |
| **Lubina** | Entera o en filetes | Pargo, mero | Al horno, braseada, al *grill*, escalfada o guisada |
| **Merluza** | Entera, en rodajas o en filetes | Bacalao, eglefino | Al horno, al vapor, frita por inmersión o sartén |
| **Mero** | Entero, en rodajas o en filetes | Besugo | Al horno, al *grill* o frito en sartén |
| **Palometa** | Entera o en filetes | Besugo, mero | Al horno o al *grill* |
| **Pargo** | Entero o en filetes | Lubina | Al hono, al *grill* o frito en sartén |
| **Rape** | Cola entera o en filetes | Lubina, fletán | Al horno, al *grill* o frito en sartén |

pescados blancos

59

## CONSERVACIÓN

PESCADO FRESCO Una vez adquirido, llévelo a casa de inmediato, preferiblemente en una nevera portátil con pastillas de hielo si el tiempo es caluroso (algunos mercados y supermercados quizá puedan proporcionarle hielo).

Una vez en casa, enjuague el pescado y séquelo con papel de cocina. Colóquelo en una fuente, tápelo con una tapa o papel de aluminio y guárdelo no más de un día en la parte más fría de la nevera.

El pescado no vaciado, como la caballa, la trucha y los arenques, debe eviscerarse enseguida, enjuagarse, secarse y conservarse. Si se guarda sin eviscerar, las bacterias de las tripas se multiplicarán y el pescado se deteriorará con suma rapidez.

Los pescados enteros y en porciones adquiridos en la atmósfera controlada de los frigoríficos deben guardarse en la nevera envueltos en su propio embalaje, y no deben abrirse hasta el momento de cocinarlos. Utilícelos en el lapso de tiempo que se especifica en el embalaje.

Los pescados deben mantenerse fríos hasta el momento de cocinarlos. No los deje nunca a temperatura ambiente.

PESCADO CONGELADO Una vez adquirido, llévelo a casa enseguida, si es posible en una nevera o bolsa para congelados. Póngalo enseguida en el congelador. Por lo general, el pescado congelado no debe guardarse más de tres meses, pero guíese siempre por la fecha de caducidad del paquete.

Para evitar que la textura y la estructura del pescado se rompa, descongele lentamente los pescados congelados en la nevera desde la vigilia, y colóquelos en su embalaje original sobre una fuente para recoger el líquido. Una vez descongelado, desenvuélvalo y séquelo bien con papel de cocina. No lo descongele bajo el agua, pues el sabor y textura del pescado se verán afectados perdiéndose parte de sus nutrientes. El pescado puede descongelarse a temperatura ambiente, pero puesto que las bacterias presentes en él se multiplican rápidamente, debe utilizarse enseguida. Una vez descongelado, nunca se ha de volver a congelar.

Los filetes y rodajas de pescado pueden cocerse congelados, pero requerirán un tiempo de cocción más prolongado.

## DESPELLEJAR UN PESCADO PLANO ENTERO

Si va a servir el pescado entero, sólo necesita retirar la piel oscura. La piel blanca ayudará a cohesionar el pescado durante la cocción. El pescado puede cocerse entero con la cabeza o bien descabezarse.

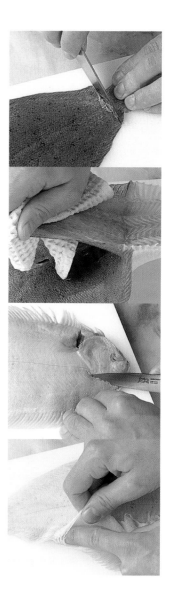

▶ Retire primero la piel oscura. Practique una pequeña incisión en el extremo de la cola para desprender la piel y pase el cuchillo bajo la piel para desprender la suficiente para poder sujetarla.

▶ Sujete la piel desprendida con una mano y la cola con la otra, ayudándose con un paño. Estire la piel firmemente desde el extremo de la cola hasta la cabeza.

▶ Deseche la piel negra y dé la vuelta al pescado para que la parte blanca quede hacia arriba. Si piensa retirarla, realice un corte alrededor de la cabeza con un cuchillo afilado para desprender la piel.

▶ Inserte un dedo bajo la piel por debajo del extremo de la cabeza y deslícelo hasta la cola asegurándose de que la piel quede bien desprendida. Repita la operación por el otro lado, pero sujete la piel por la cola.

**RENDIMIENTO POR PORCIÓN**

| PESCADO ENTERO, NO PREPARADO | PESCADO ENTERO, PREPARADO | PESCADO ENTERO PREPARADO, DESCABEZADO | RODAJAS ENTERAS O DESHUESADAS | FILETES DESHUESADOS |
|---|---|---|---|---|
| 500 g | 500 g | 250-500 g | 175-275 g | 175-275 g |

## FILETEAR UN PESCADO PLANO ENTERO

Dependiendo de su tamaño, un pescado plano proporcionará dos filetes dobles o cuatro individuales. Recorte siempre el pescado antes de filetearlo, cortando el contorno externo del mismo en el lugar donde la carne se une con las aletas. Los filetes se dejan a menudo con la piel para que mantengan su forma.

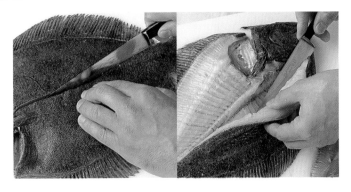

▲ **Preparar filetes individuales**

Con la ayuda de un cuchillo afilado para filetear, practique un corte a lo largo del centro del pescado desde la cabeza a la cola, cortando sobre la espina dorsal.

▲ Empezando por el extremo de la cabeza, inserte el cuchillo bajo la carne y separe ésta de la espina practicando cortes largos y firmes. Sostenga el cuchillo plano lo más cercano posible a la espina dorsal. Déle la vuelta y repita la operación.

## FILETES DOBLES

Corte alrededor del contorno externo del pescado con un cuchillo para filetear, en el lugar donde la carne se encuentra con las aletas y siguiendo la forma de los filetes. Inserte cuidadosamente un cuchillo bajo la carne a un lado y corte por encima de la espina dorsal. Dé la vuelta al pescado y repita la operación por el otro lado.

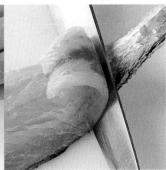

Filetes individuales

Filetes dobles

---

## DESPELLEJAR FILETES DE PESCADOS PLANOS

Una vez haya liberado los filetes de un pescado plano, es preferible despellejarlos, sobre todo la piel oscura. Dependiendo del pescado, puede dejar la piel blanca. Se trata de una tarea fácil, pero que debe realizarse con cuidado si se desea obtener un filete limpio que mantenga su forma. Para ello es esencial trabajar con un cuchillo para filetear muy afilado.

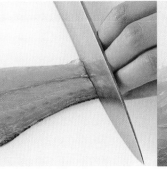

## UN CUCHILLO PARA FILETEAR

Al filetear un pescado entero es preferible utilizar un cuchillo para filetear flexible. Vaya con cuidado al manejarlo, pues las hojas de estos cuchillos están muy afiladas. Pase sus dedos por sal para agarrar la piel con fuerza.

▲ **Despellejar un filete**
Extienda el filete con la piel hacia abajo sobre la tabla de corte. Coloque el cuchillo formando un ángulo recto y practique un corte pequeño a través de la carne situada en el extremo del filete (en la cola); no corte a través de la piel.

▲ Sostenga la piel con una mano y coloque la hoja del cuchillo formando un pequeño ángulo entre la carne y la piel. Mantenga la hoja muy cercana a la piel con un pequeño movimiento de sierra para deslizar el cuchillo bajo la piel hasta llegar al otro extremo.

pescados blancos

## TÉCNICAS ÚTILES

Una vez despellejados, los filetes de lenguado o platija pueden freírse en una sartén con mantequilla o aceite, recubiertos con una masa o pan rallado, o bien escalfarse. También pueden adoptar formas sorprendentes como los *goujons* y las popietas.

▼ **Goujons** Son tiras finas de pescado cortadas en diagonal largas o en sentido horizontal, que se empanan con harina, huevo y pan rallado y se fríen. Se acompañan con una salsa tártara.

▲ **Popietas** Se trata de filetes de pescado, por lo general lenguado y platija, enrollados. Pueden rellenarse o no y cocerse al vapor, hornearse o escalfarse. Cúbralos con un relleno, enróllelos con la parte de la piel despellejada hacia dentro y asegúrelos.

## PREPARAR UN PESCADO REDONDO ENTERO

La mayoría de los pescados redondos tienen escamas que deben retirarse antes de la cocción. Se trata de un trabajo sucio, por lo que se recomienda trabajar cerca del fregadero o en el exterior. Una vez lo haya eviscerado y escamado podrá filetearlo. Puede obtener dos filetes, uno por cada lado. Utilice un cuchillo para filetear y deje adherida a las espinas el mínimo de carne posible.

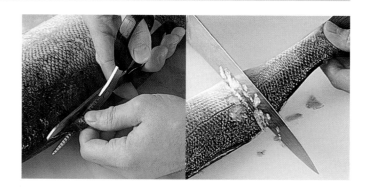

▲ **Retirar las aletas** Corte las aletas dorsales y estomacales cerca de la piel con unas tijeras de cocina afiladas.

▲ **Escamar** Sostenga la cola y raspe las escamas con un descamador, un cuchillo de sierra o el dorso de la hoja de un cuchillo de cocinero.

## FILETEAR UN PESCADO REDONDO

Coloque el pescado eviscerado y preparado sobre una tabla y practique un corte en diagonal bajo la cabeza, cortando por debajo de la espina dorsal. Con el dorso del cuchillo hacia usted, corte por la espina dorsal en uno de los lados.

Para retirar el filete superior, inserte el cuchillo en el corte de la cabeza y corte la carne desprendiéndola de las espinas.

Con el cuchillo plano y paralelo al pescado, haga unos cortes pequeños, sosteniendo el filete con la otra mano. Dé la vuelta al pescado y repita la operación.

## DESPELLEJAR Y DESESPINAR UN RAPE

De los rapes sólo se utilizan las colas; se despellejan y se hornean enteras, aunque pueden filetearse. Una vez fileteados, pele la membrana oscura situada en la parte inferior de cada filete. Los filetes pueden cocerse enteros o cortarse en dados para broquetas, guisos o salteados. El espinazo puede utilizarse para preparar un caldo.

▲ **Despellejar** Desprenda la piel situada al final de la cabeza. Sujétela con firmeza y estírela hacia la cola.

▲ **Desespinar** Corte con un cuchillo de cocinero los filetes situados a ambos lados del espinazo y retire la membrana.

## COMPROBAR EL PUNTO DE COCCIÓN

El pescado debe cocerse lo más rápidamente posible, pues de lo contrario quedará duro y seco. Estará cocido cuando la carne ya no tenga un aspecto translúcido, sino opaco. La carne debe separarse con facilidad.

## PREPARAR UN CALDO DE PESCADO

Si cuece el pescado en un caldo realzará su sabor; los caldos de pescado también enriquecen salsas y guisos. El caldo de pescado, también denominado *fumet*, se prepara con cortes como cabezas y espinas, incluyendo los caparazones y cabezas de gambas y langostinos. Los cortes se cuecen con agua y vino, hortalizas aromáticas y hierbas. Cuézalos lentamente durante no más de 20 minutos, pues podría quedar amargo. Los pescados azules tienen demasiado sabor para emplearlos.

## Salsas clásicas para pescado

**Mayonesa** Mezcla cremosa de yema de huevo, zumo de limón o vinagre de vino blanco, mostaza y aceite de oliva.

**Salsa tártara** (para acompañar el pescado frito) Mayonesa con pepinillos y alcaparras finamente picados, zumo de limón y hierbas finamente picadas como perejil y cebollinos o estragón.

**Salsa bechamel** Salsa blanca preparada añadiendo leche caliente a un *roux* de mantequilla y harina. La leche puede aromatizarse infusionándola con hortalizas y hojas de laurel.

**Salsa Mornay** (para acompañar pescados blancos) Salsa bechamel aromatizada con queso gruyère o parmesano rallado. Puede utilizarse para acompañar o para gratinar, en este caso se vierte sobre el pescado, por ejemplo, sobre filetes de lenguado, y se dora bajo el *grill*.

**Salsa *velouté* o aterciopelada** Puede servirse con cualquier pescado blanco, incluyendo la lubina entera escalfada. Prepare una salsa similar a la bechamel, pero con caldo de pescado (*véase* izquierda) y crema de leche en lugar de leche infusionada.

**Salsa holandesa** Salsa emulsionada a base de yemas de huevo y mantequilla. Se sirve a menudo para acompañar pescados cocidos en un caldo corto.

---

### Quenelles de pescado

*Las* quenelles *se preparan con carne de pescado picada modelada en forma de óvalos o albondiguillas. Las* quenelles *de pescado pequeñas pueden utilizarse para adornar sopas claras y las de mayor tamaño pueden escalfarse, cubrirse con una salsa de queso y dorarse en el horno o bajo el grill. Los filetes de lenguado, merluza o platija son perfectos para preparar* quenelles.

## PASTELES DE PESCADO

Los pastelillos de pescado pueden prepararse con diferentes pescados crudos: blancos, como el bacalao, la merluza o el eglefino, y azules, como el salmón o la caballa. Si mezcla pescado fresco con ahumado obtendrá una buena combinación.

Para obtener pastelillos ligeros, pique o separe la carne a mano, pues con métodos mecánicos se obtienen preparaciones más densas. Los restos de pescado cocido también pueden emplearse.

▲ **Preparar los pastelillos**
Desespine el pescado crudo y píquelo. Mézclelo con migas de pan fresco, hierbas, huevo batido, zumo de limón y condimentos. Puede incorporar mayonesa o salsa tabasco.

▲ **Cocer los pastelillos**
Modele la mezcla hasta formar hamburguesas y enfríelas para que estén firmes. Pase los pastelillos por migas de pan rallado y fríalos en aceite caliente 5-6 minutos por lado.

# pescados grasos

Los pescados grasos se diferencian de los blancos en que su grasa está distribuida por toda su carne, mientras que en los blancos se encuentra tan sólo en el hígado. Los pescados grasos tienen además un sabor más pronunciado y una carne más oscura, con una textura carnosa. Debido a su contenido graso, la carne se mantiene tierna y jugosa al asarla a la parrilla o freírla y es menos delicada que la de los pescados blancos.

## Elección

Las mismas normas para comprar y conservar el pescado blanco (*véanse* págs. 58 y 60) se aplican también al graso. Los pescados grasos se suelen vender enteros, y deben eviscerarse y escamarse antes de cocerse. Solicite a su pescadero que lo haga, aunque es relativamente fácil hacerlo en casa.

## INFORMACIÓN NUTRICIONAL

El pescado es un alimento poco graso, pero los pescados azules tienen la concentración más elevada de grasa: del 6 al 20 %. Sin embargo, se trata de una grasa «buena», pues ingerir alimentos como el pescado, ricos en ácidos grasos omega-3, es una forma natural de mantener una dieta equilibrada. Los pescados como la caballa, el arenque, la trucha, las sardinas y el salmón son las fuentes más ricas en ácidos grasos omega-3. A diferencia de las grasas saturadas que se encuentran en la carne, estos ácidos grasos son poliinsaturados, por lo que protegen contra las enfermedades coronarias.

| Tipo | Forma disponible | Sustituto | Métodos de cocción |
|---|---|---|---|
| Anguila | Entera, en rodajas o en filetes | Ninguno | Al horno, al *grill* o asada |
| Anjova | Entera o en filetes | Trucha, lucio | Al horno o al *grill* |
| Arenque | Entero | Caballa, locha | Al horno, al *grill* o frito en sartén |
| Atún | Entero, en rodajas o en filetes | Pez espada | Al horno, al *grill* o frito en sartén |
| Bonito | Entero o en filetes | Caballa, atún | Al horno o al *grill* |
| Boquerón | Entero | Sardina, espadín | Frito por inmersión o al horno |
| Caballa | Entera o en filetes | Arenque, locha | Al horno, al *grill*, al vapor o a la barbacoa |
| Locha | Entera o en filetes | Arenque pequeño, caballa pequeña | Al horno, al *grill*, frita en sartén o a la barbacoa |
| Sábalo | Entero o en filetes | Bonito, caballa | Al horno o frito en sartén |
| Sardina | Entera | Locha | Al horno o al *grill* |
| Sardineta | Entera | Ninguno | Frita por inmersión |

## DESESPINAR PESCADOS GRASOS PEQUEÑOS

Los pescados grasos pequeños como las sardinas tienen unas espinas muy blandas que pueden retirarse fácilmente con los dedos.

▼ Sostenga la cabeza del pescado por debajo de las agallas, arránquelas y tírelas. Inserte el dedo índice al final de la cabeza del pescado y deslícelo por el lomo para abrirlo. Deseche los órganos.

▲ Abra el pescado con cuidado y estire la espina dorsal, empezando por el final de la cabeza. Rómpala con los dedos al llegar al extremo de la cola. Enjuague el pescado bajo el chorro del agua fría y séquelo.

## ESCAMAR, EVISCERAR Y DESESPINAR UN ARENQUE

Algunos pescados grasos deben escamarse antes de cocerlos y sus abundantes espinas a veces causan problemas. Los pescados pequeños pueden desespinarse con los dedos, mientras que los de mayor tamaño, como los arenques y las caballas, se desespinan siguiendo otra técnica. Una vez desespinados pueden enriquecerse con un relleno y hornearse o asarse al *grill*. También pueden enrollarse y encurtirse, o cocinarse abiertos y planos, recubiertos con harina de avena y fritos. Generalmente se les deja la piel para que al cocerse mantengan su forma.

> ### Marinar
>
> *Para contrarrestar el pronunciado sabor de la carne de los pescados grasos, ya sean enteros o troceados, éstos se marinan a menudo en una mezcla de vinagre y sidra o agua, con especias y aromatizantes como cebolla y hojas de laurel. El sushi se prepara con arroz aromatizado con vinagre, enrollado en algas con un relleno de tiras de pescado crudo como atún o caballa en el centro. El sashimi consiste simplemente en pescado troceado acompañado con wasabi.*

A pesar de su consistente carne, muchos pescados grasos quedan jugosos fritos en sartén o asados al *grill*, puesto que su sabor queda intacto y esto ayuda a disolver la grasa situada bajo la piel. Los arenques pequeños y las sardinetas se sirven por lo general fritos por inmersión.

Retire primero las escamas trabajando desde la cola a la cabeza. Escame el pescado dentro de una bolsa de plástico o en el exterior.

▲ Corte la cabeza, practique una incisión a lo largo del lomo y arranque los órganos internos. Retire la membrana negra situada en el interior del pescado y enjuáguelo bien.

▲ Corte hasta la cola y abra el pescado dejándolo plano y colocándolo con la piel hacia arriba. Presione a lo largo de la espina dorsal para desprender las espinas.

▲ Dé la vuelta al pescado y pase el dedo pulgar presionando sobre ambos lados de la espina dorsal.

▲ Arranque la espina dorsal y las espinas laterales y libérelas con un cuchillo si es necesario. Córtelas en la cola.

# pescados de agua dulce

La mayoría de los pescados de agua dulce se capturan en lagos y ríos y algunos como el salmón o la trucha marina pasan sus vidas en el mar pero se capturan en agua dulce. La trucha marina, aunque de mayor tamaño y apariencia diferente a la de la trucha marrón, pertenece a la misma especie y debido a que su aspecto recuerda al de un salmón pequeño se denomina trucha asalmonada. La carpa y el siluro se encuentran sólo en agua dulce.

La trucha silvestre no se suele comercializar, especialmente la marrón, pero todavía es posible comprar salmón silvestre en su estación, aunque se trata de un pescado caro. Sin embargo, el pescado de piscifactoría se encuentra disponible todo el año en la mayoría de las pescaderías y supermercados.

El sabor del pescado de agua dulce puede oscilar entre fuerte y delicado. También puede tener un sabor «terroso» dependiendo del agua donde se haya criado. El pescado de agua dulce más delicado es la trucha, que ofrece lo mejor de sí misma si se cocina con sencillez. El salmón es muy versátil y combina bien con condimentos especiados, salsas potentes como la holandesa y coberturas sencillas como la crema acidificada aromatizada con hierbas frescas.

**RENDIMIENTO**

**SALMÓN DE 5 KG**

= hasta 25 personas*
\* para la trucha, cuente una por persona con un peso medio de 325-450 g una vez vaciada y preparada

## Elección

Las reglas de la página 58 pueden aplicarse al pescado de agua dulce; asegúrese de que esté totalmente fresco. Estos pescados deben eviscerarse recién capturados. Eviscere y lave enseguida los adquiridos en la pescadería o supermercado.

| Tipo | Forma disponible | Sustituto | Métodos de cocción |
|---|---|---|---|
| **Carpa** | Entera, en filetes | Trucha marina | Al horno, frita en sartén y por inmersión |
| **Lavareto** | Entero, en rodajas o en filetes | Trucha | Al horno o al *grill* |
| **Lucio** | Entero o en filetes | Bacalao, lavareto | Al horno, al *grill* o escalfado |
| **Perca** | Entera o en filetes | Lucio, trucha | Al horno, al *grill*, escalfada o frita en sartén |
| **Salmón** | Entero, en rodajas o en filetes | Trucha marina | Al horno, al *grill*, escalfado o frito en sartén |
| **Siluro** | Entero, en rodajas o en filetes | Trucha marina | Al horno, al *grill* o frito en sartén |
| **Trucha marina** | Entera, en rodajas o en filetes | Trucha grande, salmón | Al horno, al *grill*, escalfada o frita en sartén |
| **Trucha marrón y arco iris** | Entera o en filetes | Trucha marina | Al horno, al *grill*, escalfada o frita en sartén |

## EVISCERAR A TRAVÉS DE AGALLAS

Los pescados redondos, como la trucha, se sirven con la cabeza y presentan mejor aspecto si se evisceran a través de las agallas.

▼ Levante las agallas situadas detrás de la cabeza, córtelas con unas tijeras y tírelas. Coloque el pescado con el vientre hacia arriba y practique un corte pequeño al final del vientre.

▲ Inserte las puntas de una tijera y corte a través de los órganos internos para desprenderlos. Agarre las tripas a través de la abertura de las agallas, estírelas y deséchelas. Enjuague el pescado a fondo y séquelo bien.

## DESESPINAR POR EL VIENTRE

Al rellenar pescados grandes enteros es preferible desespinarlos por el vientre.

Coloque el pescado eviscerado sobre el lomo y extienda la abertura hasta alcanzar la cola. Inserte un cuchillo para filetear bajo las espinas situadas a un extremo y deslice lentamente el cuchillo para separarlas de la carne.

Para desprender la espina dorsal pase cuidadosamente el cuchillo a lo largo de la misma y a ambos lados, cuidando de no cortar a través de la carne.

Corte la espina dorsal en el punto de unión de la cabeza y la cola con unas tijeras.

Retire las espinas pequeñas restantes con unas pinzas y verifique que no quede ninguna.

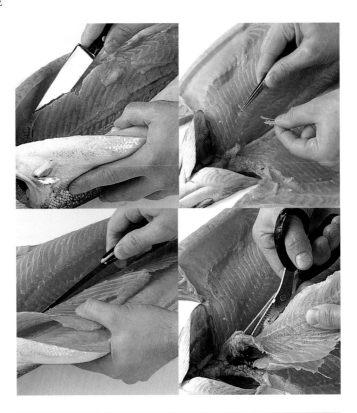

### Caldo corto

*Se trata de un líquido aromático que se utiliza para escalfar pescados como un salmón entero o una trucha marina. Se prepara con hortalizas como cebolla, zanahoria, puerro, apio y hierbas frescas, brevemente cocidas con agua salada durante el tiempo suficiente para que extraigan su sabor. También puede añadirse un poco de vinagre tinto o blanco. Deje enfriar antes de utilizarlo.*

## CÓMO SERVIR UN PESCADO ENTERO COCIDO

Entalle el pescado trabajando con un cuchillo afilado desde la cabeza a la cola a lo largo del espinazo y retire la piel (si todavía la lleva). Dé la vuelta al pescado con cuidado y separe la piel inferior. Corte con un cuchillo afilado el filete superior y retírelo. Si el pescado se ha rellenado, aparte el relleno antes de eliminar las espinas del filete inferior.

Para retirarlas, levante y estire de la cola con el fin de desprender el espinazo y la cabeza del filete inferior y corte el espinazo en la cola con unas tijeras. Coloque encima el filete superior. El pescado ya puede servirse en porciones. También puede cubrirlo con una salsa y adornarlo antes de servirlo.

# pescados exquisitos

Por más que los pescados de piscifactoría tengan buen gusto, no pueden compararse en sabor y textura con las variedades silvestres. Aunque caro, es posible comprar salmón silvestre en temporada. La trucha de lago silvestre también es difícil de obtener, a no ser que la pesque usted mismo. Estos pescados son los más apreciados por los expertos, junto con otros más exóticos (generalmente de aguas tropicales), pero su disponibilidad viene determinada por las importaciones.

## PREPARAR PESCADOS EXÓTICOS

Muchos pescados exóticos tienen unas aletas espinosas grandes y afiladas que es preferible retirar antes de eviscerarlos y cocerlos, sobre todo cuando se cuecen enteros.

| Tipo | Textura y sabor | Métodos de cocción | Sustituto |
|---|---|---|---|
| **Emperador** | Puede tener un sabor fuerte | De preferencia al horno | Pez espada |
| **Esturión** (pescado de agua dulce, puede ser de granja) | Pescado graso de textura firme y sabor delicado. Apreciado por sus huevos degustados como caviar. Tiene cartílagos en vez de espinas y puede sustituir al pollo | Al *grill*, a la barbacoa, escalfado o frito en sartén | Atún |
| **Palometa blanca** | Dulce y de carne blanca | Al horno o al *grill* | Pargo |
| **Pescado loro** (generalmente congelado) | Sabor neutro | Preferiblemente al horno, entero o al vapor | Emperador |
| **Pez espada** (en rodajas) | Pescado graso con piel rugosa y carne blanca sucia. Rico y jugoso | A la barbacoa, al *grill*, al horno o escalfado | Tiburón |
| **Salmón silvestre** | Carne de color rosado vivo y sabor delicioso | Al horno, al *grill* o escalfado | Salmón de piscifactoría |
| **Salmonete** | Carne blanca, firme y aromática. Apreciado por su hígado, considerado una exquisitez gastronómica | Al horno, frito o al *grill* | Gallineta |
| **Tiburón** (a rodajas) | Carne marfileña a rosada. Textura muy carnosa y sabor suave | A la barbacoa, al *grill* o frito en sartén | Pez espada |
| **Trucha silvestre de lago** | Carne de textura fina y sabor delicado | Al horno, al *grill*, escalfada o frita en sartén | Trucha de piscifactoría |

# pescado en conserva

Los antiguos métodos para conservar el pescado mediante la salazón y el ahumado todavía se emplean en la actualidad, pero más para satisfacer nuestro apetito por su delicioso sabor que por su larga conservación.

La textura y sabor del pescado varían una vez salado o ahumado. Su textura es más firme, el pescado graso adquiere un sabor más suculento y sus sabores pueden oscilar entre suave y fuerte. Todos deben prepararse antes de su utilización o degustación.

**Bacalao salado** Se trata de uno de los ingredientes más comúnmente empleados en las cocinas de todo el mundo, en especial en Europa y el Caribe. El pescado salado se encuentra disponible en los establecimientos de pesca salada y envasado en los supermercados. Su calidad varía, por lo que es preferible elegir aquellos que presenten un color blanco o blanco oscuro. Rechace los que tengan un tono amarillento, pues significa que se han dejado en sal durante demasiado tiempo.

La carne de los filetes es la mejor. A diferencia de los métodos de conservación mediante ahumado o encurtido, el pescado salado, una vez rehidratado, puede utilizarse como si se tratara de bacalao fresco.

**Anchoas y arenques salados** La mayor parte de boquerones y arenques se conservan en salmuera. Los filetes de anchoa salados se venden en frascos de cristal o enlatados, tanto salados como en aceite, y estos últimos pueden escurrirse y utilizarse enseguida. Los arenques salados deben remojarse en agua fría durante 24 horas antes de filetearse y servirse.

## REHIDRATAR PESCADO SALADO

Antes de utilizar cualquier pescado salado, éste debe remojarse en agua fría para rehidratar su carne y liberar el exceso de sal. Si el pescado es de gran tamaño, trocéelo y póngalo en un cuenco grande o cacerola de acero inoxidable y cúbralo con agua fría. Déjelo en remojo 24-48 horas, dependiendo de su tamaño y grosor; cambie el agua dos o tres veces como mínimo. Una vez rehidratado y listo para cocinar habrá doblado su tamaño.

### INFORMACIÓN NUTRICIONAL

El bacalao salado tiene más calorías que el fresco. Su hígado, muy rico en vitaminas A y D, se utiliza para preparar el aceite de hígado de bacalao.

## COCINAR EL PESCADO SALADO

Enjuague a fondo el pescado desalado bajo el chorro del agua fría y póngalo en una cacerola grande. Cúbralo con agua fría y caliéntela justo por debajo del punto de ebullición. Baje el fuego y espume las impurezas depositadas en la superficie. Ajuste el calor para que el agua apenas se agite, tape parcialmente el recipiente y cueza el pescado lentamente durante 10-20 minutos o hasta que la carne se separe fácilmente al insertar un cuchillo. Escúrralo una vez cocido, sepárelo en láminas y retire la piel y las espinas.

## DESALAR ANCHOAS

Las anchoas enlatadas son generalmente más saladas que las que se venden en frascos. Escurra el aceite, remójelas en leche fría durante 20 minutos para ablandarlas y suavizarlas y enjuáguelas bajo el chorro de agua fría.

## PESCADO AHUMADO

El calor del ahumado en caliente, además de proporcionar al pescado su sabor ahumado, cuece su carne, por lo que la mayoría de estos pescados pueden comerse fríos. Algunos, como los *kippers* (arenques en salmuera secados), que tienden a resecarse, se calientan bien antes de servirlos. Aunque el proceso de ahumado en frío colorea el pescado, la carne mantiene su apariencia cruda y translúcida. Algunos pescados como el bacalao o el eglefino deben cocerse antes de servirse, mientras que la carne de los más delicados como el salmón, el esturión, el fletán y las huevas de bacalao pueden degustarse sin cocer. Todos los pescados ahumados deben presentar un bonito color intenso. Su carne debe ser carnosa y la piel brillante. Cualquiera que presente una apariencia seca, esté curvado o arrugado y cuyas espinas se separen de la carne debe desecharse.

**Salmón ahumado**
La carne se cura durante varias horas siguiendo un proceso largo y lento, en el que se frota con sal o se sumerge en una salmuera. A continuación se ahuma a una temperatura de 40 °C o incluso menor. Su sabor y textura varían según la variedad, la duración y temperatura del proceso así como la madera empleada.

### Teñido o no

*Cuando los pescados se ahumaban para alargar su tiempo de conservación siguiendo un proceso tradicional, su color presentaba un tono más vivo y oscuro. Algunos pescados como el eglefino y los kippers se tiñen para darles la apariencia de haberse ahumado más tiempo. Aunque los tintes son naturales, esta práctica se utiliza cada vez menos a medida que crece la demanda de pescado no teñido y ahumado de forma natural.*

### SERVIR EL PESCADO AHUMADO

Salvo que se venda en lonchas, el pescado ahumado sólo necesita una preparación mínima. Descabécelos, despelléjelos y desespínelos. Acompáñelos con gajos de limón y pan moreno, o tostadas con mantequilla.

## CUCHILLO PARA EL SALMÓN AHUMADO

Este cuchillo de hoja estrecha, larga y flexible, es ideal para cortar lonchas muy finas de salmón ahumado. La hoja es recta, pero el filo puede ser liso o acanalado y acabado en forma roma.

| Tipo | Método de ahumado | Métodos de cocción |
|---|---|---|
| Bacalao | Ahumado en frío | Al horno, al *grill*, escalfado o al vapor |
| Eglefino finlandés | Ahumado en frío | Escalfado |
| Eglefino grande (filetes) | Ahumado en frío | Al horno, al *grill*, escalfado o al vapor |
| Eglefino pequeño | Ahumado en frío | Al *grill* o escalfado |
| Fletán | Ahumado en frío | Listo para comer |
| **Pescado graso** | | |
| Anguila | Ahumada en caliente | Lista para comer |
| Arenque en salmuera secado (*kipper*) | Ahumado en caliente | Listo para comer |
| Arenque salado (*bloater*) | Ahumado en frío | Al *grill* o frito |
| Arenque sin destripar (*buckling*) | Ahumado en caliente | Listo para comer |
| Caballa | Ahumada en caliente | Lista para comer |
| Salmón | Ahumado en caliente o en frío | Listo para comer |
| **Pescado de agua dulce** | | |
| Esturión | Ahumado en frío | Listo para comer |
| Trucha | Ahumada en caliente | Lista para comer |
| **Otros** | | |
| Huevas de bacalao | Ahumadas en frío | Listas para comer |

Considerados una exquisitez en los países mediterráneos y muy popular en los platos asiáticos, los calamares se venden frescos y sin preparar, o bien preparados y congelados. Si los adquiere frescos, estos pasos le ayudarán a preparar calamares, pulpos y sepias.

## UNA BOLSA PARA RELLENOS

Cuando la bolsa se deja entera resulta perfecta para albergar una amplia gama de rellenos. Utilice una manga pastelera o cuchara para rellenarlos, pero no lo haga en exceso; deje siempre sitio para que el relleno pueda expandirse. Asegure el relleno cosiendo las bolsas con una aguja e hilo fino.

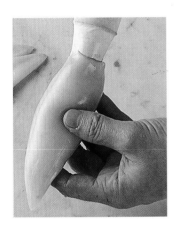

## TIEMPO DE COCCIÓN

- Los calamares pequeños requieren tan sólo un ligero blanqueado (*véase* pág. 22) si van a utilizarse para ensaladas o entradas. Si van a formar parte de sopas y guisos, añádalos al finalizar la cocción y cuézalos unos pocos minutos.
- Los calamares de tamaño pequeño a mediano pueden cortarse en anillos, recubrirse con harina o una masa y freírse.
- Los calamares y pulpos grandes han de brasearse lentamente para ablandar su carne, que puede ser dura y correosa. Cuézalos de 1 a 4 horas dependiendo del tamaño.

### Qué hacer con la tinta

*La tinta de los calamares puede usarse como en Italia para colorear y aromatizar la pasta y los risottos. Agréguela al líquido de cocción de los calamares, para que éstos se cuezan en su propia tinta. También puede preparar un arroz negro. Si el calamar ha sido congelado entero y sin preparar, la tinta formará unos gránulos, es decir, se habrá coagulado. Restaure su textura original extrayéndola del saco y disolviéndola en un poco de agua caliente.*

## PREPARAR LOS CALAMARES

La bolsa, los tentáculos, las aletas y la tinta son comestibles.

- Sostenga el cuerpo con una mano y arranque con cuidado la cabeza y los órganos internos unidos a la misma. Si va a utilizar la tinta, localice el saco, pínchelo, escurra la tinta y resérvela. En el interior de la bolsa se encuentra una tira larga, fina y transparente, conocida como la «pluma». Localice la parte superior, estire y tírela.
- Pele y tire la membrana púrpura transparente que recubre el cuerpo y las aletas. Corte las aletas con un cuchillo, sin cortar la bolsa.
- Coloque la cabeza y los órganos internos adheridos a la misma sobre una tabla y separe los tentáculos de la cabeza cortándolos justo por encima de los ojos. Tire el resto de la cabeza y los intestinos. Para retirar el pico de la boca, abra los tentáculos y presione la boca con los dedos, córtelo y tírelo.
- Enjuague la bolsa bajo el chorro de agua fría (asegúrese que no quedan restos internos), así como las aletas y los tentáculos. Seque con papel.
- Deje la bolsa intacta para rellenarla o córtela en anillos. Corte las aletas en tiras finas o píquelas. Deje los tentáculos enteros para adornar o píquelos (deben cocerse).

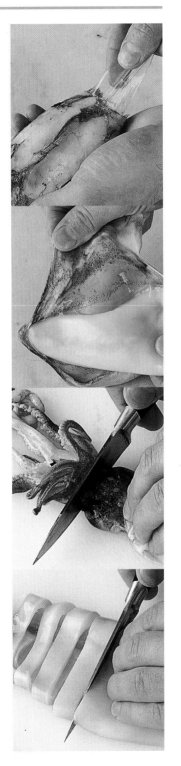

# gambas y langostinos

Pertenecen a la misma familia que la langosta y el bogavante. Entre sus diferentes variedades se encuentran las tropicales, las de agua dulce y las de agua marina.

La mayoría son de piscifactoría, en especial los langostinos tigre y una gran mayoría son congelados. Su sabor depende del lugar donde han sido capturados o de la forma en que se han alimentado. Muchas de estas gambas y langostinos tienen una carne sosa y aguada, los que han disfrutado de una dieta más rica tienen una textura más carnosa y un sabor más pronunciado. Los langostinos de las aguas frías del Atlántico Norte quizá sean los mejores.

Su color natural en crudo depende de la variedad, que va del marrón verdoso al gris azulado, el rosa marrón, el naranja pálido, el rosa o incluso el rojo. Una vez cocidos, adquieren diferentes tonalidades de rosado.

## Elección

Deben parecer y oler a fresco y lucir brillantes. Si parecen secos y marchitos no son frescos o no se habrán conservado de la forma adecuada. Excepto los langostinos tigre negros, no compre nunca gambas ni langostinos con manchas negras en sus caparazones; esto significa que están pasados. Evite aquellos cuyos caparazones tengan un color amarillento o arenoso, pues han sido blanqueados para que no presenten manchas negras, así como los que tengan manchas blanquecinas secas, lo que podría indicar que se han quemado por el frío del congelador.

Puede comprarlos congelados y descongelarlos usted mismo. Es preferible comprarlos sin descascarillar (recuerde que el 25 % de su peso se perderá al pelarlos); los pelados habrán perdido parte de su sabor. Si los compra congelados, deben tener una apariencia sólida.

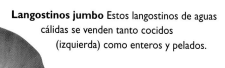

**Langostinos jumbo** Estos langostinos de aguas cálidas se venden tanto cocidos (izquierda) como enteros y pelados.

**Langostinos tigre** Son langostinos de aguas cálidas. Su tamaño varía y se venden tanto crudos (inferior izquierda), como cocidos (inferior), enteros o descabezados (como colas). También se venden cocidos y pelados.

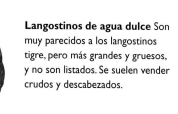

**Langostinos de agua dulce** Son muy parecidos a los langostinos tigre, pero más grandes y gruesos, y no son listados. Se suelen vender crudos y descabezados.

**Gambas cocidas** Se venden con sus caparazones. Las rosadas, las quisquillas y los camarones cocidos pequeños pueden comerse enteros. Arranque la cabeza, coma la cola entera (podrá comer incluso el caparazón), con pan y mantequilla.

**Gamba común** Pueden proceder del Mediterráneo o de aguas más frías, y varían de los 2,5 a los 10 cm o más de longitud. Se venden enteras, peladas o no, frescas y congeladas.

pescados y mariscos

72

**RENDIMIENTO**

**500 g DE GAMBAS O LANGOSTINOS**

≡

36–45 pequeños

≡

25–40 medianos

≡

21–30 grandes

≡

16–20 grandes

≡

10 jumbo

**INFORMACIÓN NUTRICIONAL**

Las gambas y langostinos son una buena fuente de proteínas poco grasas y además contienen ácidos grasos omega-3. Tienen una buena cantidad de potasio y son una importante fuente de zinc aunque también poseen una cantidad elevada de colesterol.

## PELAR Y RETIRAR EL CONDUCTO INTESTINAL

El conducto intestinal de las gambas y los langostinos tiene el aspecto de una vena negra, que puede conferirles un sabor amargo y desagradable al degustarlos, por lo que debe retirarse antes de cocerlos. Los langostinos grandes cocidos ya no la llevan; sin embargo, es difícil de retirar en las gambas y camarones pequeños.

Practique con cuidado una incisión con unas tijeras de cocina pequeñas y afiladas a lo largo de la parte inferior de un langostino grande. Luego pele con cuidado la cáscara para dejarlo intacto; retire el extremo de la cola si lo desea. Con un cuchillo pequeño y afilado practique un corte a lo largo del lomo para exponer el conducto oscuro intestinal (en algunas variedades éste no es negro, por lo que resulta más difícil detectarlo).

Retire el conducto intestinal con la punta del cuchillo, enjuague el langostino bajo el chorro de agua fría y séquelo luego con papel absorbente.

## ABRIR POR LA MITAD UN LANGOSTINO GRANDE

Si es necesario, arranque y deseche la cabeza. Separe suavemente las patas y, con unas tijeras de cocina pequeñas, corte a lo largo del centro del caparazón hasta llegar a la cola. Después, con un cuchillo afilado, corte la carne a lo largo del caparazón pero sin llegar al fondo del mismo.

Retire con cuidado el conducto intestinal y abra el langostino como si se tratara de un libro. Después, colóquelo sobre una tabla con el caparazón hacia arriba y presione suavemente a lo largo del centro para aplanarlo y separar ambas mitades.

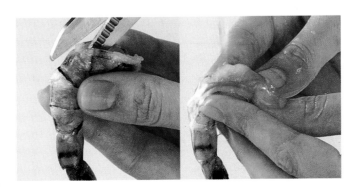

## COMPROBAR EL PUNTO DE COCCIÓN

Los langostinos crudos, ya sean hervidos, asados al *grill* o salteados (pelados o no), estarán cocidos al cabo de 3-5 minutos, cuando adquieran un tono rosado. Las gambas grandes enteras y sin pelar no necesitan más de 1-2 minutos. Verifique el punto de cocción; estarán cocidas cuando parezcan firmes al tacto y no resbaladizas. Puede abrir una por la mitad para comprobar si la carne tiene un aspecto opaco.

### Recetas clásicas

**Langostinos y espárragos al chile con salsa de mostaza y eneldo**
Plato especiado de langostinos tigre condimentados con una salsa de chile dulce y semillas de sésamo, y acompañados con espárragos y una salsa de mostaza, vinagre y azúcar moreno blando.

**Cóctel de gambas**
Gambas o langostinos recién cocidos y pelados, servidos sobre un lecho de tiras de lechuga y recubiertos con salsa de cóctel.

**Gambas al ajillo**
Plato sencillo, pero igualmente delicioso, de gambas aromatizadas con brandy y acompañadas con gajos de limón.

# bogavantes

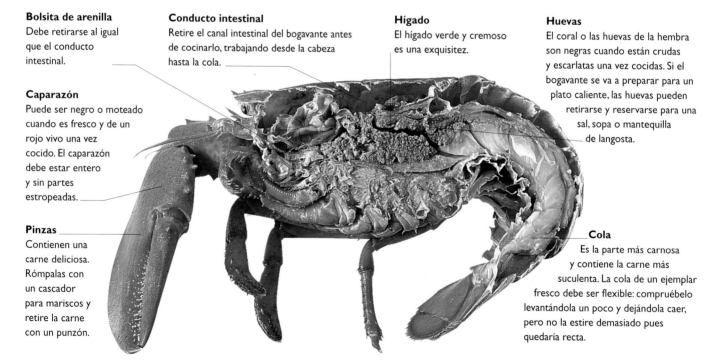

Para obtener el máximo partido de un bogavante, éste debe comprarse vivo y cocerse en casa para asegurarse de que no se haya sobrecocido o conservado en hielo. Si se cuece en exceso, su carne dulce se endurecerá, mientras que si se conserva en hielo, su sabor quedará muy desmejorado.

Los bogavantes tienen una buena cantidad de carne, tanto en colas como pinzas. Pueden adquirirse vivos o cocidos enteros. La langosta tiene una carne deliciosa y también se vende viva y congelada en forma de colas. Ambos se encuentran disponibles todo el año.

## Elección

Las mejores langostas y bogavantes son los recién capturados y vendidos en la orilla del mar, recién sacados del asa donde se capturaron. El siguiente mejor proveedor es un mercado o pescadería de calidad, pero debe saber qué busca cuando vaya a comprarlos. Compre una langosta o un bogavante vivo el mismo día que vaya a cocinarlos o de lo contrario refrigérelos cubiertos con un paño húmedo y cuézalos al día siguiente. Elija un ejemplar vivo que parezca pesado en proporción con su tamaño y compruebe que la cola se curve bajo el cuerpo. Si parece ligero, quizás haya mudado de caparazón recientemente y no haya tenido tiempo de llenar el nuevo con más carne.

Evite aquellas langostas y bogavantes que estén estropeados y/o que presenten una especie de tela de araña blanca sobre su caparazón, lo cual sugiere que se trata de un ejemplar viejo. Las langostas y bogavantes cocidos deben tener un olor dulzón y sus colas han de estar bien curvadas bajo el cuerpo; deben estar vivos al adquirirlos. No compre los congelados, que suelen estar aguados y carecen de sabor.

## PARTES DE UN BOGAVANTE

**Bolsita de arenilla**
Debe retirarse al igual que el conducto intestinal.

**Caparazón**
Puede ser negro o moteado cuando es fresco y de un rojo vivo una vez cocido. El caparazón debe estar entero y sin partes estropeadas.

**Pinzas**
Contienen una carne deliciosa. Rómpalas con un cascador para mariscos y retire la carne con un punzón.

**Conducto intestinal**
Retire el canal intestinal del bogavante antes de cocinarlo, trabajando desde la cabeza hasta la cola.

**Hígado**
El hígado verde y cremoso es una exquisitez.

**Huevas**
El coral o las huevas de la hembra son negras cuando están crudas y escarlatas una vez cocidas. Si el bogavante se va a preparar para un plato caliente, las huevas pueden retirarse y reservarse para una sal, sopa o mantequilla de langosta.

**Cola**
Es la parte más carnosa y contiene la carne más suculenta. La cola de un ejemplar fresco debe ser flexible: compruébelo levantándola un poco y dejándola caer, pero no la estire demasiado pues quedaría recta.

## SACRIFICAR HUMANAMENTE AL ANIMAL

Existen muchas teorías sobre la forma más humana de sacrificar una langosta o un bogavante. Un método consiste en guardarlo en el congelador dos horas como mínimo antes de cocerlo, lo que hará que el animal pierda notablemente su sensibilidad.

Para sacrificar un bogavante con un cuchillo colóquelo boca abajo sobre una tabla. Localice el centro de la marca en forma de cruz situada al final de la cabeza. A continuación, inserte firmemente la punta de un cuchillo pesado de cocinero sobre dicha marca hasta atravesar la cabeza. El animal morirá al instante. Para sacrificar una langosta, colóquela sobre una tabla con el caparazón hacia abajo y luego inserte la punta del cuchillo en la boca para cortar el médula espinal.

Córtelos por la mitad a lo largo y retire a continuación la bolsita de arenilla, el conducto intestinal, el hígado verdoso y, si se trata de una hembra, el coral negro verdoso. Luego retuerza las pinzas y trocee el número de porciones deseadas.

## EXTRAER LA CARNE

- Retuerza las pinzas y arranque las patas. Rómpalas y extraiga la carne. Separe la cabeza de la cola y resérvela.
- Corte la cáscara fina situada a ambos lados de la parte inferior del caparazón para exponer la carne. Retire cuidadosamente la carne de la cola en un solo trozo.
- Practique una incisión a lo largo de la curva externa de la cola para exponer el oscuro conducto intestinal. Retírelo y deséchelo.
- Retire y tire la bolsa estomacal transparente y las agallas. Extraiga con cuidado el hígado verdoso y las huevas o coral si lo tuviera. Saque la porción rígida de la cabeza, trocéela y extraiga la carne.

### Recetas básicas

**Mantequilla de langosta** Se utiliza para enriquecer sopas y salsas y se prepara con mantequilla ablandada mezclada con el coral o huevas de la langosta y un poco de zumo de limón. Puede añadírsele un poco de tomate concentrado.

**Bogavante Newburg** Un plato clásico en Estados Unidos preparado con porciones de bogavante acompañadas con una salsa de crema y madeira o salsa *velouté* aromatizada con jerez.

**Bogavante Thermidor** El bogavante o la langosta se cortan por la mitad a lo largo. La carne se retira del caparazón, se trocea en porciones grandes y se recoloca en el caparazón acompañándose con una salsa de mostaza y parmesano. A continuación se espolvorea con parmesano y se gratina o glasea en el horno.

**Langosta o bogavante a la parrilla** Las porciones de langosta o bogavante se espolvorean con sal y pimienta y se pincelan con mantequilla, luego se colocan bajo el *grill* y se sirven con rodajas de limón y perejil.

# cangrejos

Los cangrejos se venden vivos, cocidos y congelados. Las patas, las pinzas y la carne desmigajada también se venden cocidas y congeladas. Existen varias clases de cangrejos: los azules proceden del Atlántico, los de caparazón blando se venden congelados y los cangrejos gigantes de Alaska pueden llegar a pesar 10 kg. Por su parte, los bueyes de mar son muy sabrosos y su carne recuerda a la de los bogavantes, mientras que las nécoras son más pequeñas.

Los cangrejos a veces pueden comprarse enteros hervidos o cocidos al vapor. Si no desea afrontar la tarea de hervir un cangrejo vivo, póngalo en agua fría una hora antes de cocinarlo para que quede inconsciente. Los cangrejos de caparazón blando pueden recubrirse con una masa y freírse, aunque también pueden cocerse al *grill*, rellenarse y hornearse.

## Elección

Los cangrejos vivos deben parecer muy activos: evite adquirir los que se muevan poco. Refrigérelos enseguida y cuézalos el mismo día. Los cangrejos cocidos deben desprender un aroma dulce.

Refrigérelos y degústelos en el transcurso de 3 días. Selecciónelos de medianos a grandes. Los cangrejos pequeños contienen muy poca carne y los machos tienen más (algunos dicen que de mejor calidad) que las hembras. Puede identificarlos dándoles la vuelta y observando la cola o delantal. Los machos tienen una cola o delantal muy pequeño en forma de punta, mientras que las hembras lo tienen más ancho y grande. Los cangrejos tienen dos pinzas y deben parecer pesados; un cangrejo de aproximadamente 1 kg servirá para dos personas.

## PARTES DE UN CANGREJO

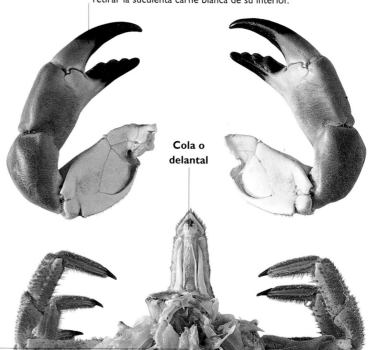

**Pinzas**
Utilice un cascanueces para romper las pinzas y retirar la suculenta carne blanca de su interior.

**Cola o delantal**

**Bolsa estomacal**
Se encuentra situada entre los ojos y debe retirarse.

**Patas**
Utilice un punzón para retirar la carne de las patas, más escamosa que la de las pinzas.

**Pulmones y agallas**
Se encuentran situados alrededor de la cámara corporal. No son comestibles y deben retirarse y desecharse.

**Caparazón**
Contiene la carne marrón y cremosa.

## PREPARAR UN CANGREJO COCIDO

Las partes comestibles son la carne blanca y escamosa y la carne blanda, cremosa y aromatizada. El color varía en cada cangrejo dependiendo de su alimentación. Una vez haya desmenuzado la carne, tápela y resérvela hasta su utilización.

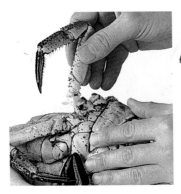   

▲ Coloque el cangrejo boca arriba y retire primero las pinzas grandes delanteras. Para retirar las patas, sujételas firmemente cerca del cuerpo y retuérzalas en dirección opuesta a la pinza que se encuentra frente a ellas.

▲ Levante el delantal desprendiéndolo con un cuchillo si fuese necesario y dóblelo hasta que se separe. Con el extremo del delantal hacia arriba y el caparazón superior hacia usted, déjelo descansar sobre su caparazón.

▲ Sostenga con firmeza el cangrejo con ambas manos, colocando los pulgares en el centro del cuerpo (en el lugar donde arrancó el delantal) y presione sobre la cámara corporal para separarla del caparazón superior.

▲ Arranque y deseche las agallas y los pulmones, la bolsa estomacal y el resto de adherencias. Compruebe bien el caparazón para observar que no queden restos y extraiga la carne marrón y cremosa para reservarla.

 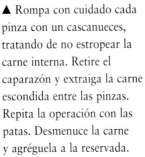

▲ Coloque el caparazón sobre una tabla de picar y cuartéelo con un cuchillo de cocinero grande y pesado. Extraiga cuidadosamente la carne blanca de las pequeñas cavidades del caparazón (utilice un cuchillo pequeño afilado o una broqueta) y disponga la carne en un cuenco.

▲ Rompa con cuidado cada pinza con un cascanueces, tratando de no estropear la carne interna. Retire el caparazón y extraiga la carne escondida entre las pinzas. Repita la operación con las patas. Desmenuce la carne y agréguela a la reservada.

## LA MEJOR FORMA DE PRESENTARLO

La mejor forma de degustar un cangrejo es en su propio caparazón que constituye el recipiente perfecto para servirlo. Sostenga el caparazón vacío hacia arriba y rompa con cuidado la parte fina del mismo, siguiendo la línea curvada natural. Lave y seque el caparazón y frótelo ligeramente con aceite para realzar su color. Llénelo con la carne sazonada, colocando la carne blanca a los lados y la marrón en el centro. Adorne con dos tiras de perejil finamente picado a cada lado de la carne marrón.

Acompáñelo con limón, pan moreno y mantequilla.

# moluscos

Las ostras se degustan a menudo crudas porque crecen en viveros de ostras especiales bajo condiciones estrictas. Sin embargo, los mejillones, almejas y berberechos no deben comerse crudos; si han sido recolectados en aguas contaminadas pueden ser muy peligrosos.

Crudos pueden provocar una reacción alérgica, se deterioran con gran rapidez una vez muertos y es por esta razón que se venden vivos. Para comprobar si un molusco está vivo o muerto, golpee suavemente la concha para observar si se cierra. Si la concha se mantiene abierta, significa que está muerto.

## Elección

Deben comprarse en una pescadería o mercado de confianza, o en un supermercado de rotación rápida. Los mejillones de vivero son más carnosos y menos arenosos que los silvestres. Pregunte siempre si se congelaron previamente y si se adquirieron frescos el mismo día. Elija aquellos cuyas conchas no estén estropeadas y sólo los que tengan un olor a fresco. Los que parezcan demasiado pesados pueden estar llenos de arena, y los muy ligeros o que se mueven en sus conchas probablemente estén muertos.

## CONSERVACIÓN

Los moluscos tanto crudos como cocidos o congelados deben llevarse a casa lo más rápidamente posible y congelarse enseguida, a no ser que vayan a cocinarse el mismo día. Descongélelos lentamente en la nevera y guárdelos en ésta hasta el momento de utilizarlos, que debe ser lo más rápidamente posible una vez descongelados. Las orejas marinas y los caracoles alados frescos deben ablandarse aplastándolos antes de cocerlo.

## LIMPIAR MOLUSCOS

Puesto que los moluscos viven en aguas poco profundas pueden llevar mucha arena y a veces lodo. Algunos, como los mejillones, pueden tener lapas blancas adheridas.

▼ **Mejillones** Arranque los filamentos o barbas adheridos a la charnela de la concha. Enjuáguelos con varios cambios de agua o bajo el chorro de agua fría, y frótelos con un cepillo pequeño de cerdas duras.

▲ **Una vez lavados,** coloque los mejillones, almejas y berberechos en un cuenco con agua fría ligeramente salada por espacio de 2-3 horas. Cambie el agua si está arenosa. Añada un puñado de avena al agua para que desprendan cualquier resto de suciedad.

| Molusco | Forma disponible | Métodos de cocción | Sustituto |
|---|---|---|---|
| Almejas | Frescas, desconchadas, enlatadas | Al vapor, fritas, al *grill*, en sopa | Mejillones |
| Berberechos | Frescos, desconchados, enlatados | Al vapor, al *grill*, al horno | Almejas pequeñas |
| Caracoles alados | Frescos, desconchados, congelados | Fritos, salteados, guisados | Almejas cocidas |
| Mejillones | Frescos, desconchados, enlatados | Al vapor, al *grill*, al horno | Almejas medianas |
| Orejas marinas | Frescas, congeladas, enlatadas | Salteadas, al *grill*, braseadas | Ninguno |
| Ostras | Frescas, congeladas, enlatadas | Crudas, al vapor, al horno | Ninguno |
| Vieiras | Frescas, desconchadas, congeladas | Escalfadas, salteadas, en guisos, en sopa | Ninguno |

## ABRIR ALMEJAS Y MEJILLONES

Pueden abrirse al vapor (*véase* pág. 31) o una vez lavados.

◄ **Para abrirlos** sosténgalos firmemente, inserte un cuchillo entre las dos conchas, gírelo y corte a través de la charnela. Desprenda el músculo de la concha inferior o, si va a servir el molusco desconchado, transfiera la carne y los jugos a un cuenco.

## PREPARAR VIEIRAS

Coloque las vieiras con la concha redondeada hacia abajo y dispuesta sobre la superficie de trabajo cubierta con un paño. Sosténgala con firmeza con otro paño, inserte la punta de un cuchillo en la abertura entre las conchas. Mueva la hoja por debajo de la concha plana superior para desprender el músculo interno.

Separe ambas conchas. Inserte la punta del cuchillo bajo el delantal gris «rizado» que rodea la carne blanca y el coral naranja y deslícelo por toda la superficie hasta liberar la vieira. Arránquela cuidadosamente con los dedos y tire los órganos internos adheridos al músculo de la carne y el coral. Enjuáguela bien bajo el chorro del agua. Separe con cuidado el músculo situado al lado de la carne.

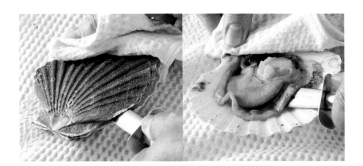

## ABRIR OSTRAS

Trabaje siempre sobre una superficie firme y estable y protéjase las manos con un paño para evitar cortes en caso de que el cuchillo se desplace. Coloque la ostra con la concha plana superior hacia arriba, dispuesta sobre la superficie o tabla de trabajo cubierta con un paño. Sostenga la ostra firmemente con el paño, inserte la punta de un cuchillo para ostras ligeramente por debajo de la charnela, entre ambas conchas y en el lado recto de la ostra.

Cuando haya insertado el cuchillo entre las dos conchas, gírelo firmemente para abrirlas y deslícelo a lo largo de la concha superior para desprender el músculo. Tire la concha plana superior y pase el cuchillo bajo la ostra, por la concha inferior redondeada, para desprenderla. Intente no perder los sabrosos jugos.

Coloque la ostra abierta sobre un lecho de hielo picado para mantenerla fría mientras prepara las siguientes.

## Recetas básicas

**Ostras Rockefeller**
Ostras crudas cubiertas con espinacas, Pernod y una mezcla cremosa y horneadas a continuación.

**Mejillones a la marinera**
Mejillones cocidos al vapor con vino blanco; se degusta tanto el caldo como los mejillones.

*Coquilles Saint-Jacques*
Vieiras escalfadas colocadas de nuevo en sus conchas y cubiertas con una salsa Mornay con un borde de puré de patatas, espolvoreadas con un poco de queso rallado y, a continuación, horneadas.

*Spaghetti alle vongole*
Conchas pequeñas en una salsa aromatizada de ajo y vino blanco y mezcladas con pasta.

## CUCHILLO PARA OSTRAS

Por razones de seguridad es esencial abrir las ostras con un cuchillo especial para ello provisto de un escudo protector. El escudo protege la mano de los bordes afilados de las conchas y, naturalmente, de la propia hoja del cuchillo.

moluscos

**79**

# guarniciones

Hay un buen número de decoraciones clásicas para pescados, la mayoría a base de limón, que puede exprimirse sobre el pescado para rociarlo con su zumo. Algunas guarniciones, como las ramitas de perejil, se utilizan para esconder los ojos del pescado cuando éste se presenta con la cabeza. Otras hierbas que van bien con el pescado son el perifollo, los cebollinos, el eneldo y los berros. Las guarniciones pueden utilizarse para aportar interés y color a la presentación. Si desea que las decoraciones se adhieran a un pescado entero, pincélelo con gelatina o mayonesa.

**Cítricos a la barbacoa** Corte rodajas finas de naranja, limón y lima, retire las pepitas y áselos al *grill* o a la parrilla, 2-5 minutos.

**Flores de alcaparras** Escurra las alcaparras y separe con las yemas de los dedos algunas capas externas para obtener «pétalos».

**Espirales de cítricos** Corte con un mondador una tira de unos 15 cm de cáscara de naranja. Enrolle la tira alrededor de una broqueta hasta obtener una espiral.

**Escamas de calabacín** Blanquee un calabacín, córtelo en rodajas finas y luego a cuartos. Extienda los cuartos sobre el pescado.

**Lazos de anchoas** Escurra unos filetes de anchoas en aceite, séquelos y córtelos en tiras. Enrolle cada tira de anchoa alrededor de una alcaparra.

**Alas de limón** Corte un limón en rodajas finas. Practique una incisión desde el extremo al centro de cada rodaja y retuérzalas formando un bucle.

**Mariposas de lima** Corte rodajas finas de lima y luego cuartéelas. Junte dos cuartos y cúbralos con una estrella de pimiento rojo blanqueada.

**Cestillo de limón** Corte tiras largas de cáscara de limón con un acanalador de cítricos. Córtelas 180° dejando un extremo sin cortar. Dé la vuelta al limón y repita.

carne

# buey

### Elección

En la carnicería le cortarán la carne más limpiamente que si la adquiere envasada en el supermercado y además podrán aconsejarle si precisa un corte determinado para una receta. Si desea adquirir carne de calidad y cualquiera que sea el corte elegido, deberá estar preparado para pagar un precio alto por ella: la carne de buey criada orgánicamente, de buena raza o con denominación de origen, siempre será más cara.

- Aunque el color de la grasa y la carne venga determinada principalmente por la forma en que el animal ha crecido y se ha alimentado, por lo general la mejor carne de buey tiene una grasa blanca cremosa y una carne de color rojo Burdeos. El ganado alimentado con pastos tendrá una grasa amarillenta mientras que la mayoría de la carne que se vende en los supermercados tiene una grasa blanquecina. La carne que presenta un tono rojo vivo no se ha dejado reposar el tiempo suficiente y por lo tanto no será tan tierna ni tan sabrosa.

- La carne veteada con grasa quedará más jugosa y sabrosa una vez cocida, pues la grasa alimenta la carne a medida que se derrite durante la cocción. La carne magra con poca grasa a menudo está demasiado seca.

- Los cortes deshuesados, enrollados y atados deben prepararse de forma que mantengan un grosor uniforme para que se cuezan homogéneamente.

- Los cortes con hueso deben estar limpiamente cortados, sin muescas ni melladuras.

- La carne fresca debe oler a fresca y tener un aspecto jugoso. Si tiene un sabor dulce o desagradable o parece demasiado húmeda y resbaladiza, significa que está pasada. Si parece seca, es que no se ha conservado bien.

- Una capa cartilaginosa entre el músculo y la capa externa de grasa puede significar que la carne procede de un animal viejo.

## CONSERVACIÓN

Cuando compre carne fresca, llévela enseguida a casa, desenvuélvala y guárdela en la nevera a una temperatura de 1-5 °C hasta el momento de su utilización.

Los cortes grandes deben colocarse sobre una rejilla pequeña o cuenco colocado del revés, dispuestos sobre una fuente grande y cubiertos con un cuenco de buen tamaño para evitar que la carne se seque. Utilícelos en el transcurso de tres días. Si coloca la carne sobre una rejilla evitará que repose sobre sus propios jugos, en los que las bacterias pueden multiplicarse y contaminar la carne.

El buey cortado en bistés, dados o picado debe colocarse en una fuente limpia y cubrirse con un plato invertido o papel de aluminio. Utilícelo el mismo día en que lo haya adquirido o en el transcurso de 24 horas.

### BUEY PRECORTADO

- Asegúrese de que el embalaje no esté estropeado y si lo estuviera no lo compre. Si la cubierta del embalaje no está tan tensa como debería y parece menos firme, deseche el paquete, pues incluso un agujero mínimo puede provocar la formación de gases internos y deteriorar la carne.

- Al comprar carne envasada precortada es importante que lea atentamente la información adherida al plástico y sobre todo la fecha de caducidad. Por lo general, la carne precortada envasada y recubierta con película de plástico puede retirarse de su embalaje y conservarse como la carne fresca. Los embalajes bien sellados y en una atmósfera controlada no deben abrirse hasta el momento de utilizar la carne.

### Conocer el despiece del buey

*Los cortes de buey se suelen conocer por los nombres indicados en el recuadro contiguo, pero pueden variar de una región a otra y de uno a otro país. Los supermercados por lo general indican en el paquete de qué corte se trata y el método de cocción apropiado, por ejemplo: guisado, braseado, a la parrilla.*

# LOS DIFERENTES CORTES DEL BUEY

| Corte | Descripción | Métodos de cocción |
|---|---|---|
| **Aguja y espaldilla** | Se trata de cortes similares. Ambos son bastante magros, pero pueden ser duros. La espaldilla comprende la llana, el brazuelo y la espalda | Guisadas o braseadas, pero requieren una cocción lenta para ablandarse |
| **Babilla** | Corte redondeado de la pierna | Asado, braseado, frito |
| **Bistés** | Proceden de diferentes partes del animal, como el lomo, el solomillo, la cadera o la espalda | Al *grill*, a la parrilla o fritos |
| **Buey picado** | Se prepara con varias partes del animal como la falda y la espaldilla | En hamburguesas, pasteles de carne, pastelillos y albóndigas |
| **Cadera** | Uno de los cortes de la pierna. Los bistés de cadera son tiernos y sabrosos | A la parrilla o salteado |
| **Contratapa** | Corte de la pierna | Asada o braseada |
| **Delmónico, club, strip, New York** | Bisté de calitad del lomo alto que antecede al T-bone | Asado |
| **Falda** | Se corta del flanco del animal | Braseada o guisada |
| **Lomo alto (chuleta)** | Uno de los mejores cortes para asar | Asado |
| **Lomo alto deshuesado (entrecot)** | El lomo alto deshuesado se corta en entrecots más o menos gruesos ideales para asar | Asado o braseado |
| **Lomo bajo** | Uno de los mejores cortes para asar, de carne muy tierna. Puede venderse con o sin hueso | Asado |
| **Pecho** | Con hueso o deshuesado. Puede ser muy graso, por lo que es preferible elegir un corte con una buena proporción de carne con respecto a la grasa y el hueso | Mejor braseado o estofado |
| **Porterhouse** | Bisté cortado en el lomo bajo | Asado |
| **Redondo** | Corte magro del interior de la pierna sin hueso. Tiene buen sabor | Asado o braseado |
| **Solomillo** | También denominado filete de buey. El extremo fino se denomina *filet mignon*, le sigue el *tournedo* y el *chateaubriand*. Es el mejor corte de buey y es maravillosamente tierno. Puede venderse entero o troceado en filetes | Asado rápido |
| **Tapa** | Corte magro de la pierna. Queda mejor estofada o braseada | Asada o braseada |
| **T-bone** | Bisté de la mejor calidad situado en el lomo alto | Asado |

### Llevar la carne a temperatura ambiente

*Todos los cortes de carne para asar, asar al grill y freír deben estar a temperatura ambiente antes de cocerlos. No los deje en un ambiente cálido más tiempo del necesario.*

## CONGELAR CARNE DE BUEY

Aunque la carne de buey se congela bien, pierde parte de sus jugos y su sabor al descongelarse.

- Prepare y congele la carne el día de su adquisición.
- Guárdela en bolsas de plástico fuertes para congelar o recipientes de plástico rígido, extrayendo la máxima cantidad de aire posible.
- Intercale bistés, albóndigas y hamburguesas con láminas de plástico para separarlas más tarde con facilidad.
- Envuelva los trozos grandes con varias capas de papel de aluminio.
- Ponga el congelador a la temperatura más baja.
- Para obtener los mejores resultados descongele lentamente la carne en la nevera. Ponga la carne congelada en una fuente grande mientras se descongela para recoger sus jugos.
- Utilícela tan pronto la haya descongelado.
- Lo ideal es que la carne se congele en la forma en que se vaya a utilizar: en dados para guisos y cacerolas, en tiras para salteados o picada.

## COMER SANO

- El buey «criado orgánicamente» es el que ha crecido sin habérsele suministrado fármacos inapropiados o piensos poco respetuosos. Además ha sido criado de acuerdo con rigurosos controles de sanidad. Los animales criados orgánicamente han sido alimentados con una dieta a base de alimentos orgánicos de origen vegetal y no han sido alimentados con proteínas animales, ni productos genéticamente manipulados.
- Aunque la carne contenga grasa, la mitad de ésta es insaturada, por lo que no es necesario ser demasiado escrupuloso al retirar toda la visible antes de cocer la carne. De hecho, la grasa desempeña un papel importante durante la cocción, ya que proporciona sabor y suculencia a la carne. Además, los animales actuales son más magros y tienen menos grasa. Puede retirarse antes o después de la cocción.
- Tenga en cuenta que la grasa alimenta la carne y la mantiene jugosa mientras se cuece, por lo que no debe preocuparse demasiado de la cantidad que retire, en especial si se trata de cortes grandes como por ejemplo las chuletas de buey. También es aconsejable dejar cierta cantidad de grasa en los cortes destinados a guisar o brasear. Durante la cocción, la grasa se derrite y ayuda a mantener la carne jugosa; también sube a la superficie, donde puede espumarse con facilidad.
- El exceso de grasa de los cortes que se cuecen sobre una rejilla caerá debajo y podrá desgrasar los fondos de cocción y utilizarse para preparar una salsa.
- Al preparar guisos y cacerolas de buey, la grasa llega a la superficie del líquido y puede retirarse antes de servir el plato. Si prepara un guiso la vigilia y lo enfría y refrigera durante la noche, la grasa se solidificará sobre la superficie, donde podrá retirarla con facilidad antes de recalentar el guiso (con la ventaja añadida de que los guisos y las cacerolas mejoran su sabor al día siguiente).

## PULIR UN SOLOMILLO

Si compra un solomillo troceado éste se habrá pulido con
antelación, pero si adquiere un solomillo entero (para rellenar
o envolverlo en pasta de hojaldre), llevará todavía la membrana
blanquecina que lo recubre. Para retirarla, inserte con cuidado la

punta de un cuchillo en el
extremo superior del solomillo.
Luego, manteniendo el cuchillo
lo más cerca posible de la
membrana, empiece a cortarla
para desprenderla. Una vez
haya separado un trozo de
membrana lo suficientemente
grande para poderla sujetar, tire
de la misma a medida que la
corta de la carne.

### Recetas clásicas

**Buey Wellington** (*Filet de boeuf en croûte*) Este plato clásico francés fue
rebautizado buey Wellington en honor al duque del mismo nombre
cuando éste ganó la batalla de Waterloo. En la actualidad se prepara con
un solomillo entero recubierto con setas salteadas, envuelto con pasta
de hojaldre y horneado.

**Buey a la borgoñona** Carne magra y tierna de buey cocida
lentamente en vino tinto de Borgoña con un ramillete de hierbas
aromáticas, por espacio de dos o tres horas hasta ablandarla. Justo antes
de servir se le añade un vaso de coñac, se flamea y se deja cocer
lentamente con la carne.

**Boeuf en daube** Carne cocida en vino tinto en una cacerola para
brasear o *daubière* durante un mínimo de 6-8 horas o, mejor, durante
toda la noche. Se suele preparar con cortes como el morcillo trasero
de buey, que requieren una cocción lenta y prolongada para ablandarse.

**Tournedo Rossini** Plato creado por el compositor italiano Rossini,
en el que los *tournedos* se sirven sobre una rebanada de pan frito y se
recubren con lonchas de *foie gras* y trufas y por último se les añade una
salsa de madeira.

## CARNE EN DADOS

Los métodos de cocción
prolongados en los que
los músculos se ablandan y los
tejidos gelatinosos se derriten
formando una salsa son los
mejores para la aguja y la
espaldilla. Para asegurar una
cocción uniforme, la carne debe
cortarse en dados regulares.
Para brasear, córtela en dados
grandes; para guisar, tal como
indique la receta.

▼ Corte la carne al contrario
de la dirección de las fibras en
lonchas gruesas de 3-4 cm de
grosor.

▲ Corte cada loncha de
carne por la mitad a lo largo
o en tres partes si es
bastante gruesa. Corte cada
tira en trozos grandes
o dados.

## PICAR LA CARNE DE BUEY A MANO

Si pica su propia carne podrá
estar seguro de que no lleva
grasa, tendones ni membranas.
Mientras que algunos cortes
como la falda quedan mejor
picados de forma mecánica, los
cortes pequeños de calidad
como el solomillo o la cadera
pueden picarse con dos
cuchillos grandes y pesados que
tengan aproximadamente el
mismo peso y tamaño. La aguja
también puede picarse de la
misma forma.

Corte la carne previamente
pulida en dados pequeños;
luego, sostenga cada cuchillo
con una mano manteniéndolos
paralelos y pique los cubos,
levantando y dejando caer
los cuchillos siguiendo un
movimiento rítmico, como
si tocara un tambor.

A medida que pica la carne,
déle la vuelta de vez en cuando
para asegurarse de que esté
homogéneamente picada. Pique
hasta alcanzar la textura
requerida: gruesa, media o fina.

# ternera

La mejor ternera procede de aquellas que sólo han sido alimentadas con la leche materna, muy valorada por su delicado sabor. La ternera de mayor edad alimentada con cereales y que ha pastado hierba tendrá un color rojizo más oscuro y un sabor más pronunciado, pero todavía será de buena calidad.

La ternera lechal es cara debido al alto coste de su alimentación. Además se corta y se pule con sumo cuidado, siguiendo las separaciones naturales.

Aunque la ternera es muy tierna de por sí, requiere una cocción cuidadosa si se desea mantener dicha característica. Los cortes más duros pueden ablandarse mediante una cocción húmeda como el braseado o el guisado. Los cortes magros pueden cocerse más rápidamente, aunque de forma suave, asándolos al *grill* o friéndolos. Si desea asarlos, cuézalos en el horno a temperatura moderada y rocíelos con suma frecuencia.

## Elección

La mayoría de las reglas para elegir y conservar el buey (*véase* pág. 82) pueden aplicarse a la ternera. Su carne debe tener un aspecto fino y su color debe oscilar entre el rosa cremoso y el pálido con un toque ligeramente grisáceo. La grasa externa debe ser blanca y firme.

## CONSERVACIÓN

Debido a que se trata de una carne muy jugosa, se estropea con mayor rapidez que la de buey y no se conserva más de dos días, ni siquiera en la nevera.

### El buen trato a los animales

*Entre los consumidores de ternera hay una demanda creciente de carne orgánica criada por granjeros sensibles al bienestar de su ganado. Compruebe el país o la región de origen para asegurarse de que se haya criado orgánicamente, y verifique también los gustos de sus invitados antes de servírsela.*

| Corte | Descripción | Métodos de cocción |
|---|---|---|
| Aguja | La carne de la aguja situada sobre la espaldilla suele deshuesarse | Braseada o frita, en sartén |
| Babilla | Corte muy tierno de la pierna del que se extraen escalopes | Empanada con huevo, harina o pan rallado y frita |
| Bisté de lomo bajo | Chuletas deshuesadas del lomo bajo | Braseada, asada al *grill*, o frita en sartén |
| Espaldilla | Puede venderse deshuesada y enrollada o también cortada en bistés | Braseada, asada o frita en sartén |
| Lomo alto | También se corta en chuletas | Asado, braseado, al *grill* o frito en sartén |
| Lomo bajo | También se corta en chuletas | Asado, braseado, al *grill* o frito en sartén |
| Morcillo | El trasero es un corte tendonoso situado en el extremo inferior de la pierna | Braseado (*osso bucco*) o guisado |
| Pecho | Deshuesado y enrollado. Puede rellenarse | Estofado, asado o braseado |
| Pierna | Entre los cortes que comprende se encuentra el redondo, la tapa y la contratapa y, debajo, la babilla | Asada o braseada |
| Redondo | Deshuesado | Asado, braseado |

## PREPARAR ESCALOPES DE TERNERA

Los escalopes de ternera se pasan tradicionalmente por huevo y luego se recubren con pan rallado o harina sazonada. Pueden enrollarse en torno a un relleno para preparar *paupiettes* o *saltimbocca*. Para ello deben aplanarse finamente para romper los tejidos conjuntivos más duros.

**◄ Aplastar escalopes**
Coloque cada escalope entre dos hojas de plástico y aplástelos ligeramente con un rodillo hasta que la carne tenga unos 8 mm de grosor. Si los escalopes son muy largos, córtelos por la mitad.

**► Empanar con pan rallado**
Bata 1 o 2 huevos en un cuenco. Pase la carne por la harina (dándole la vuelta), el huevo y a continuación por el pan rallado. Sacúdala para retirar el exceso de pan.

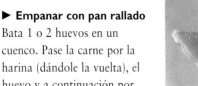

**◄ Freír** Cueza unos pocos escalopes en aceite de oliva caliente durante un minuto por lado o hasta que estén bien dorados. Escúrralos sobre papel absorbente antes de servirlos.

**► Envolver en torno a un relleno** Para preparar *saltimbocca*, cubra cada escalope con una loncha de jamón serrano y una hoja de salvia fresca y enrolle la carne a continuación para encerrar el relleno. Asegúrelo con un palillo.

## DESHUESAR UN PECHO DE TERNERA

Los cortes deshuesados son más versátiles que aquellos que llevan hueso: si va a cocinar una cacerola deben trocearse y si los va a asar se cuecen de forma más homogénea y resultan más fáciles de trinchar.

Entalle el contorno de las costillas con un cuchillo y corte la carne situada debajo. Corte a través del cartílago y alrededor del esternón. Retire el esternón. Arranque las costillas y pula el exceso de grasa, cartílagos y tendones.

## RELLENAR UN PECHO DESHUESADO

Coloque la carne con la parte grasa hacia abajo entre dos hojas de papel de plástico y aplánela formando un rectángulo de 35 × 25 cm. Extienda el relleno homogéneamente sobre la superficie. Enrolle el pecho a partir del extremo más estrecho; átelo a lo largo del rollo. Realice un lazo con el cordel pasándolo alrededor de una mano y deslice este lazo sobre la carne para asegurarlo. Repita la operación cada 5 cm a lo largo del rollo.

## REALIZAR UNA BOLSA EN UNA CHULETA

Seque la carne y, sosteniendo un cuchillo parelelo a la superficie de trabajo, córtela en sentido horizontal deteniéndose cerca del hueso en el extremo opuesto.

# cordero

El cordero es una de las carnes más apreciadas por su tierno, dulce y suculento sabor. Procede de animales menores de un año, por lo general de entre tres y doce meses; el cordero lechal tiene menos de ocho semanas, pero dicha edad varía en países y regiones. A partir de un año recibe la denominación de carnero.

Su color, textura y sabor varía dependiendo de la edad. Los corderos jóvenes alimentados con leche tienen un sabor particularmente suave y su carne es pálida y muy tierna. Los corderos que alcanzan los cuatro meses de edad también tienen un sabor delicado, pero su carne es rosada o de un tono rosa amarronado. A medida que el cordero envejece se engorda, su carne se oscurece y su sabor se hace más fuerte.

## Elección

La carne de corderos jóvenes puede asarse en el horno, al *grill* o a la parrilla, mientras que la de los más viejos mejora con una cocción húmeda, como un guiso o un braseado. Al comprarla observe los huesos: en un animal joven tienen un tono azul rosado, mientras que los animales de más edad tienen huesos blancos y el color de su carne es más oscuro. Los corderos bien criados tienen una grasa blanca cremosa que parece seca y cerosa. Una grasa amarillenta puede ser signo de que el cordero es viejo. Todos los cortes deben estar recubiertos por una capa uniforme de grasa y su carne ligeramente veteada de ella. El pecho y la paletilla tendrán más grasa visible. Los huesos deben estar limpiamente cortados, sin melladuras y con un tono rojizo en sus extremos.

## CORDERO PRECORTADO

- La carne de cordero se vende en los supermercados en bandejas recubiertas con película de plástico. También se presenta en embalajes con una atmósfera controlada (recipientes de plástico rígido sellados con una cubierta transparente) que contienen gases especiales que ayudan a mantener fresca la carne durante más tiempo.
- Compruebe siempre el embalaje para asegurarse que no esté estropeado y si lo estuviere, no lo compre. Incluso el más mínimo agujero puede provocar la formación de gases internos que pueden estropear la carne.
- Si ha comprado carne precortada, siga las instrucciones de la etiqueta y sobre todo compruebe la fecha de caducidad. Los embalajes perfectamente sellados y con atmósfera controlada no deben abrirse hasta el momento de utilizar la carne. Si se abren y la carne no se cocina enseguida, la fecha de caducidad ya no es fiable.
- Aunque el cordero precortado se vende bien preparado, quizá requiera cierta atención al llegar a casa. Retire la membrana fina y seca, que cubre la grasa, o el exceso de ésta.

## CONSERVACIÓN

Los trozos de cordero se conservan bien en la nevera hasta cuatro días y las chuletas de dos a tres días. El cordero picado debe usarse el mismo día de su adquisición o en el transcurso de 24 horas.

Antes de cocinar la carne de cordero, llévela a temperatura ambiente. Para congelar el cordero, envuélvalo bien apretado con papel de aluminio o bolsas de plástico gruesas para congelar; de esta forma se conservará de seis a nueve meses. Para descongelarlo, colóquelo sobre una rejilla. Descongélelo lentamente en la nevera, contando unas seis horas por cada 0,5 kg. Una vez descongelado, utilícelo enseguida.

## INFORMACIÓN NUTRICIONAL

Una porción de 100 g de cordero proporciona aproximadamente unos 20 g de proteínas, que constituyen un tercio de la cantidad diaria recomendada, además de vitamina B y hierro en forma de «hierro para la sangre», que es absorbido por el cuerpo con mayor facilidad y que facilita la absorción de hierro procedente de otros alimentos. Aunque el cordero actual es más magro que el de hace unos años, todavía contiene una elevada proporción de grasa interna.

**500 g** DE CORDERO CRUDO

=

asado sin hueso
3-4 porciones

=

en chuletas y asado con hueso
2-3 porciones

=

codillos y punta de costilla
1-2 porciones

## Trucos de cocinero

*Un buen carnicero le preparará el cordero con la presentación deseada, pero los cortes para asar como la corona y la guardia de honor deben encargarse por adelantado, ya que requieren más tiempo de preparación. Sin embargo, con un poco de paciencia y un buen cuchillo afilado podrá prepararlos en casa, lo que abaratará su coste.*

*Para obtener el mejor sabor y textura, ya sea en asado, a la barbacoa, al grill o frito, es preferible servir el cordero ligeramente rosado. Si los huesos de una corona o guardia de honor se oscurecen demasiado durante la cocción, protéjalos con papel de aluminio.*

## Preparar una corona

El nombre de la corona se debe a que, al prepararla, se unen dos costillares en forma de corona. Para ello necesitará dos costillares de centro de cordero. Si el carnicero no lo ha hecho con anterioridad, empiece arrancando la membrana externa, parecida al pergamino que recubre cada costillar. Colóquelos sobre la tabla de picar con la parte grasa hacia arriba. Desprenda la membrana de un extremo con la punta de un cuchillo y, cuando tenga la suficiente para poder sujetarla, estírela firmemente sujetando el costillar con la mano libre. Si fuese necesario, pula el exceso de grasa y los extremos del costillar, si quedara adherido algún hueso, libérelo con la punta del cuchillo.

Practique una incisión recta y profunda de unos 5-7 cm a lo largo de la grasa y los palos de las costillas. Inserte la punta del cuchillo bajo la grasa y la carne situada a un extremo cortando cerca de los palos y trabajando hacia los extremos de los mismos y corte cuidadosamente la carne y la grasa para exponer los extremos de los huesos. Corte con la punta del cuchillo los trozos pequeños de carne grasa situados entre los palos. Por último, limpie los palos raspando con el cuchillo las porciones de carne y grasa restantes.

▲ **Corona de cordero** Retire con cuidado el hueso del espinazo de la base del costillar. Practique a continuación una pequeña incisión entre los palos de las costillas para que el costillar pueda curvarse. Coloque dos costillares contiguos sobre la superficie de trabajo, con los palos hacia arriba y la base carnosa sobre la tabla. Curve ambos costillares con los palos mirando hacia fuera y la parte grasa hacia dentro hasta obtener una forma de corona.

▲ Para asegurarla, pase un bramante por el centro y átelo. El centro puede dejarse tal cual o rellenarse. También puede enrollar las tiras de carne extraídas de los palos y colocarlas en el centro (retírelas antes de servir).

▲ **Guardia de honor** Prepare dos costillares del centro de cordero de la misma forma que para realizar una corona, pero exponiendo los palos 7-10 cm. Una ambos costillares entrecruzando los palos y con las partes grasas hacia fuera; sujete a intervalos los costillares con un bramante fino. Si lo desea, puede llenar la cavidad con un relleno u hortalizas aromáticas (como ajo y cebollas) y hierbas.

| Corte | Descripción | Métodos de cocción |
|---|---|---|
| **Asado de lomo** | No se prepara a menudo, puede solicitarse al carnicero | Asado |
| **Bistés de pierna** | Cortados en el centro de la pierna o al final de la riñonada | Braseados, al *grill* o fritos en sartén |
| **Chuletas de aguja** | Cortadas a continuación del cuello. Más grasas que las de centro y las del lomo | Braseadas, al *grill* y fritas |
| **Chuletas de centro** | También conocidas como costillas de cordero. El asado de corona (*véase* pág. 89) se prepara con dos tiras de chuletas curvadas | Asadas |
| **Chuletas de dobles** | Tiernas y sabrosas. Las chuletas dobles están unidas por el espinazo. Puede practicarse una bolsa para rellenarlas. | Asadas, al *grill* o fritas en sartén |
| **Chuletas de lomo** | Estas chuletas tienen el hueso en forma de «T» y buen sabor | Al *grill* o fritas en sartén |
| **Chuletas de riñonada** | Chuletas tiernas y magras | Asadas, al *grill* o braseadas |
| **Codillo** | Corte pequeño situado al final de la pierna | Braseado |
| **Paletilla** | Puede venderse entera, deshuesada, enrollada y troceada | Asada, al *grill* o braseada |
| **Pecho** | Puede venderse entero o deshuesado, y es graso | Asado o braseado |
| **Pescuezo** | Aunque graso, tiene buen sabor y se utiliza para guisar | Guisado, braseado |
| **Pierna** | Puede comprarse entera con la riñonada, o sin ésta ni el codillo. La pierna de cordero también puede abrirse y prepararse en forma de «mariposa» (*véase* página siguiente), deshuesarse y aplanarse para asar al *grill* y a la barbacoa | Asada, a la barbacoa |
| **Riñonada** | Corte situado al final del lomo y antes de la pierna | Asada |
| **Silla de cordero** | Se trata de los dos lomos de cordero unidos por el espinazo desde el cuello hasta las piernas. Debe encargarse con antelación. Indicado para ocasiones especiales | Asada |

## PREPARAR UN TROZO DE CORDERO PARA RELLENARLO

Exceptuando el cuello de cordero, todos los demás cortes pueden rellenarse de una forma u otra. El relleno puede insertarse en una bolsa practicada en el centro de la carne o las chuletas, o extenderse sobre el lomo o la riñonada deshuesados y enrollados a continuación o en las *noisettes* (*véase* derecha) o en trozos grandes como el asado de corona o bien en una paletilla, pierna o silla deshuesadas. Al rellenar una silla entera con la riñonada incluida es preferible dejar los huesos de la última, pues de este modo se obtiene una presentación más cuidada.

► **Practicar un túnel** Retire el exceso de grasa externa de la pierna y corte los tendones situados en la base del codillo o garrón. Corte alrededor del hueso de la pelvis en el extremo opuesto a los tendones. Retire el hueso. Raspe la carne situada alrededor del hueso del garrón, corte los tendones y retire el hueso del mismo.

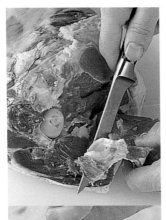

► A continuación corte alrededor del fémur con la punta del cuchillo para exponerlo y sujetarlo. Sosteniéndolo firmemente con una mano, pase el cuchillo a su alrededor hasta que pueda retorcerlo y arrancarlo.

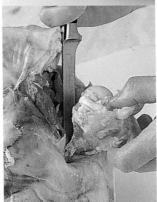

► **Rellenar** Introduzca el relleno elegido en la cavidad de la pierna apretándolo con los dedos (no lo compacte demasiado pues se expandirá durante la cocción). Ate la pierna con un bramante y ásela o braséela.

## NOISETTES

Son lonchas practicadas en un lomo de cordero deshuesado del que se obtienen unas seis *noisettes*. Corte el espinazo y retire cuidadosamente todos los palos de las costillas cortando a lo largo de cada lado, y luego por debajo con la punta del cuchillo. Cuanto más cerca corte del hueso, más carne obtendrá. Enrolle el trozo deshuesado colocando la parte grasa hacia fuera y átelo a intérvalos de 2,5 cm. Corte entre las divisiones hasta obtener lonchas regulares de 2,5-5 cm de grosor.

### Recetas clásicas

**Cordero guisado al estilo irlándés** Con cebollas y patatas intercaladas en un caldo sabroso y dorado bajo el *grill* justo antes de servir.

**Cordero asado a la romana** Pierna de cordero adobada con una mezcla de anchoas, ajo y hierbas y acompañada con una salsa de vinagre balsámico.

**Cordero al curry especiado** Dados de cordero mezclados con tres tipos de lentejas y hortalizas y cocidos en una salsa especiada.

**Pierna de cordero a la bretona** Se insertan trozos de ajo y se cuece con judías blancas en un caldo de carne y hierbas.

## PIERNA DE CORDERO DESHUESADA Y ABIERTA EN «MARIPOSA»

Con esta técnica la pierna de cordero se aplana para conseguir una cocción uniforme. Coloque la parte grasa de la pierna hacia abajo y córtela para exponer el hueso. Corte alrededor de éste hasta alcanzar la articulación de la rodilla.

Trabaje alrededor de la rodilla con la punta del cuchillo hasta liberarla. Prosiga hasta que la pierna esté completamente deshuesada. Para abrirla homogéneamente, haga un corte profundo, pero sin llegar al final, en el centro de la misma, y ábrala como si se tratara de un libro.

# cerdo

Puesto que los cerdos que se crían en la actualidad tienen una carne más magra, ésta debe tratarse con mucho cuidado para mantenerla jugosa y suculenta. La antigua regla según la cual el cerdo debía estar bien cocido para evitar problemas en la actualidad lo dejaría seco y duro. Debido a la erradicación de la triquinosis, no hay ningún problema en comer cerdo ligeramente rosado a una temperatura interna de 80 °C para los cortes grandes como la pierna y a la de 63 °C para los más pequeños. En la práctica esto significa que no debe cocerse demasiado en especial al asarse en el horno o en el *grill* y la parrilla. Sin embargo, debe cocerse a la temperatura indicada para cerciorarse de que no existan problemas de intoxicación alimentaria al ingerir carne poco cocida.

## CONSERVACIÓN

Las reglas que se aplican a la conservación del cerdo son las mismas que para el buey; *véase* pág. 82.

Aunque la carne de cerdo puede congelarse, no es adecuada para ello, pues tiende a endurecerse. Sin embargo, los platos guisados con cerdo como los guisos o las cacerolas se congelan bien.

| Corte | Descripción | Métodos de cocción |
|---|---|---|
| **Chuletas de lomo** | Cortadas al inicio del lomo | Asadas, braseadas, al *grill* o a la barbacoa |
| **Chuletas de riñonada** | Situadas al final de la cinta de lomo que antecede a la pierna | Asadas, braseadas, al *grill* o fritas |
| **Corona** | Preparada con dos secciones de chuletas de lomo formando una corona o guardia de honor, como en el cordero (*véase* pag. 89) | Asada entera |
| **Espalda** | Situada bajo la paletilla. Carne grasa, oscura y sabrosa | Asada, braseada |
| **Jamón fresco (pierna)** | Puede venderse con o sin el codillo, entero o cortado en bistés | Asado entero, en bistés fritos o al *grill* |
| **Lomo** | Entero, deshuesado o en forma de chuletas | Asado o braseado, ideal para rellenar. Chuletas al *grill*, a la parrilla o fritas |
| **Paletilla** | Entera, deshuesada o en bisté | Asada, braseada o en bistés al *grill*, a la parrilla o fritos |
| **Solomillo** | Situado bajo la cinta de lomo y las chuletas del *filet mignon* | Asado entero, braseado, en escalopes fritos o *filet mignon* |

## Elección

En la medida de lo posible, compre cerdo «criado orgánicamente», ya que estos animales se han criado de forma menos intensiva y han disfrutado de condiciones naturales. Además se trasladan regularmente a otros emplazamientos para atenuar el riesgo de infecciones y se crían en el exterior con una dieta de alimentos orgánicos de origen vegetal. Los cerdos criados al aire libre son muy diferentes a los de granja y, al tener que adaptarse a las diferentes condiciones climatológicas, tienen más grasa. Pero aunque los cerdos criados ecológicamente tienen una mayor proporción de grasa, su sabor es mucho mejor. En general, el cerdo sólo tiene un pequeño porcentaje de grasa en relación a la carne y su grasa es más blanda que la de buey o cordero y debe ser de un blanco opaco.

La piel debe estar desprovista de cerdas y tener un aspecto liso y flexible. La carne debe ser firme, lisa y jugosa, pero no húmeda y de color rosa pálido. Los huesos deben tener matices rojizos y haberse cortado limpiamente. Si la textura de la carne parece gruesa y los huesos son blancos y duros, significa que proceden de un animal viejo.

Todos los cortes deben estar cortados limpiamente. Los enrollados y atados deben tener un grosor parecido para que se cuezan de manera uniforme.

## RELLENAR UN LOMO DESHUESADO

El carnicero le deshuesará el lomo de cerdo, pero es muy fácil hacerlo si sigue la técnica indicada para preparar la corona de cordero asado de la página 89.

Deshuese el lomo, ábralo colocando la parte carnosa hacia arriba y corte dos incisiones longitudinales a lo largo de la carne, pero sin llegar a cortar el extremo contrario.

Inserte el relleno escogido en las entallas (aquí hojas de salvia con albaricoques remojados en vino blanco) y sazone generosamente la carne con sal y pimienta. Enróllela y átela asegurándola con un bramante.

## RELLENAR CHULETAS DE CERDO

Los rellenos aromatizan la carne y a la vez ayudan a mantenerla jugosa. La carne de cerdo puede complementarse con diferentes rellenos como espinacas sazonadas con nuez moscada (como aquí), frutas secas picadas (por ejemplo ciruelas pasas o manzanas), *chutneys* de frutas y rellenos a base de hierbas.

Las chuletas de lomo son las más adecuadas para rellenar. Para hacer una bolsa, recorte la grasa de la chuleta con un cuchillo afilado. Luego inserte la punta del cuchillo en la parte grasa de la chuleta hasta llegar al centro de la misma. Sostenga el cuchillo de forma horizontal al hueso y practique una bolsa en la carne.

Introduzca con una cuchara el relleno elegido en la bolsa y presione firmemente sobre los extremos para unirlos. Si lo desea, puede asegurar el relleno con un bramante. La chuleta así preparada puede freírse, asarse al *grill* o la parrilla o brasearse en el horno.

## PREPARAR UN SOLOMILLO DE CERDO

El solomillo de cerdo tiene una carne magra, tierna y rápida de cocinar, ideal para preparar salteados orientales y platos chinos. También puede cortarse en medallones para freír y en dados para broquetas y asarse al *grill*, a la parrilla o en el horno, o bien brasearse entero con o sin relleno. Los tendones y la membrana grasa que lo recubre deben retirarse antes de prepararlo y cocerlo.

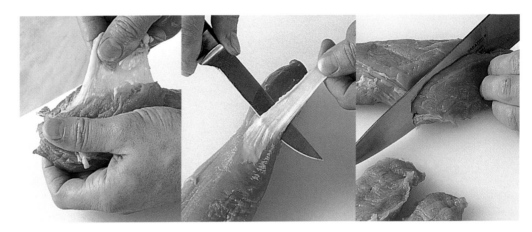

▲ **Preparar el solomillo** Arranque cuidadosamente la grasa y la membrana del filete y tírela. Inserte la punta del cuchillo justo por debajo del final del tendón duro y blanco y libere un trozo lo suficientemente grande para poderlo sujetar.

▲ Sostenga firmemente el tendón con una mano y córtelo separándolo del solomillo manteniendo la hoja del cuchillo lo más cerca posible del primero.

▲ **Cortar *noisettes*** Corte el solomillo en diagonal para obtener *noisettes* o medallones de 1 a 2 cm de grosor. Páselos por harina sazonada y sacuda el exceso de la misma antes de freírlos con mantequilla y aceite.

## TIRAS PARA SALTEADOS ORIENTALES

Corte lonchas finas de solomillo de cerdo tal como se indica más arriba, córtelas luego en tiras finas y póngalas en un cuenco. Mézclelas con el adobo elegido y déjelas reposar a temperatura ambiente durante 1-2 horas o toda la noche en la nevera. Para el salteado, escurra bien las tiras y fríalas por tandas en un *wok* o sartén grande con aceite de cacahuete caliente hasta que estén ligeramente doradas. No añada demasiadas tiras a la vez, pues el cerdo se cocería al vapor en vez de freírse.

# Recetas clásicas

**Costillar asado** Costillas de cerdo precocidas para retirarles el exceso de grasa, recubiertas con jarabe de arce espeso y asadas en el horno.

**Cerdo agridulce** Solomillo de cerdo braseado con piña y pimientos verdes y cocido en una salsa de vinagre y azúcar.

**Cerdo con col roja** Lomo de cerdo asado acompañado con col roja braseada y patatas hervidas.

**Cerdo asado con salsa de manzanas** Pierna de cerdo asada o lomo de cerdo trinchado en lonchas gruesas y acompañado con salsa de manzana, un relleno de cebolla y salvia, corteza crujiente y patatas asadas.

**Cerdo a la normanda** Solomillo de cerdo cocido con manzanas y anillos de cebolla y acompañado con una salsa de crema y calvados.

***Pâté de campagne*** Paté de textura gruesa preparado con panceta de cerdo, adornado con aceitunas negras y recubierto con lonchas de tocino ahumado.

## CORTEZA CRUJIENTE

Seque la piel y, si fuese necesario, retire el resto de cerdas con unas pinzas o una navaja desechable. Entalle la piel a intervalos regulares hasta alcanzar la grasa interna con un cuchillo muy afilado. Frote la piel con un poco de aceite de oliva y con abundante sal fina. A continuación, ase el trozo sobre una rejilla dispuesta sobre una fuente refractaria, pero sin rociarlo.

## COMPROBAR EL PUNTO DE COCCIÓN

Para verificar que las chuletas de cerdo y otros cortes pequeños estén bien cocidos, inserte la punta de un cuchillo pequeño en el centro para que deje escapar los jugos de cocción. Si son transparentes, la carne estará cocida. Si tienen un tono rosáceo, prosiga la cocción hasta que la carne esté en su punto.

Los cortes grandes deben asarse con un termómetro insertado en su parte más gruesa, pero asegúrese de que no toque ningún hueso pues esto afectaría a su lectura. Compruebe la temperatura y retire el asado del horno tan pronto como alcance 35,5 °C por debajo del punto de cocción deseado. Cúbralo holgadamente con papel de aluminio y déjelo reposar durante 10-15 minutos, pues durante este tiempo la carne continuará cociéndose con su propio calor.

## PRESENTACIONES SORPRENDENTES

Puede preparar una corona de cerdo o una guardia de honor con dos secciones de chuletas de lomo siguiendo las mismas técnicas empleadas en la página 89. Ambas presentaciones son adecuadas para una fiesta o celebración, particularmente si se asan con un delicioso relleno y se presentan como aquí, rodeadas de hortalizas cuidadosamente preparadas como tomates cereza y calabacines salteados.

---

### INFORMACIÓN NUTRICIONAL

El cerdo es rico en proteínas, minerales y vitaminas B, en especial tiamina (vitamina $B_1$), esencial para obtener energía de los hidratos de carbono.

# jamón y tocino

Aunque ambas carnes proceden del cerdo, cada una presenta características distintas. El jamón es la pierna trasera del cerdo, curada mediante su salado, secado o ahumado, o una combinación de éstos. Los jamones pueden comprarse en diferentes presentaciones, pero los enteros tienen forma de pera, el hueso del garrón adherido y pueden pesar de 5 a 9 kg. A veces se cortan en secciones de riñonada y con el codillo trasero. Los jamones semideshuesados no llevan el hueso del garrón ni de la cadera adheridos y tan sólo se les ha dejado el fémur. Los jamones deshuesados también están desgrasados y despellejados y adquieren su forma característica al colocarse en una lata o contenedor. Los jamones pueden estar crudos, listos para cocinar, ya cocidos, o curados al aire libre como los jamones serranos, de bellota, de Parma o de Bayona. Los jamones cocidos y secados al aire se compran enteros o cortados en lonchas en tocinerías y supermercados y también se venden envasados al vacío.

El tocino ahumado o beicon procede de la panceta del cerdo, el mejor es el del centro de este corte. Su sabor varía dependiendo de los ingredientes utilizados en el proceso de curado y de la madera empleada para ahumarlos. Si el tocino se cura en salmuera y se deja madurar se denomina tocino salado entreverado y es más suave, tiene una corteza blanquecina y un color mas pálido que el ahumado. El beicon o tocino ahumado, una vez curado en salmuera, se procesa posteriormente mediante su secado y ahumado, lo que le confiere su característico sabor, su color oscuro y su corteza marrón. La panceta y otros cortes grasos del vientre del animal son ideales para envolver o cubrir carnes o pescados antes de asarlos. Estire las lonchas de tocino graso antes de emplearlas para reducir el riesgo de que se encojan.

## Elección

La carne de todos los cortes de jamón y beicon debe ser firme y jugosa, pero no húmeda. La grasa debe oscilar entre blanco y marrón pálido, sin presentar matices amarillentos ni verdosos.

## COCER A LA PERFECCIÓN

Cuando los jamones y trozos grandes de beicon se cuecen en agua, se dice que están hervidos. Sin embargo, si se desea que una sección de jamón o beicon quede dulce, tierna y suculenta, no se debe hervir. Sumérjalos simplemente en agua fría y caliéntela hasta que empiece a agitarse. Reduzca inmediatamente el calor y cueza lentamente con el líquido apenas agitándose durante 15 minutos por cada 0,5 kg de peso. Cuando finalice el tiempo de cocción, retire el recipiente del fuego y deje enfriar el corte dentro del agua.

## Jamones grandes

*A no ser que disponga de un recipiente extremadamente grande, la cocción de un jamón entero puede presentar un problema. Sin embargo, el jamón se cuece muy bien en el horno envuelto en papel de aluminio para mantener su carne jugosa. Incluso puede envolver y sellar la carne con una masa de harina y agua, un método tradicional con el que se conserva todo su sabor y jugosidad. Cocido de esta forma, un jamón de unos 7 kg precisará unas 3 horas de cocción a horno moderado.*

## CONSERVACIÓN

Originariamente, el cerdo se curaba para mantenerlo sin refrigeración durante períodos de tiempo prolongados. En la actualidad, mediante los procesos de curado, el beicon se conserva dos semanas como máximo y está en su mejor punto en el transcurso de siete días. Guárdelo tapado en la nevera. Las lonchas y cortes envasados deben guardarse siguiendo las instrucciones de la etiqueta. Una vez abiertos deben utilizarse enseguida.

Los trozos grandes y enteros de jamón cocido se conservan hasta diez días, pero siga siempre las instrucciones de la etiqueta si lo adquiere envasado al vacío. Para evitar que se reseque, envuélvalo bien apretado con película de plástico o póngalo en una fuente y cúbralo con un cuenco invertido.

El jamón cocido cortado en lonchas en las tocinerías y supermercados debe consumirse al cabo de 1-2 días. Los sobres de jamón cocido envasados al vacío deben degustarse una vez abiertos o siguiendo las instrucciones del paquete.

| Corte | Descripción | Métodos de cocción |
|---|---|---|
| **Beicon** | Carne rosada, limpia y jugosa del animal. Se vende en lonchas o secciones | Al *grill* o a la parrilla |
| **Beicon canadiense** | Procede del lomo del cerdo. Se vende entero o en lonchas, listo para comer | Al horno entero como un jamón o en lonchas fritas |
| **Bisté de jamón** | Procedente de la pierna trasera | Asado, al *grill* o a la parrilla |
| **Chuleta de lomo ahumada** | Procedente del lomo | Asada, al *grill* o frita en sartén |
| **Codillo ahumado** | Procedente del final de la paletilla | Braseado o escalfado |
| **Codillo trasero** | Situado en el extremo de la pierna trasera | Asado |
| **Jamón ahumado** | Pierna trasera deshuesada | Asado |
| **Jamón hervido y para hervir** | Procedente de la pierna trasera. Un buen ejemplo es el de York | Escalfado y luego asado al horno |
| **Paletilla ahumada** | Procedente de la paletilla | Asada o escalfada |
| **Paletilla ahumada enrollada** | Paletilla deshuesada y enrollada | Asada o escalfada |

## PREPARAR LARDONES

Se trata de trozos pequeños de tocino que imparten un sabor fuerte y a menudo salado a los platos de carne. Corte lonchas gruesas de tocino en tiras longitudinales. Amontone las tiras y córtelas en sentido horizontal para obtener dados.

## EL TOQUE FINAL

Todos los trozos de jamón y tocino, ya sean calientes o fríos, deben pelarse para facilitar su trinchado. Puesto que la grasa situada bajo la piel es poco atractiva, puede realzarse recubriéndose con pan rallado dorado, perejil finamente picado u otras hierbas. También puede glasearse.

▲ **Entalle la grasa** con la punta de un cuchillo afilado formando rombos para que el glaseado penetre en la carne, aromatizándola.

▲ **Extienda el glaseado** sobre la grasa entallada con un cuchillo de paleta. Deje que el glaseado penetre en la carne antes de cocerla.

# despojos

Este nombre abarca las partes comestibles que quedan del animal tras trocear la carcasa. Consiste en las vísceras u órganos internos de los animales, como el corazón, los riñones, el hígado y la lengua, así como sus extremidades y la cabeza.

## Elección

Es preferible dirigirse a las casquerías de los mercados, que a diferencia de los supermercados suministran una amplia selección de despojos. Puesto que éstos perecen con mayor rapidez que otras carnes, es preferible cocerlos y degustarlos el mismo día de su adquisición, en especial en el caso de las mollejas. No los compre si tienen un sabor fuerte o desagradable o si tienen un color verdoso y una superficie resbaladiza: el hígado, los riñones y los corazones deben tener un aspecto vivo y brillante, sin manchas secas, y las mollejas han de mostrar un brillo perlado y un color blanco rosado.

### INFORMACIÓN NUTRICIONAL

El hígado y los riñones son una buena fuente de proteínas y minerales y a diferencia de los cortes de carne de la carcasa son también ricos en vitamina A y ácido fólico. Sin embargo, contienen niveles elevados de colesterol. El hígado de ternera es muy rico en hierro.

## CONSERVACIÓN

Una vez adquiridos, los despojos deben llevarse a casa y guardarse enseguida en la nevera. Los cortes envasados deben mantenerse en su embalaje y utilizarse antes de la fecha de caducidad. Todos los despojos deben tener una consistencia suelta al desenvolverse. Póngalos enseguida en una fuente limpia y cúbralos con un cuenco invertido o una película de plástico.

## PREPARAR EL HÍGADO

Inserte con cuidado la punta de un cuchillo afilado bajo una esquina de la fina membrana que cubre el hígado, liberando la cantidad suficiente para poder sujetarla. Después pélela y tírela. Tanto si el hígado va a cocinarse crudo como ya cocido, deberá retirar las venas internas. Esto resulta mucho más fácil si está cortado en lonchas, las cuales deben tener unos 2 cm de grosor.

| Tipo | Descripción y métodos de cocción |
|---|---|
| **Corazón** <br> Buey, ternera, cerdo o cordero | Todos, incluso los más pequeños de cordero, requieren una cocción lenta para ablandarlos |
| **Hígado** <br> Cerdo | Textura blanda y sabor más fuerte que los de ternera y cordero. Frito o asado al *grill* o a la parrilla |
| Cordero | El hígado de color marrón claro procede de los animales jóvenes. Los más oscuros son de corderos más viejos y tendrán un sabor más fuerte |
| Pollo | Sabor suave y delicado. Salteado en mantequilla o para preparar patés |
| Ternera | Sabor delicado y color marrón claro. Asado entero, cortado en lonchas y frito o asado al *grill* o a la parrilla |
| **Lengua** <br> Buey | Se ha de hervir lenta y suavemente para ablandarla. Pélela y púlala antes de prensarla o servirla |
| **Mollejas** <br> Cordero o ternera | Se trata de la glándula del timo, que se encuentra en la garganta. Las mollejas de ternera son muy delicadas. Ambas pueden saltearse, freírse por inmersión o brasearse ligeramente |
| **Riñones** <br> Buey | Sabor muy fuerte. Es preferible guisarlos con carne o en empanadas |
| Cordero | Lo mejor para freír y asar al *grill* y a la parrilla |
| Ternera o cerdo | Fritos o asados al *grill*. Su sabor fuerte es ideal para patés y terrinas |

## CONSERVACIÓN

Las salchichas envasadas al vacío se conservan mucho más tiempo que las caseras o las de tocinería gracias a que contienen conservantes (estas últimas deben consumirse preferentemente el mismo día de su elaboración o compra).

Guarde las salchichas envasadas al vacío en la parte más fría de la nevera y utilícelas antes de la fecha de caducidad indicada en la etiqueta.

La mayoría de las salchichas se preparan con cerdo, aunque cada vez se emplean más otras carnes. Además de la carne de cerdo tradicional se pueden adquirir morcillas de sangre de cerdo, salchichas de buey, cordero, ternera, venado, pollo y pavo así como diferentes mezclas. También se encuentran disponibles en el mercado salchichas vegetarianas a base de soja.

Las salchichas, ya sean comerciales o caseras, consisten en una mezcla de carne groseramente picada o molida, mezclada con grasa y condimentos, que oscila entre el sabor suave y el picante y especiado. También se utilizan hierbas para aromatizarlas, sobre todo salvia, así como otros ingredientes menos habituales como setas silvestres, pimientos morrones, espinacas, manzana y cebolla.

### Envoltorios para salchichas

*La mayoría de las salchichas se preparan embutiendo la mezcla de carne en envoltorios tanto naturales (por ejemplo intestinos lavados de cerdo, cordero o buey) como manufacturados. Sin embargo estos envoltorios no son completamente esenciales, pues la mezcla para salchichas puede modelarse y enharinarse ligeramente antes de cocerla, o bien envolverse en redaño de cerdo. Las salchichas preparadas con este método se conocen como crepinettes, y adquieren su nombre de la palabra francesa que designa al redaño: crepine.*

### COCER SALCHICHAS

La mayor parte de las salchichas pueden freírse o asarse a la parrilla, pero otras están exclusivamente preparadas para escalfarse, como es el caso de las salchichas alemanas de Frankfurt, la *bockwurst* y la *knackwurst*; las *andouilles*, *cervelat* y *boudin blanc* francesas y el *haggis* escocés (que aunque no tiene forma de salchicha, se considera una variante de las mismas).

Al freír o asar a la parrilla salchichas enrolladas en torno a sí mismas en forma de espiral, asegúrelas con una broqueta metálica o de bambú para que no pierdan la forma durante la cocción.

▲ **Escalfar** Llene una freidora o cacerola ancha y plana con agua hasta alcanzar dos tercios de su altura y llévela a ebullición. Agregue las salchichas y cuézalas durante unos 35 minutos, dependiendo de su tamaño. Las de Frankfurt sólo necesitan 1-2 minutos.

▲ **Freír y asar al *grill* o a la parrilla** Puesto que existe el riesgo de que las salchichas se rompan al cocerse a una temperatura elevada, deben pincharse y cocerse a fuego moderado si se fríen o se cuecen a la parrilla y colocarse no demasiado cerca del *grill* si se elige este método. La mayoría de las salchichas precisan 10 minutos de cocción.

despojos y salchichas

# carnes curadas

El curado es un proceso que utiliza sal para frenar el crecimiento de las bacterias. En un principio se utilizaba para conservar la carne de cerdo, pero en la actualidad se emplea sobre todo para realzar el sabor y la textura de la carne. Entre los métodos tradicionales se encuentra el secado en seco, en el que la carne se frota con sal y especias; la salmuera, en la que la carne se remoja en una solución de salmuera y especias. Entre los métodos más rápidos se encuentra el de inyectar una solución salada en la carne, pero las carnes curadas siguiendo este método no alcanzan la calidad y el elevado coste de las curadas de forma tradicional. Una vez curada con sal, se seca o se ahúma o se aúnan ambos procesos para proporcionarle color y sabor. El sabor de estas carnes y salchichas oscila desde las suavemente aromatizadas, como el jamón de Parma o la mortadela, a las condimentadas con ajo, picante y especias, como el chorizo español, que debe su color rojo al pimentón con que se aromatiza.

La mayoría se preparan con cerdo; algunas, como la *bresaola* italiana, se preparan con buey, o con una mezcla de cerdo y buey como la *keilbasa* polaca. Sus texturas oscilan desde la fina y lisa, como la de la mortadela, a la más granulosa, como puede ser la *bierwurst* alemana.

| Tipo | Descripción |
|---|---|
| **De Italia** | |
| Bresaola | Buey tierno y magro, salado y secado al aire. Es cara, pues su proceso de curación es largo |
| Mortadella | Conocida como Bologna en Italia, es uno de los embutidos más conocidos. Contiene trozos grandes de grasa y pimienta negra y a veces pistachos. La mejor es la de cerdo |
| Pastrami | Pecho de buey secado al aire con una mezcla de azúcar, especias y ajo y a continuación ahumado |
| Pepperoni | De color vivo debido a que está aromatizado con pimiento rojo, así como hinojo. Es muy popular como cobertura para pizzas |
| Prosciutto (jamón de Parma) | El verdadero jamón de Parma procede de las cercanías de Parma, en la región de Emilia-Romagna. Los jamones de San Daniele proceden de la región de Friul |
| Pancetta | Paneta de cerdo salada y cruda |
| Salami | Numerosos tipos elaborados con carne de cerdo y grasa del mismo animal. Algunos incluyen buey y ternera. Se aromatizan con especias, ajo, pimentón y granos de pimienta |
| **De Alemania** | |
| Bierschinken | Preparado con cerdo y jamón, contiene pistachos y pimienta en grano |
| Bierwurst | De buey y cerdo. Bien sazonado con cardamomo y bayas de enebro |
| Landjager | Preparado con buey y cerdo y aromatizado con ajo y cardamomo. Esta salchicha se ahuma o seca al aire |
| **De España** | |
| Chorizo | Embutido de cerdo sazonado con pimentón y especias |
| **De Polonia** | |
| Kabanos | Salchichas ahumadas, largas, finas y especiadas |

## Elección

Al comprar siempre compruebe que las carnes curadas y las salchichas lucen frescas. Si están envasadas al vacío no deben aparecer burbujas o rizos. Si es así, no la compre. Si están en lonchas, no abra el envase hasta que vaya a consumirlas.

## CONSERVACIÓN

*Salami, kabanos,* chorizo o jamón de Parma se conservan durante largo tiempo enteros, o bien en la nevera si están cortados en lonchas. Para evitar que se deterioren, envuélvalas con plástico y úselas de inmediato, no más tarde de 2 días.

# aves y caza

# pollo

La carne de pollo es una excelente y económica fuente de proteínas y además contiene la mayoría de las vitaminas B. Tiene poca grasa, en especial las saturadas y en la actualidad contamos con el abanico de elección más amplio, aunque para obtener el mejor sabor y la calidad tradicional es preferible elegir aves criadas orgánicamente, cuyo coste suele ser más elevado. Podemos escoger entre aves frescas o congeladas, enteras o troceadas, así como también de calidad estándar, de corral y orgánicas o ecológicas. El sabor del pollo viene determinado por la forma en que se haya criado y alimentado, por lo que antes de adquirirlo debe tener en cuenta algunas consideraciones.

Los pollos de categoría estándar se crían intensivamente en granjas cuyo suelo se cubre con paja o virutas de madera, pueden moverse libremente y tienen acceso constante al agua y los piensos. Los pollos de corral pueden estar criados con diferentes grados de libertad y alimentados a la manera tradicional durante toda su vida o en las últimas semanas. Disfrutan de mayor espacio y pueden moverse con mayor libertad. Los que disfrutan de libertad total tienen acceso al exterior y no se encuentran confinados en una zona determinada.

Los pollos orgánicos o ecológicos han sido alimentados con una dieta a base de alimentos orgánicos de origen vegetal, y la mayoría de ellos disfrutan de libertad total.

**Pollos para asar** Los pequeños oscilan entre 1 ¹/₂ y 2 kg y son para 4 personas. Los de mayor tamaño van de los 2 a los 3 kg y son para 6 personas.

## Elección

Seleccione aves rollizas de forma regular y pechugas carnosas. Su piel debe ser limpia y jugosa, pero no húmeda, lo cual significa que el animal ha sido congelado. Tampoco debe presentar máculas ni rasgaduras. A veces, al destapar un pollo fresco envasado éste puede tener un fuerte olor que desaparecerá tan pronto entre en contacto con el aire. En caso contrario, devuelva el pollo al establecimiento donde lo compró. Asegúrese de que los embalajes de las aves tanto frescas como congeladas estén intactos.

**Pollos alimentados con maíz** Pueden ser estándar o de corral y se alimentan con una dieta que contiene un 50 % de maíz como mínimo, lo cual confiere a su carne un distintivo color amarillo cremoso.

## CONSERVACIÓN

Una vez adquirido, lleve el pollo a casa a la mayor brevedad posible y guárdelo en la nevera o en el congelador. Utilícelo antes de la fecha de caducidad indicada en la etiqueta o, si lo ha comprado en la pollería, al cabo de uno o dos días.

Desenvuelva y coloque un pollo entero boca abajo sobre una rejilla o plato dispuesto sobre una fuente para recoger los jugos que pudieran desprenderse. Tápelo con un cuenco invertido. Las porciones de pollo y el pollo picado, a dados y las tiras para salteados envasados al vacío o en embalajes de atmósfera controlada no deben retirarse de los mismos hasta su utilización.

Los menudillos deben guardarse tapados en otro cuenco. Utilícelos en el transcurso de 24 horas.

Guarde el pollo en la parte más fría de la nevera o directamente bajo o sobre el congelador.

Antes de cocerlo, enjuague a fondo la cavidad con agua del grifo y séquelo con papel absorbente.

El pollo cocido puede guardarse tapado en la nevera de dos a tres días.

**Pollo tomatero** Tiene de cuatro a seis semanas de edad. Puede pesar hasta 500 g y sirve para una persona.

aves y caza

102

| POLLO PEQUEÑO O MEDIANO | POLLO PARA ASAR | CAPÓN | POLLO TOMATERO |
|---|---|---|---|
| 1 ¼ - 1 ¾ kg | 2,5-3,5 kg | 3-4 kg | 500 g |
| = | = | = | = |
| 2-4 porciones | 6-7 porciones | 6-8 porciones | 1 porción |

## Descongelar un pollo

*La forma más segura consiste en hacerlo lentamente en la nevera, pues el frío retarda la proliferación de las bacterias. Déjelo en su envoltura original, pero pinche ésta en dos o tres sitios para que sus jugos puedan caer libremente. Colóquelo sobre una rejilla o un plato hondo invertido dispuesto sobre una fuente grande para recoger dichos jugos. Descongele el pollo durante unas 12 horas por cada 1 ¼ kg si se trata de un ave entera y toda la noche en el caso de las porciones.*

## DOMINAR EL ARTE DEL TROCEADO

Practique una incisión profunda a lo largo del centro del pecho, partiendo el espinazo. Manteniéndose lo más cerca posible del hueso, corte con cuidado la carne situada a un lado del espinazo, liberándola alrededor del ala por donde se une al cuerpo. Repita la operación en el otro lado.

Corte las patas, el contramuslo y el ala. Si lo desea, puede separar el contramuslo del muslo cortando a través de la juntura.

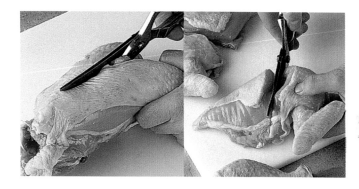

Ala     Pecho

Muslo | Contramuslo

## CONGELAR EN CASA

- Si el pollo está envasado, retire la envoltura y envuélvalo con película de plástico bien apretada o en una bolsa de plástico fuerte; extraiga el aire y selle la bolsa. Ponga el congelador a la temperatura más fría.
- Las porciones de pollo envasadas en paquetes con atmósfera controlada pueden congelarse en el mismo envoltorio.
- Los menudillos deben congelarse por separado.

## SEGURIDAD ALIMENTARIA

El pollo puede ser portador de la bacteria *Salmonella*, por lo que es necesario prestarle el máximo cuidado al manipularlo y cocinarlo.

- Lávese siempre las manos antes y después de manejar el pollo crudo, y en especial antes de manipular otros alimentos.
- Limpie a fondo tablas y superficies de trabajo y lave todos los utensilios utilizados tras preparar el pollo.
- No corte nunca carnes cocidas ni prepare ensaladas en la misma tabla donde haya preparado el pollo crudo.
- En la nevera, guarde el pollo crudo debajo de los alimentos que se vayan a comer crudos o fríos.
- Deje enfriar por completo el pollo y los platos de pollo cocidos antes de taparlos y refrigerarlos o congelarlos.
- Recaliente el pollo una sola vez.

## TIJERAS PARA AVES

Las hojas curvadas y dentadas y el mecanismo de muelle de las tijeras para aves facilitan la tarea del troceado. Una vez empleadas, lávelas bien con agua jabonosa, séquelas a fondo y ciérrelas con el seguro que mantiene unidas ambas hojas.

pollo

## PREPARAR LA CARNE OSCURA

La carne oscura de los contramuslos del pollo es más sabrosa que la blanca de las pechugas. Los contramuslos son económicos y resultan perfectos para guisos y cacerolas. También pueden deshuesarse y utilizarse para broquetas.

◄ Retire la piel del contramuslo y colóquelo sobre una tabla de picar con el lado pelado hacia abajo. Corte alrededor del hueso con la punta del cuchillo, arranque el hueso y raspe la carne adherida.

◄ Corte la carne en dados grandes. Para preparar broquetas, adobe la carne durante 1-2 horas o toda la noche. Cuando vaya a cocinarlas, ensarte los dados adobados en las broquetas alternándolos con hortalizas troceadas como pimiento morrón o champiñones.

### Un truco de cocinero

*Si va a dejar el muslo unido al contramuslo, asegúrese de que mantengan buena forma durante la cocción. Para ello tire la piel hacia atrás hasta exponer ligeramente la carne situada en la articulación de la rodilla. Practique un corte de 1 cm de profundidad entre los dos huesos, recubra la carne con la piel y déle forma de «U»; el corte evitará que la carne se expanda durante la cocción.*

### SUPREMAS DE POLLO

Se trata de pechugas de pollo deshuesadas y peladas. Para retirar la piel sólo tiene que arrancarla de la carne con los dedos. Si ha comprado una pechuga con el hueso, corte la carne con un cuchillo afilado. Extraiga los tendones y coloque la pechuga sobre una tabla para picar con la parte de la piel reposando sobre la tabla; pula la grasa de los extremos. Si fuese necesario, pula también los contornos recortándolos.

## RETIRAR LOS TENDONES DE UNA PECHUGA DE POLLO

Cada pechuga lleva dos tendones, uno en el filete pequeño y otro en el grande. Aunque no es esencial retirarlos, si se hace, las pechugas quedarán mejor presentadas. Además, estos tendones pueden provocar que la carne se abarquille al contraerse durante la cocción. Arranque suavemente el filete pequeño situado bajo la pechuga, inserte la punta de un cuchillo afilado bajo el final del tendón y libere parte del mismo hasta poderlo sujetar. Después, raspe suavemente el tendón con el cuchillo hasta liberarlo. Retire el tendón grande de la misma forma, utilizando un cuchillo o una macheta.

### PREPARAR ESCALOPES

Los escalopes pueden cocerse al natural o empanarse. Fríalos en una mezcla de mantequilla o aceite o adóbelos y áselos a la parrilla. Las personas que no comen carne de vacuno encontrarán en los escalopes de pollo la alternativa perfecta a los de ternera.

► Extraiga la piel y los tendones a la pechuga. Deje las pechugas pequeñas enteras y corte las grandes por la mitad para obtener dos escalopes. Colóquelos entre dos hojas de papel sulfurizado o película de plástico y aplánelos uniformemente hasta que alcancen 1 cm de grosor.

► **Empanar** Pase los escalopes por harina, huevo batido y pan rallado. Practique un motivo romboidal sobre su superficie con el dorso de la hoja del cuchillo y luego fríalos en una sartén a fuego moderado durante 2-3 minutos por cada lado con mantequilla y aceite de oliva.

## Recetas clásicas

**Gallo al vino** Pollo entero o troceado, flameado con coñac y cocido con una suculenta salsa de vino tinto con champiñones y cebollas.

**Pollo Kiev** Pechugas de pollo rellenas con mantequilla al ajo, pasadas por migas de pan y fritas. La mantequilla se derrite durante la cocción y fluye al cortar la pechuga.

**Pollo a la cazadora** Pollo troceado con una salsa de tomate, vino, cebollas y hortalizas.

**Pollo a la sureña con tortillas de maíz** Muslos de pollo rebozados en harina especiada y fritos hasta quedar crujientes y dorados. Se acompañan con tortillas de maíz y salsa de tomate.

**Empanada de pollo** Restos o pollo recién cocido mezclado con hortalizas y una salsa de queso crema, recubierto con pasta de hojaldre y horneado.

## POLLO RELLENO

El pollo entero, las pechugas y los filetes pueden transformarse en algo especial rellenando simplemente su cavidad o formando una bolsa en las pechugas o en los filetes (*véase* pág. 24).

## PREPARAR SATÉ

El saté consiste en tiras largas de pechuga de pollo adobadas, ensartadas en broquetas de bambú remojadas y asadas a la parrilla. Se acompañan tradicionalmente con una salsa de cacahuete.

▶ Corte las pechugas de pollo en tiras diagonales largas y finas en sentido contrario a la dirección de las fibras. Adóbelas durante 1-2 horas o si es posible toda la noche. Remoje las broquetas de bambú en agua durante 30 minutos.

▶ Ensarte las tiras de pollo adobadas en las broquetas doblándolas en forma de espiral. Cuézalas bajo el *grill* caliente o a la parrilla no más de 4 o 5 minutos, dándoles la vuelta y rociándolas a menudo con el resto del adobo. No cueza las broquetas en exceso.

## SACAR EL MEJOR PARTIDO DE LOS MUSLOS

Los muslos tienen más grasa que las pechugas, las cuales se mantienen tiernas y jugosas gracias a su grasa interna. Por ello, los muslos y contramuslos de pollo son especialmente adecuados para la barbacoa. Un adobo a base de carne no sólo los aromatizará dejando su piel crujiente, sino que evitará que se peguen a la rejilla.

Coloque los muslos en una fuente grande, prepare un adobo de su elección y pincele con él los muslos hasta que estén uniformemente recubiertos (si entalla la piel y corta la carne, el adobo penetrará). Tápelos y déjelos en el adobo a temperatura ambiente durante 1 hora (si hace mucho calor, déjelos en la nevera).

Cueza los muslos sobre una rejilla dispuesta sobre una fuente a una distancia de unos 6 cm por debajo del *grill*, o sobre la rejilla colocada sobre las brasas calientes de la barbacoa por espacio de 15-20 minutos. Déles la vuelta rociándolos frecuentemente con el resto del adobo.

pollo

# pavo

Hasta hace poco sólo se encontraba disponible en las festividades; hoy se puede adquirir durante todo el año fresco o congelado, entero o troceado, deshuesado, picado, a dados y cortado en tiras para saltear. El peso de los pavos enteros oscila entre los 3 kg y los 20 kg. El más común es el que pesa entre 5 y 6 ¹/₂ kg.

## Elección

Los pavos enteros deben ser rollizos, con las pechugas y piernas bien redondeadas. Su piel debe ser blanquecina, con un ligero tono amarillo cremoso, jugosa pero no húmeda y sin máculas.

Los pavos de carne más sabrosa son los criados orgánicamente en corral, pues no han sido tratados con antibióticos. Estas aves se suelen colgar y desplumar siguiendo el método tradicional.

## CONSERVACIÓN

Guarde los pavos frescos y congelados ya sea enteros, troceados o envasados siguiendo las indicaciones para el pollo de la página 102. Descongele las aves congeladas a temperatura ambiente durante 4-6 horas por cada kg de peso o lentamente en la nevera durante 10-12 horas por cada 2 kg de peso. *Véase también* apartado sobre seguridad alimentaria, pág. 103.

### Un truco de cocinero

*Antes de cocinar un pavo es importante enjuagar la cavidad bajo el chorro de agua fría para extraer cualquier resto de sangre o humedad que puedan contener bacterias. Una vez lavado, séquelo con papel absorbente y retire los restos de pulmones con unas pinzas.*

## BRIDAR EL PAVO

Para que el pavo conserve una forma limpia durante la cocción, los muslos y alas deben bridarse o atarse antes de cocerlo. Puede hacerlo con unas broquetas metálicas o con una aguja grande para bridar y un bramante.

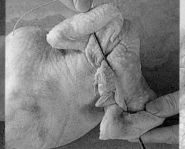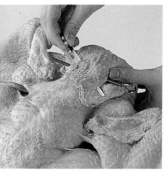

▲ **Con aguja y bramante** Inserte la aguja en la parte más gruesa de un muslo. Atraviese el cuerpo y el muslo opuesto dejando un trozo de bramante de 15 cm de longitud en el primer lugar donde insertó la aguja. Esconda los alones bajo el cuerpo y cúbralos con la piel sobrante del cuello. Pase la aguja a través de los alones y la piel, asegure bien con el bramante y corte el exceso del mismo.

Vuelva a enhebrar la aguja e insértela en el extremo de la cola dejando un trozo de bramante de unos 15 cm por donde entró la aguja. Luego inserte la aguja por el extremo de una pata, atraviese la pechuga y pásela por la otra pata. Ate ambos extremos de bramante con un nudo doble y corte el exceso del mismo.

▲ **Con broquetas** Para asegurar la piel del cuello sobre el relleno, utilice una o dos broquetas. Inserte una broqueta grande a través de ambas partes del ala, luego a través del cuello y por último a través del ala opuesta. Puede insertar otra broqueta grande a través del muslo, luego a través de la cavidad corporal y, finalmente, déjela salir por el muslo opuesto.

## DESHUESAR UNA PECHUGA DE PAVO

► Sostenga el cuchillo de forma casi plana contra el hueso y la cavidad corporal, luego corte la carne separándola en una sola pieza. Deseche los huesos, pele la piel y arranque suavemente el tendón blanco.

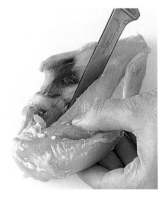

## MENUDILLOS

Éstos deben retirarse tan pronto como el pavo llegue a casa. A continuación se han de enjuagar con agua del grifo y secarse. Guárdelos en un cuenco tapado dentro de la nevera un máximo de 24 horas y utilícelos, excepto el hígado, para preparar un caldo para la salsa. Pique el hígado en trozos grandes, saltéelo con mantequilla y añádalo al relleno.

## RELLENAR UN PAVO

No se recomienda rellenar las cavidades de los pavos grandes, pues el calor quizá no llegue hasta el centro del ave. Sin embargo, puede introducir en la cavidad corporal ingredientes aromáticos como una cebolla pelada y cuarteada, medio limón, una naranja o manzana y hierbas como romero, tomillo y perejil para ayudar a mantener la carne jugosa y aromática.

► Puede introducir el relleno en el cuello del ave, insertarlo bajo la piel o extenderlo sobre las pechugas. También puede colocar rodajas de mantequilla aromatizada bajo la piel para mantener la carne jugosa.

Los rellenos deben estar fríos en el momento de utilizarlos y se han de aplicar justo antes de cocer el ave.

## EL ASADO PERFECTO

Existen diferentes teorías sobre la mejor manera de asar un pavo: sobre el pecho, envuelto en muselina remojada en mantequilla o cubierto por completo con papel de aluminio, por citar sólo unos pocos. Pero el método tradicional consistente en asar el ave ya sea de forma rápida o lenta, sobre una rejilla, sigue siendo el mejor. A pesar de ello, la suculencia y sabor de un pavo asado viene determinada por la calidad del ave.

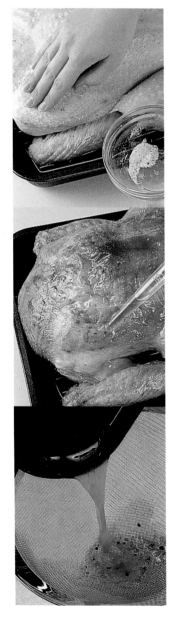

► Para mantener el ave jugosa durante la cocción, rellene el cuello e introduzca los ingredientes aromáticos en la cavidad corporal (*véase* inferior izquierda). Pese el ave con el relleno para calcular el tiempo de cocción (*véase* pág. 37).

► Coloque el pavo sobre una rejilla dispuesta sobre una fuente para asar y frote generosamente la pechuga con mantequilla o cúbrala con lonchas de tocino entreverado. Rocíe el ave frecuentemente durante la cocción y tápela holgadamente con papel de aluminio si se dora demasiado.

► Una vez el pavo esté cocido, retírelo con cuidado de la fuente y transfiéralo a una de servicio. Cúbralo holgadamente con papel de aluminio y déjelo reposar mientras prepara la salsa (*véase* pág. 35) con los fondos de cocción tamizados. Durante el reposo, la carne reabsorbe sus propios jugos facilitando el trinchado posterior.

# pato

Existen diferentes tipos de patos criados especialmente para su consumo. Algunas variedades como el Long Island americano o el Aylesbury inglés tienen una carne sabrosa aunque bastante grasa; otros, como los patos franceses de Nantes y Barbarie, son menos grasos. Éstos tienen una carne más fuerte y algo dura cuyo sabor recuerda el del pato silvestre. El término pato se aplica a las aves que han sobrepasado los dos meses, pues los de menor edad se denominan «anadinos». No es hasta que un pato se convierte en adulto que su sabor puede apreciarse por completo, en especial una vez asado. Casi siempre se asa al horno, al *grill* o en la parrilla debido a su elevado contenido en grasas.

flexible de aspecto ceroso y apariencia seca, su cuerpo debe ser alargado y las pechugas carnosas. Si llevan las patas éstas deben ser blandas y flexibles. El peso de los anadinos oscila entre 1,5 y 1,8 kg y es suficiente para dos personas; el peso de los patos suele estar entre los 2 y los 3 kg y puede servirse para dos, tres o cuatro personas.

## Elección

Los patos se encuentran disponibles todo el año, tanto frescos como congelados, enteros, cuarteados o en forma de muslos y pechugas. Las pechugas de los patos de Barbarie se venden generalmente envasadas al vacío. Los patos y anadinos deben tener una piel

## CONSERVACIÓN

Guarde los patos frescos y congelados siguiendo las instrucciones para el pollo indicadas en la página 102. Descongele los patos del mismo modo que en el caso de los pollos (*véase* pág. 103). Siga también las normas de seguridad alimentaria de la página 103.

## CUARTEAR UN PATO

Debido a su forma alargada, el pato no se puede cortar en porciones tan regulares como el pollo y además es preferible cuartearlo. Los cuartos pueden asarse, brasearse o guisarse. También puede preparar con ellos un *confit* de pato.

- Corte los alones como si se tratara de un pollo (*véase* pág. 103) y retire la espoleta.
- Corte a través del espinazo trabajando desde la cola hasta el cuello con unas tijeras de cocina.
- Abra el pato y corte a lo largo de ambos lados del espinazo para separarlo en dos mitades.
- Divida cada cuarto por la mitad en diagonal.

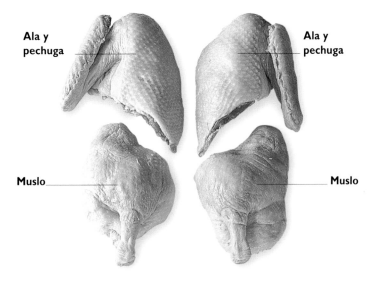

Ala y pechuga

Ala y pechuga

Muslo

Muslo

## PECHUGAS DE PATO

Las pechugas de pato pueden comprarse precortadas, pero resulta más económico prepararlas en casa. Además, esto tiene la ventaja añadida de que conservará los muslos para otro día, los cuales se pueden asar, brasear o deshuesar y pelar para su empleo en broquetas y salteados.

▲ Separe las pechugas del pato tal como se indica en el caso del pollo (*véase* pág. 103), dejándoles la piel.

▲ Si fuese necesario, recorte los restos de piel de los contornos de la pechuga y recorte el tendón con un cuchillo para deshuesar o uno pequeño y afilado.

▲ Dé la vuelta a la pechuga y entalle la piel en forma de rombos para que la grasa pueda escapar durante la cocción. Ásela o fríala y déjela reposar tapada. Después córtela en lonchas finas en diagonal.

## Recetas clásicas

**Pato con nabos**

Pato cocido o acompañado con una salsa opulenta y adornado con nabos pequeños caramelizados.

**Pato a la naranja**

Pato asado servido con una salsa de naranja preparada, si es posible, con naranjas amargas.

**Pato con guisantes**

Pato joven braseado con guisantes tiernos y cebollas pequeñas.

**Pato con cerezas**

Pato joven asado, cuarteado y acompañado por una salsa sabrosa con cerezas cocidas en oporto y zumo de naranja.

## PREPARAR UN PATO PARA ASAR

Puesto que el pato es un ave grasa, puede extraer parte de la misma antes de hornearlo. Áselo sobre una rejilla para que el exceso caiga durante la cocción. La oca se prepara de la misma forma.

Enjuague la cavidad del ave bajo el chorro de agua fría y séquelo con papel absorbente. Coloque el ave sobre una tabla con la pechuga hacia arriba y recorte o arranque el exceso de grasa desde el extremo de la cola hasta la cavidad.

Sazone el interior con sal, pimienta y otras especias, como nuez moscada o macís. Coloque en la cavidad una o dos hojas de laurel y algunos gajos de naranja.

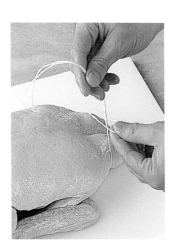

◄ Ate los muslos y la cola con un bramante y coloque el ave sobre la rejilla de una fuente para asar con la pechuga hacia arriba.

► Pinche la piel en varios sitios con una broqueta para que la grasa pueda fluir durante la cocción.

## PATO MANDARÍN

Se asa hasta quedar bien crujiente, la piel se sirve cortada en cuadrados pequeños y la carne se desmenuza en tiras finas y se acompaña con *crêpes* pequeñas, tiras largas de pepino y cebolla tierna y salsa *hoisin*. Cada comensal debe untar una *crêpe* con un poco de la salsa y luego agregarle un poco de carne y piel, pepino y cebolla tierna. Se enrolla la *crêpe* y se degusta con los dedos o unos palillos.

## *CHAUDFROID* DE PATO

El *chaudfroid* es una cobertura de gelatina cocida que se deja cuajar y enfriar sobre la carne. Para adornar se colocan sobre ésta trozos de frutas y hortalizas.

▶ Bata 0,5 l de gelatina líquida sazonada con 1,5 l de caldo reducido hasta que ambos queden bien amalgamados. Deje enfriar y vierta la preparación sobre unas lonchas de pechuga de pato dispuestas sobre una rejilla. Deje enfriar hasta que la mezcla haya cuajado y repita la operación 3-4 veces más.

▶ Decore las lonchas de pato frías con tiras finas de piel de naranja blanqueada y rosetas de paté.

## SALMÍS DE PATO

El salmís consiste por lo general en un guiso de caza, pero también puede prepararse con pato asado. Para ello se asa un pato entero, se trocea en porciones y se recalienta en una salsa opulenta preparada con sus fondos de cocción o setas salteadas. El pato se sirve adornado con picatostes de pan frito, a los que se puede dar forma de corazones o triángulos.

## GUARNICIONES PARA EL PATO

El sabor pronunciado del pato combina muy bien con la acidez de las manzanas dulces, las naranjas y otras frutas. El *chaudfroid* o cobertura de gelatina cocida que se deja enfriar sobre el pato puede decorarse posteriormente (*véase* superior).

### ▼ Naranjas caramelizadas
Cueza unas rodajas de naranja en un almíbar de azúcar ligero, unos 300 g de azúcar por 0,5 l de agua, hasta que estén doradas. Adorne cada rodaja con una hoja de perejil.

### ▼ Manzanas glaseadas
Espolvoree unos gajos de manzana sin pelar con azúcar lustre y colóquelos bajo el *grill* durante 2-3 minutos hasta que burbujeen y estén dorados.

### ▼ Peras escalfadas
Pélelas y escálfelas durante 15-25 minutos en un almíbar de azúcar o vino. Córteles unos sombreros en ángulo, vacíe el interior y rellénelo con confitura de grosellas. Cubra con los sombreros.

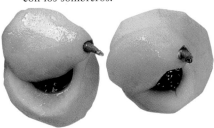

La oca, una de las aves más opulentas, se degusta tradicionalmente en Europa a partir del mes de octubre y hasta finales de diciembre, época del año en que se encuentra en su mejor momento. A finales de septiembre las ocas pueden pesar entre 5 y 7 kg, pero continúan creciendo hasta diciembre, fecha en que pesan una media de 9 kg.

## Elección

La oca es un ave grasa con una gran proporción de huesos en relación con su carne oscura. Esto significa que incluso un ave bastante grande sólo alcanzará para seis, siete u ocho personas y no con raciones generosas. Aunque se trata de un ave grasa, ésta se encuentra bajo la piel y no entre la carne. Al igual que en el caso del pato, la grasa se derrite durante la cocción, lo que ayuda a aromatizar la carne y mantenerla jugosa.

No todas las pollerías y supermercados venden ocas, por lo que deberá adquirirlas en un establecimiento especializado, donde podrá examinarlas y elegir la mejor, es decir, la de menor edad. La distinción entre aves jóvenes y viejas es sencilla, pues las jóvenes tienen unas patas blandas y amarillas, mientras que las de las viejas son más duras y tiesas.

La oca debe tener una pechuga rolliza, un espinazo flexible y una piel cerosa pálida. Además, la grasa de la cavidad corporal debe tener un tono amarillento. Aunque las ocas pueden encontrarse durante las festividades navideñas, suele ser preciso encargarlas por anticipado. También pueden adquirirse congeladas en otras épocas del año. Su calidad es buena, pues la oca se congela bastante bien.

## COCINAR LA OCA

• Para asarla prepárela como el pato (*véase* pág. 109).
• Córtela en porciones pequeñas para brasearla, prepararla en *daube* o en *confit* (*véase* pág. 103).
• Aconsejan escaldar el ave en agua hirviendo antes de asarla para estirar la piel y permitir que la grasa se derrita durante la cocción.
• La oca puede cocinarse del mismo modo que el pollo, pero por lo general se siguen las técnicas empleadas para el pavo.
• Elija aves jóvenes para asar; las viejas, por su parte, pueden brasearse, cocinarse en *daube* o en *confit*.

## Recetas clásicas

**Confit de oca** Se trata de porciones de oca cocidas lentamente en grasa de oca clarificada, conservadas en un recipiente de cerámica y cubiertas con su grasa de cocción y una capa espesa de manteca para conservarlas.

**Escalopes de *foie gras* Richelieu** Se trata de lonchas de *foie gras* crudo de oca recubiertas con huevo y pan rallado, fritas en mantequilla y acompañadas con rodajas de trufa negra y una salsa suntuosa preparada con caldo de carné gelificado, mantequilla y zumo de limón.

## FOIE GRAS DE OCA

El *foie gras*, uno de los alimentos más exquisitos que existen, no es más que el hígado hipertrofiado de una oca o pato especialmente engordado. El paté de *foie gras* (derecha), una pasta suave y aterciopelada, ya era conocido hace dos mil años por los romanos, quienes utilizaban diferentes métodos para engordar ocas y patos, y los más delicados proceden de ocas criadas en Alsacia y en el sudoeste de Francia. Puede adquirir *foie gras* crudo envasado al vacío en establecimientos especializados. El color y la textura del *foie gras* fresco es un signo de su calidad; debe presentar una coloración blanca y cremosa matizada de rosa y una carne firme. El *foie gras* cocido puede comprarse enlatado (con o sin trufa negra), pero no tiene la misma calidad que el fresco. Debe manejarse con cuidado pues es muy frágil, en especial al separar los dos lóbulos con las manos.

# aves de caza

El término «caza» corresponde a todos los animales silvestres cazados como deporte para servir de alimento. Tanto la captura como la venta de la caza está protegida por leyes, sólo puede capturarse durante su correspondiente estación y en algunos países y regiones está prohibida su venta. Sin embargo, se venden animales de caza criados en granjas durante todo el año, troceados y a veces congelados. La caza es la elección ideal para aquellos que siguen una dieta baja en grasas, pues no sólo tiene mayor sabor, sino que además de ser rica en proteínas y minerales es pobre en grasas.

## Elección

Cuando compre aves jóvenes elija aquellas que parezcan firmes y rollizas y tengan una piel flexible. Si no se han desplumado, las plumas deben ser finas y estar firmemente unidas a la piel. Aunque las aves de caza tienen un olor bastante pronunciado, éste nunca debe ser desagradable ni estar «pasado». La carne debe sentirse firme al tacto y no tener un aspecto resbaladizo.

El sabor de las aves de caza varía no sólo de acuerdo con el tiempo que lleven colgadas, sino con la forma en que se hayan alimentado. Las de granja tienen un sabor más suave y las grandes y viejas son menos tiernas que las jóvenes.

| Ave de caza | Descripción e información culinaria |
| --- | --- |
| **Agachadiza** | Es una de las aves de caza más delicadas. Se sirve braseada o asada |
| **Codorniz** | Es el ave de caza más pequeña. Se consume asada al espetón o braseada |
| **Faisán** | Es una de las aves de caza más carnosas. Los de granja tienen un sabor tan pronunciado como los de caza. Se sirve asado o a la cazuela |
| **Pato silvestre** (ánade real y silbón o cerceta común) | La cerceta, el ánade silvestre más pequeño, es una delicia. Al envejecer los patos silvestres adquieren un sabor aceitoso o a pescado. Pueden cocinarse asados, al *grill* y braseados |
| **Perdiz** | Se considera superior al faisán. Se asa o se brasea |
| **Pichón** | Paloma doméstica joven de carne tierna y suave y pechugas carnosas. Se sirve braseada o asada |
| **Pintada** | Se parece al faisán y posee una carne tierna y amarillenta. Se sirve asada, al *grill* o braseada |
| **Urogallo** | Pechugas carnosas de sabor delicioso. Tradicionalmente se asa, pero el braseado o el asado a la cazuela evitan que se reseque |

## Colgar las aves de caza

*Las aves recién cazadas se dejan colgando en un lugar fresco, seco y aireado unos pocos días para que las enzimas de la carne sufran un cambio químico que ablande su carne y le proporcione su característico sabor. Cuanto más tiempo se dejen colgadas, tanto más se potenciará su sabor. La mayoría de las aves se cuelgan por el cuello entre uno y diez días y sin desplumar.*

*Un signo de que se han colgado el tiempo suficiente y de que están listas para cocinar es cuando las plumas situadas justo por encima de la cola pueden arrancarse con facilidad, aunque, si prefiere que adquieran un sabor a caza más pronunciado, déjelas uno o dos días más. Si le regalan aves que no han sido colgadas, hágalo en una estancia fría y bien ventilada o en un garaje fresco. No deben tocarse entre sí ni sobre una superficie como una pared, pues esto provocaría su putrefacción.*

## Cocinar aves de caza

- Todas las aves de caza son muy magras y deben cocerse con cuidado, pues podrían quedar duras y resecas.
- Al asar aves jóvenes es importante albardillar sus pechugas con lonchas de grasa de cerdo o tiras de tocino entreverado (*véase* pág. 34), las cuales también aromatizan la carne. Envuelva las aves pequeñas como perdices y codornices con hojas de parra para que se conserven.
- En general, es preferible asar las aves jóvenes. Las más viejas y duras quedan mejor braseadas o guisadas a la cazuela, tal como se muestra en el caso del urogallo (*véase* inferior). Si las adoba antes de cocerlas (*véase* pág. 105), ablandará su carne, aromatizándola.

## CONSERVACIÓN

Las aves bien colgadas y desplumadas, adquiridas en un comercio de confianza, deben utilizarse antes de que pasen 24 horas, y se han de guardar en la nevera.

## SIGNOS VISIBLES DE LA EDAD

- **Perdiz y urogallo** En las aves jóvenes las plumas exteriores de las alas tienen los extremos puntiagudos, mientras que en las de mayor edad son redondeados. El espinazo y los picos deben ser flexibles. Las perdices jóvenes grises tienen patas amarillentas y las viejas las tienen de color gris pizarra.
- **Faisán** Los espolones de las aves jóvenes tienen extremos redondeados, mientras que los de las más viejas son largos y afilados.
- **Palomas** Las aves jóvenes tienen patas blandas rosadas, las cuales, a medida que envejecen, se tornan rojas.

## UROGALLOS ASADOS A LA CAZUELA

Sazone las aves generosamente con sal y pimienta, albardille las pechugas con lonchas de grasa de cerdo o tocino entreverado y átelas con un bramante. Dore las aves en una cacerola grande refractaria con aceite caliente, dándoles la vuelta de vez en cuando.

Agrégueles hortalizas aromáticas como zanahorias y cebollas y cuézalas lentamente durante 5 minutos, dándoles la vuelta de vez en cuando para recubrirlas con la grasa de las aves.

Vierta vino tinto en la cacerola hasta que alcance la mitad de la altura de las aves. Tápelas y cuézalas lentamente hasta que estén tiernas y el vino se haya reducido formando una salsa consistente, es decir, unos 30 minutos sobre el fuego o una hora en el horno a 180 °C. Rectifique la condimentación y acompañe con pan frito.

## DESHUESAR Y RELLENAR UNA CODORNIZ

Las codornices pueden resultar difíciles de comer si se han asado, pero si utiliza las sencillas técnicas que le mostramos aquí, no sólo conseguirá que sean más fáciles de comer, sino que realzará su presentación, en especial si las acompaña con una salsa de vino o de oporto.

▶ Retire con un cuchillo pequeño y afilado la espoleta de la codorniz, estire los huesos de los muslos de la carcasa corporal y corte las alas como para el pollo (*véase* pág. 103). Empezando por el extremo del cuello, inserte el cuchillo entre la carne y la caja torácica y páselo con cuidado alrededor de la misma para liberar la carne.

▶ Cuando haya liberado la caja torácica, arránquela con los dedos (los huesos y las alas pueden dorarse con cebollas al preparar la salsa). Sazone el interior de las codornices y llénelas holgadamente con el relleno elegido. Brídelas y áselas (preferentemente en grasa de oca o pato) en el horno a 200 °C durante 15-20 minutos.

◀ Sirva las codornices asadas en una fuente recubierta con su salsa y adórnelas con setas silvestres salteadas y ramitas de romero y perejil.

## ACOMPAÑAMIENTOS CLÁSICOS PARA LAS AVES DE CAZA

Las aves de caza se pueden acompañar tanto con las guarniciones que indicamos como cocinarse o servirse con salsas consistentes preparadas con crema, vino y aguardientes como el armagnac.

- **Urogallo y perdiz** Acompáñelos con corazones de pan frito, salsa de pan y patatas paja (*véase* pág. 165). También puede servirlos con berros, gelatina de manzanas o acerolos y salsa de arándanos.
- **Faisán** con salsa de pan, una salsa preparada con sus fondos de cocción, migas de pan fritas y berros. Adorne con las plumas de la cola.
- **Aves pequeñas** Tradicionalmente se sirven sobre pan frito, a veces untado con paté de hígado.
- **Pato silvestre** con patatas paja (*véase* pág. 165), una salsa preparada con los fondos de cocción (*véase* pág. 25) o *bigarade* (una salsa de naranja).

### INFORMACIÓN NUTRICIONAL

Las aves de caza son magras en grasas (particularmente en grasas saturadas) y calorías comparadas con las aves domésticas como el pollo, el pato o la oca. Son ricas en proteínas, vitaminas B y hierro.

# animales de caza

Los animales de caza más comunes son el conejo y el venado. Ambos se cazan, aunque la mayor parte de los conejos que se venden en pollerías y supermercados son de granja. Las restricciones en la venta comercial de estos animales implican que debe cazarlos usted mismo o bien hacer que se los proporcione un cazador.

El venado de granja se vende actualmente durante todo el año. Puede adquirirse en establecimientos especializados y en un número limitado de cortes, tanto fresco como congelado.

## Elección

La carne de venado deberá ser fina, oscura y con una grasa blanca. La mejor procede de los machos jóvenes de entre 1,5 y 2 años. El venado se vende en cortes similares a los del buey, es decir, en trozos para asar, bistés y chuletas. Su sabor es similar al del buey, pero la carne es más magra y puede adquirirse tanto fresca como congelada.

El conejo, por su parte, puede comprarse tanto entero como troceado.

| Venado | Descripción | Métodos de cocción |
|---|---|---|
| **Cuello** | Cortado en dados o en forma de salchichas | Guise la carne a dados |
| **Paletilla** | Entera, a dados o picada | Braseada entera. Guisada, cortada a dados. Utilice la carne picada para preparar hamburguesas |
| **Pierna** | Corte de primera | Asada o braseada |
| **Silla** | Corte de primera que incluye el solomillo. Puede cortarse en chuletas | Asada entera, al *grill*, salteada o con las chuletas braseadas |

## COCER EL VENADO

- Antes de cocinar el venado retire la grasa, pues ésta tiene un sabor desagradable.
- El venado tiene muy poca grasa marmolada, por lo que deberá cuidar mucho su cocción, pues la carne podría quedar dura y reseca.
- Para que la carne se mantenga jugosa durante la cocción, méchela o albardíllela con tocino fresco graso (*véase* pág. 34) o tiras de tocino entreverado no ahumado; también puede envolverla en redaño.
- Si adoba la carne en vino tinto o aceite de oliva la ablandará manteniéndola jugosa y aromática. Rocíela a menudo durante la cocción.
- El venado, al igual que el buey, queda mejor servido poco hecho, es decir, todavía ligeramente rosado y jugoso en el centro.
- Al igual que el resto de las carnes, el venado asado debe taparse holgadamente con papel de aluminio y dejarse descansar durante 15-20 minutos antes de trincharlo. De esta forma la carne podrá reabsorber sus propios jugos, quedando más sabrosa y facilitando el trinchado posterior.

## Conejo silvestre y de granja

*Aunque los conejos silvestres y de granja pertenecen a la misma especie, difieren considerablemente en sabor. El conejo silvestre tiene una carne más oscura y un sabor a caza más pronunciado; el de granja tiene una carne más rosada y un sabor más delicado.*

## COCINAR EL CONEJO

- Si lo va a asar entero, méchelo o albardíllelo con tocino gordo o envuélvalo en redaño para mantener su carne fresca y jugosa. También puede deshuesar la cavidad torácica y rellenarla. Rocíe el conejo frecuentemente durante la cocción.
- Adóbelo en vino o aceite de oliva mezclados con hortalizas aromáticas y condimentos antes de cocinarlo para ablandar su carne.
- Escalfe o brasee los conejos jóvenes y guise o prepare a la cazuela los viejos.
- Para preparar una terrina (*véase* derecha) pique la carne de conejo con 2 puerros y mézclela con 2 huevos, 1,5 dl de crema de leche espesa, 2 cucharadas de pistachos pelados, 1 cucharada de arándanos secos, 2 cucharadas de perejil fresco picado, y condimente al gusto. Forre la terrina con lonchas de tocino entreverado y hornee al baño María a 180 °C durante 2 horas. Añada 3 dl de gelatina líquida una vez finalizada la cocción, deje enfriar y refrigere hasta que haya cuajado.

## TROCEAR UN CONEJO

Aunque el conejo puede asarse entero (relleno o no) a menudo se trocea y se cuece lentamente en una cacerola. El conejo silvestre (que se vende entero, fresco o al vacío) deberá trocearse. El conejo de granja puede adquirirse troceado, pero es fácil hacerlo en casa.

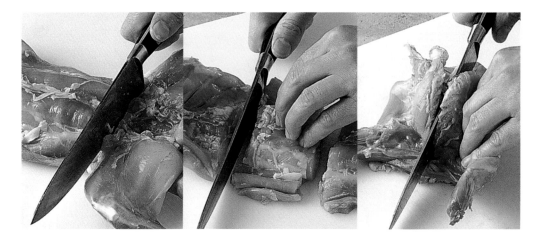

Coloque el conejo sobre la tabla de picar con el lomo hacia abajo y corte las patas separándolas del cuerpo con un cuchillo de cocinero grande (para cortar el hueso quizá deba golpear el dorso del cuchillo con un peso o mazo, protegiéndolo con un paño).

Corte por el centro de las patas para separarlas. Luego divida cada una por la mitad cortando por la articulación de la rodilla. Corte el cuerpo en dos o tres trozos, realizando el último justo por debajo de la cavidad torácica.

Corte a lo largo del centro del esternón, dividiendo la cavidad torácica por la mitad. Si desea separar los huesos pequeños adheridos a la carne del esternón, arránquelos con los dedos o unas tenacillas.

# productos lácteos y huevos

# leche

Aunque la leche suele consumirse como bebida, es un ingrediente básico en muchas recetas, en especial en los postres. También se utiliza para preparar un buen número de salsas, remojar ingredientes y como líquido para escalfar.

## Elección

Antes de comprar leche lea bien la etiqueta y si es fresca guárdela en la nevera, donde se conservará de tres a cuatro días. La leche se agria rápidamente en tan sólo unas horas si la estancia es cálida y se deja a temperatura ambiente. No se recomienda congelarla, ya que después de dicho proceso sólo puede utilizarse para cocinar. Si desea conservarla durante largo tiempo, compre leche en polvo o de larga duración en lugar de fresca.

**Acidificada** Se trata de leche desnatada o semidesnatada a la que se ha añadido un cultivo bacteriano. Al consumirse, la bacteria se activa a temperatura corporal. Se cree que dicha bacteria ayuda a mantener el equilibrio de los microorganismos benéficos en el conducto intestinal.

**Condensada** Se trata de leche entera a la que se ha añadido azúcar y retirado más de la mitad de su contenido en agua. Por lo general cuenta con un 40-45 % de azúcar.

**De soja** Se obtiene a partir de las judías de soja y es un sustituto muy popular de las leches de origen animal para cualquiera que desee evitar los productos lácteos. Es más espesa que la leche común, su sabor recuerda al de los frutos secos y puede utilizarse en vez de la leche común tanto para preparar salsas, así como para acompañar el té y el café.

**Desnatada** La leche desnatada está virtualmente libre de grasas y contiene menos del 0,5 % de la misma. Puesto que la vitamina A sólo se encuentra en la grasa de la leche, la leche desnatada no tiene. Sin embargo, con relación a otras vitaminas y minerales, la leche desnatada contiene los mismos nutrientes que la entera.

**Desnatada en polvo** Leche en polvo pasteurizada a la que se ha retirado todo el agua. Este tipo de leche se reconstituye con agua caliente.

**Entera** Tal como sugiere su nombre, se trata de leche de vaca entera a la que no se ha añadido ni sustraído nada. Aunque también se encuentra sin pasteurizar, la mayor parte se adquiere pasteurizada. Su contenido en materia grasa es de un 4 % aproximadamente, pero dicha cifra varía de acuerdo con la estación y los alimentos ingeridos por el animal. Durante el verano la leche es cremosa y presenta un color amarillo pálido.

**Evaporada** Leche calentada para retirarle aproximadamente un 60 % del agua, envasada en latas y esterilizada. Para reconstituir la leche mézclela con cantidades iguales de agua.

**Homogeneizada** La leche homogeneizada ha sido tratada para romper los glóbulos grasos. En vez de flotar sobre la superficie, la crema se encuentra suspendida en el resto de la leche. Esta leche tiene un sabor «cremoso» muy adecuado para el café, pero no resulta muy agradable si se sirve fría.

**Pasteurizada** La mayoría de leche se pasteuriza para destruir los microbios dañinos. Para ello se calienta a 71 °C manteniéndose a dicha temperatura durante 15 segundos para mejorar su conservación.

**Semidesnatada** Se le ha retirado parte de la grasa y por lo general contiene un 2 % de la misma.

**Suero** Antiguamente se trataba del líquido lechoso obtenido tras la elaboración de la mantequilla, es decir, leche a la que se había retirado la mayor parte de la grasa y otros componentes sólidos. A diferencia de la leche desnatada, es ligeramente ácida. En la actualidad el suero se prepara con leche desnatada acidificada con ácido láctico y se utiliza a menudo con levadura química para preparar pan de soda y *scones*.

**UHT o de larga duración** Esta leche se ha calentado a temperaturas muy elevadas. La leche homogeneizada se calienta a 132 °C durante 1-2 segundos, se enfría rápidamente y se envasa a continuación. Los envases de leche UHT se conservan varios meses sin abrir, pero una vez abiertos deben guardarse en la nevera como cualquier otra leche.

| Tipo de leche | Energía por 115 g | Proteínas por 115 g | Grasas por 115 g | Vitamina A | Tiamina (B₁) | Riboflavina (B₂) | Vitamina (B₁₂) | Calcio |
|---|---|---|---|---|---|---|---|---|
| Entera y homogeneizada | (275 kj) | 3,2 | 3,9 | *** | *** | **** | **** | **** |
| Semidesnatada | (195 kj) | 3,3 | 1,6 | ** | *** | **** | **** | **** |
| Desnatada | (140 kj) | 3,3 | 0,1 | * | *** | **** | **** | * |

***** excelente fuente * indicios

## LECHE ACIDIFICADA

Si en una receta se recomienda el empleo de suero y no puede disponer del mismo, puede sustituirlo por lo siguiente. Ponga una cucharada de zumo de limón fresco o vinagre blanco destilado en un vaso o jarra medidora, vierta por encima ¹/₄ l de leche y remueva. Deje reposar la mezcla 5 minutos para que se espese antes de emplearla.

## CREMAS PERFECTAS

Las cremas preparadas sobre el fuego requieren un sumo cuidado para evitar que la mezcla se corte. Asegúrese de que la leche no hierva mientras las prepara. Las cremas horneadas quedan mejor cocidas al baño María.

- Cuézalas a fuego lento y remueva constantemente el fondo y las paredes del recipiente para evitar que se peguen.
- Caliente la mezcla suavemente y remuévala sin cesar con una cuchara de madera hasta que se espese. Compruebe su consistencia pasando el dedo por el dorso de una cuchara de madera (ésta debe dejar un surco). Coloque moldes individuales de crema en una fuente para hornear y vierta agua hasta que ésta alcance la mitad de su altura. Hornee como se indique.
- La crema sube siempre sobre la superficie de la leche, razón por la que a menudo se obtiene la formación de una piel sobre la superficie de las cremas y las salsas. Para evitarlo, coloque una película de plástico o papel sulfurizado engrasado sobre la misma.

## PREPARAR UNA SALSA BLANCA

Para obtener una salsa que pueda verterse, utilice 15 g de mantequilla y 15 g de harina por 3 dl de leche; para una salsa más espesa, utilice 25 g de harina y 25 g de mantequilla. Derrita la mantequilla en un cazo, añada la harina a la mantequilla y remueva a fuego lento 1-2 minutos para obtener un tono claro. Retire el cazo del fuego y añada la leche lentamente y sin dejar de batir a la mezcla anterior. Llévela a ebullición sin dejar de remover, baje el fuego y cueza a fuego lento durante 1-2 minutos. Condimente al gusto.

## AROMATIZAR LA LECHE

La clásica salsa bechamel no es más que una salsa blanca preparada con leche aromatizada. Para prepararla bien, debe llevar cebolla, clavo, una hoja de laurel, nuez moscada recién rallada, sal y pimienta. Pero existen ciertas variantes.

Caliente la leche y los aromatizantes removiendo de vez en cuando. Retire el recipiente del fuego. Tape y deje reposar 10 minutos. Filtre la leche infusionada a través de un tamiz. Retire los aromatizantes. Añada la leche caliente infusionada a la mezcla de harina y mantequilla como en la salsa blanca.

leche

# crema de leche y yogur

## CREMA DE LECHE

La grasa concentrada de la leche tiene una textura aterciopelada y una deliciosa cremosidad que la hacen apropiada para enriquecer platos dulces y salados. Contiene una gran cantidad de grasa, de la que gran parte es considerada como «mala». La consistencia y el sabor de la crema de leche vienen determinados por varios factores, entre ellos su contenido en materia grasa, su proceso de elaboración e incluso la raza de la vaca y la estación.

**Crema acidificada o *crème fraîche*** Es más untuosa que la crema agria y tiene una textura aterciopelada. Su alto contenido en materia grasa implica que no se corta durante la cocción.

**Crema de leche espesa** Se trata de una crema de leche con alto contenido en grasas que se utiliza para montar, decorar bizcochos, rellenar pasteles, lionesas, palos y en otros postres. La crema de leche espesa obtenida a partir de leche homogeneizada tiene una buena consistencia de vertido, aunque el mismo contenido en materia grasa.

**Crema de leche ligera** No contiene la materia grasa suficiente para montarse, pero puede emplearse en forma líquida para acompañar postres o añadirse a salsas y sopas. La crema de leche ligera homogeneizada tiene una consistencia de vertido algo más espesa, aunque el mismo contenido en grasas.

**Crema para café** Se trata de una combinación de leche entera y crema de leche. Técnicamente no contiene la grasa suficiente como para considerarse una crema de leche auténtica. Se utiliza para el café.

***Smetana*** Esta crema agria rusa se obtiene a partir de crema de leche espesa dulce y crema agria. Otra versión se prepara con leche desnatada y es similar al suero espeso, pero a diferencia de la verdadera *smetana* se corta al calentarse en exceso. Trátela como yogur.

## YOGUR

Es leche fermentada y por este proceso adquiere un característico sabor agrio. Se prepara con leche de vaca, aunque puede utilizarse cualquier otra leche y su consistencia también varía. El yogur de estilo griego tiene una consistencia más espesa debido a su elevado contenido en grasa. Puede añadirse con cuidado para cocinar, pero es preferible servir las variedades desnatadas para acompañar frutas o postres, o bien para aliños con bajo contenido en grasas.

**Crema agria** Esta crema untuosa se obtiene añadiendo ácido láctico a una crema de leche ligera. Se ha utilizado en Escandinavia, Rusia y Polonia desde hace siglos y en la actualidad su popularidad ha aumentado en muchos otros sitios.

**Crema para batir** Contiene menos grasa que la crema de leche espesa, pero la suficiente para poder montarla. Para ello utilice preferentemente una batidora eléctrica o de varillas. Debe doblar su volumen, aunque no puede batirse en exceso. Esta crema es útil para enriquecer salsas y fondos de cocción, pues no se separa al calentarse.

| Crema | Contenido en materia grasa |
| --- | --- |
| Crema para café | 12 % |
| Crema de leche ligera | 18 % |
| Crema de leche ligera espesa | 18 % |
| Crema agria | 18 % |
| Crema para batir | 34 % |
| Crema de leche espesa | 48 % |
| Crema de leche muy espesa | 48 % |
| Crema acidificada o *crème* | 48 % |

........................

## Trucos
## de cocinero

*Al preparar salsas enriquecidas
con crema de leche no deje
hervir la salsa una vez haya
incorporado la crema de leche,
pues se cortará con casi toda
seguridad. Se recomienda
incorporar el líquido caliente a
la crema, en vez de añadir ésta
al líquido caliente.*

## UTENSILIOS

### BATIDORA ELÉCTRICA

Las batidoras eléctricas manuales
son económicas, pero asegúrese de
que el modelo elegido tenga varias
velocidades.

### BATIDORA DE VARILLAS

Consiste en varios alambres de
acero inoxidable unidos en torno
a un mango. Es un utensilio con el
que se puede juzgar con mayor
aproximación la consistencia del
batido, con lo que existe menos
riesgo de batir en exceso; sin
embargo, se trata de un proceso
bastante cansado.

## PREPARAR CREMAS

**Crema agria** Si no puede adquirir crema agria, añada un poco de
zumo de limón o un chorrito de vinagre a una crema de leche ligera
fresca. Mezcle una cucharada de zumo de limón recién exprimido
con $^1/_4$ l de crema de leche ligera en un cuenco de cristal. Deje
reposar la mezcla a temperatura ambiente de 10 a 30 minutos o
hasta que haya espesado. Tape el cuenco y refrigere hasta el
momento de su utilización.

**Crema acidificada o *crème fraîche*** Esta crema se prepara
mezclando suero, crema agria y crema de leche espesa, que
se calientan y luego se dejan
reposar.

Mezcle en un cuenco $^1/_2$ l de
suero, $^1/_4$ l de crema de leche
espesa y $^1/_4$ l de crema agria.
Coloque el cuenco sobre una
cacerola con agua hirviendo
y caliente a 30 °C. Vierta la
mezcla caliente en un cuenco
de cristal, tápela parcialmente y
déjela reposar a temperatura
ambiente durante 6-8 horas.

## DECORAR CON CREMA DE LECHE

Para realzar la presentación de una sopa cremosa vierta o deposite
con una cuchara un poco de crema en el centro o dibuje un motivo
decorativo. La clave del éxito consiste en que se asegure de que la
consistencia de la crema sea similar a la de la sopa. En la mayoría de
los casos la crema debe batirse ligeramente. Dibuje el motivo justo
antes de servirla.

**Rueda Catalina** Mezcle pesto
con crema de leche ligeramente
batida y coloque una cucharada
en cada plato. Dirija la punta
de un cuchillo del centro a los
extremos para hacer una rueda.

▶ **Borde romántico** Deje caer
unas gotas de crema sobre la
sopa formando un círculo. Pase
la punta del cuchillo por cada
gota para formar un reborde.

## BATIR CREMA DE LECHE

Es preferible batir la crema a
4 °C; si se bate recién sacada
de la nevera no se obtendrá el
mismo volumen. En días
cálidos, añada una cucharada
de leche fría a cada 1,5 dl de
crema de leche para evitar que
se transforme en mantequilla.
Utilice un cuenco grande y
doblará de volumen.

▼ **Picos blandos** Si utiliza una
batidora eléctrica, empiece a
velocidad lenta y vaya
incrementándola de forma
gradual. Pare de batir cuando
la crema caiga suavemente.

▲ **A punto de nieve** Cese
de batir la crema cuando al
levantar las varillas mantenga
la forma. La crema a punto de
nieve se utiliza para recubrir
pasteles o como relleno.

crema de leche y yogur

## 121

# mantequilla y otras grasas

Además de utilizarse para recubrir o rellenar bocadillos, la mantequilla aporta sabor y riqueza a un buen número de alimentos cocinados. Es la base de varias salsas importantes, un medio de cocción y un ingrediente además de una guarnición.

**Mantequilla sin sal** Es la más indicada para preparar pastas dulces y pasteles. Tiene un sabor suave y es excelente para llevar a la mesa y untar sobre pan o tostadas. Algunas personas acostumbradas al sabor de la salada la encuentran algo sosa.

Mantequilla sin sal

**Mantequilla salada** Puesto que la sal actúa como un conservante, en muchos países se ha añadido a la mantequilla desde siempre. Algunas marcas de mantequilla son ligeramente saladas, mientras que otras lo son en exceso. Se recomienda no utilizar mantequilla salada en la elaboración de salsas dulces delicadas.

Mantequilla salada

**Ghee** Se trata de mantequilla clarificada. Se obtiene calentando la mantequilla y filtrándola posteriormente para desechar los sedimentos que se separan de la grasa. Proporciona un sabor mantecoso a los alimentos y se utiliza en muchas recetas indias. Debido a su pureza puede guardarse varios meses sin refrigerar.

Ghee

**Margarina** Se emplea tanto para cocinar u hornear como para llevar a la mesa. La mayoría de margarinas están elaboradas con grasa vegetal pero algunas marcas añaden leche u otras grasas animales. Las margarinas con bajo contenido en grasas no son apropiadas para cocinar u hornear debido a su elevado porcentaje de agua. Tampoco se recomienda la utilización de margarina blanda para freír, pues se quema con facilidad. Las margarinas duras proporcionan buenas pastas.

Margarina

**Manteca** La manteca no es más que grasa de cerdo purificada. Antes de que la preocupación por las grasas saturadas diera a las grasas animales (y a la manteca en particular) tan mala fama, ésta era la grasa que más se empleaba para freír en muchos países. Sin embargo, la manteca sigue siendo muy popular entre los reposteros, pues si se emplea a partes iguales con mantequilla proporciona una pasta ligera excelente.

Manteca

**Pringue** Se trata de la grasa blanca que recubre los riñones del buey y el cordero. Puede comprarse directamente a los carniceros (en cuyo caso debe desmenuzarse) o en paquetes. Se utiliza para preparar el budín de carne y riñones así como otras preparaciones dulces inglesas.

Pringue ▶

**Grasa blanca para cocinar** Es una mezcla de grasas animales y vegetales, es de color blanco puro y no tiene aroma ni sabor. Se utiliza mucho para preparar pastas, pues proporciona una pasta de textura «quebrada». Al ser blanda se incorpora a la harina con gran facilidad y se emplea para preparar pastas quebradas destinadas a contener carne o pollo.

Grasa blanca vegetal

**Grasa vegetal** Se trata de una grasa de origen vegetal que, al igual que las animales, pueden utilizarse para freír, hornear o preparar pastas. Se obtienen de cualquier aceite vegetal y algunos fabricantes preparan grasas vegetales ricas en poliinsaturados a partir de aceite de cártamo y girasol.

Grasa vegetal

## SALSAS DE MANTEQUILLA

Un buen número de salsas clásicas francesas se basan en una emulsión de yema de huevo y mantequilla. Otras, como el *beurre blanc*, utilizan crema de leche.

▶ **Salsa holandesa** Si utiliza la batidora eléctrica reducirá el riesgo de que se corte. Ponga las yemas y el agua en el cuenco caliente y seco del robot eléctrico y accione el aparato unos segundos para que se mezclen. Con el aparato en marcha, vierta la mantequilla caliente clarificada en un chorrito. Agregue el zumo de limón y condimente.

◀ **Bearnesa** Esta salsa tiene un sabor más pronunciado que la holandesa. Hierva en vinagre unos granos de pimienta machacados, puerros picados y estragón hasta que el líquido se haya reducido. Una vez enfriado, incorpórele las yemas batidas y agua a fuego muy lento hasta que las yemas se hayan espesado. Agregue la mantequilla clarificada, batiendo a fondo.

▶ *Beurre blanc* En esta salsa se reducen vino, vinagre, hierbas y puerros hasta obtener un glaseado espeso al que se le incorpora la mantequilla ablandada. Hierva los ingredientes como en la salsa bearnesa, agregue crema acidificada o crema de leche espesa, retire del fuego e incorpore batiendo pequeñas cantidades de mantequilla; cada porción debe disolverse antes de incorporar más.

## CLARIFICAR MANTEQUILLA

Denominada *ghee* en la cocina india, la mantequilla clarificada es mantequilla sin sal a la que se le han extraído los sólidos de la leche. El resultado es una grasa muy pura que se utiliza en un gran número de platos.

Derrita la mantequilla a fuego muy lento sin remover. Retire el recipiente del fuego y espume las impurezas depositadas en la superficie. Pase la mantequilla a cucharadas a un cuenco pequeño, dejando el sedimento lechoso en el fondo del recipiente.

## *BEURRE MANIÉ*

Pasta obtenida mezclando cantidades iguales de mantequilla y harina que se emplea para espesar salsas de guisos y otros líquidos. Ablande la mantequilla con un tenedor para mezclarla con la harina.

## SOLUCIÓN DE FALLOS

La preparación de la salsa holandesa y bearnesa presenta ciertas dificultades. Los condimentos y aromatizantes deben incorporarse con sumo cuidado, pero el problema más común es el de que la salsa se corte. Esto ocurrirá si:
- la mantequilla se ha incorporado con demasiada rapidez o si la temperatura de cocción era demasiado elevada.

Para recuperar la salsa:
- coloque una cucharada de agua hirviendo en un cazo limpio e incorpore gradualmente la salsa cortada sin dejar de batir
- ponga una yema en un cazo limpio y bátala ligeramente a fuego muy lento. Retire el recipiente del fuego y añada la salsa cortada.

mantequilla y otras grasas

123

# queso

El queso, tanto crudo como cocinado, es uno de los alimentos más sabrosos. Se prepara con leche de vaca, cabra, oveja e incluso de búfalo, al separar la cuajada del suero de leche. Existen centenares de quesos diferentes, pero todos constituyen una buena fuente de proteínas, grasas y minerales.

## Elección

La corteza del queso blando debe estar coloreada de forma homogénea y ligeramente húmeda. La corteza de los quesos duros no debe estar demasiado seca o cuarteada, su aspecto no debe ser húmedo ni debe «sudar». Si han madurado en una muselina, la pasta deberá estar adherida a la misma. El queso duro debe tener una textura limpia, firme o desmenuzable, sin presentar decoloración. El queso fresco debe ser blanco y jugoso, sin signos de enmohecimiento, y los quesos azules de pasta dura deben presentar vetas homogéneas sobre la pasta amarilla y cremosa. Algunos quesos blandos tienen una corteza naranja «lavada» que debe tener una coloración homogénea y no estar cuarteada.

**Quesos frescos** Son quesos no madurados, desprovistos de corteza y cuya consistencia oscila entre los cremosos y suaves como el *fromage frais*, el queso crema y el mascarpone, entre mezclas de cuajada más gruesa, como la ricotta y el requesón. El contenido graso de estos quesos varía, y muchos se encuentran disponibles en varias versiones desnatadas. Es muy importante utilizar el queso fresco antes de la fecha de caducidad indicada en el envoltorio.

**Quesos blandos** Contienen un alto porcentaje de grasa y humedad, se han dejado madurar brevemente, tienen una textura cremosa y son fáciles de extender. Cuando están completamente maduros, algunos quesos blandos como el brie y el camembert rezuman suavemente. Tienen una corteza «mohosa» característica, mientras que otros como el Pont l´Evêque y el livarot tienen una corteza «lavada» y un sabor más fuerte y pronunciado. Los quesos blandos han de ser elásticos al tacto, con un olor dulce y aromático que recuerde al de los frutos secos. No adquiera aquellos que presenten un centro blanco yesoso o huelan a amoníaco.

**Quesos semicurados** Los quesos semicurados maduran más tiempo, y debido a que contienen menos humedad son ligeramente más firmes y conservan su forma al cortarlos.

**Quesos curados** Tienen a menudo un elevado contenido en grasas y poca humedad, han madurado largo tiempo y su sabor oscila entre el suave y el fuerte. Su textura puede ser flexible o desmenuzable. Algunos quesos como el emmental

tienen agujeros característicos causados por una bacteria que produce gas en su interior y que se les inyecta durante el proceso de maduración.

**Quesos para rallar** Los quesos italianos como el parmesano y el pecorino y los manchegos curados son los más secos de todos los quesos duros. Envejecidos hasta que presentan una textura seca y granulosa, se conservan meses en la nevera si se envuelven bien. Pruebe el queso antes de comprarlo para evitar aquellos demasiado salados o amargos. La corteza debe ser dura y de color amarillo y la pasta de un blanco amarillento.

**Quesos azules** A estos quesos se les introduce un cultivo bacteriano para producir sus características vetas azul verdosas. Los quesos azules no madurados tienen pocas vetas cerca de la corteza. Elija un queso de corteza firme y dura sin signos visibles de decoloración. El queso azul puede tener un olor fuerte, aunque no a amoníaco. Pruébelo antes de comprarlo y evite los demasiados salados o yesosos.

**Quesos de cabra y oveja** Las cuajadas de leche de cabra se comprimen suavemente en moldes pequeños para obtener quesos de diferentes formas y tamaños. Pueden venderse en cualquier estado del proceso de maduración, lo que determina el carácter del queso. Blandos y suaves al principio, maduran y se tornan firmes, con lo que adquieren un sabor fuerte y pronunciado. Compre el queso de cabra en un establecimiento de rotación rápida para asegurarse de su frescor. El queso de cabra fresco debe ser jugoso y con un sabor ligeramente fuerte. Los quesos de oveja con un contenido medio de materia grasa son más suaves que los de vaca, salvo el roquefort, el pecorino y el feta.

**Cheddar** Queso muy popular que puede utilizarse tanto al natural como cocinado. Es ideal para rallar, pero se puede utilizar también en salsas, tostadas, tortillas, tartas, pastas, empanadas y *quiches*.

**Neufchâtel** Queso blando francés procedente de Normandía. Tiene una corteza seca y aterciopelada y una textura firme y cremosa. Es delicioso extendido sobre rebanadas de pan tostadas al *grill* y cortado en pequeños trozos para mezclar en ensaladas verdes aliñadas con una vinagreta.

**Emmental** Buen queso para derretir similar al gruyère (ambos proceden de Suiza), que se emplea en *quiches* y *fondues*.

**Mozzarella** Deliciosa si se sirve cruda en ensaladas, se emplea habitualmente como cobertura de las pizzas y en platos italianos tradicionales.

**Gorgonzola** Este queso blando italiano de pasta azul es ideal para preparar salsas cremosas para pasta y también puede extenderse sobre una tartaleta con manzanas o peras.

**Ricotta** Se emplea tanto en platos dulces como salados, como la lasaña y los pasteles de queso. Este queso italiano cremoso y a la vez granuloso puede utilizarse tanto al natural como cocinado, y es parecido al requesón.

## QUESOS PARA COCINAR

Los quesos se utilizan para aromatizar y preparar coberturas, rellenos y postres, pero es importante elegir el tipo de queso adecuado para cada receta. Así, los quesos blandos y suaves son ideales para preparar postres, mientras que los más fuertes están indicados para aportar sabor a las salsas. El queso puede hilarse si se calienta en exceso, por lo que no debe dejar hervir una salsa de queso ni recalentarla. Los quesos duros como el parmesano o el emmental pueden soportar temperaturas más elevadas que los blandos.

**Parmesano** Espolvoréelo sobre platos de pasta o añádalo a salsas o preparaciones horneadas para obtener un sabor italiano auténtico. Deseche el parmesano seco, que tiene un olor algo desagradable y cuyo sabor no puede compararse con el fresco.

### COMPROBAR EL GRADO DE MADURACIÓN DE UN QUESO

Cuando un queso blando desarrolla su textura, sabor y aroma característicos se considera que está maduro. Deguste los quesos blandos en este punto, pues se deterioran muy rápidamente, en especial una vez se ha entallado la corteza.

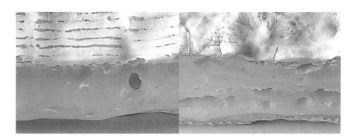

**Brie excesivamente maduro**
En este punto tiene una corteza parcheada, un sabor amargo y huele a amoníaco, y además rezuma en exceso.

**Brie en su punto** Al presionarlo en el centro debe sentirlo elástico y la pasta debe estar homogéneamente cremosa.

### PREPARAR UN GRATÍN

Los platos que se terminan dorándolos bajo el *grill* o en el horno a menudo se cubren con queso rallado. El queso se derrite rápidamente formando una costra dorada y crujiente que constituye una deliciosa cobertura.

### DERRETIR

Derrita lentamente el queso rallado en un cazo de fondo grueso a fuego lento. De esta forma evitará que el queso forme hilos, se granule o se separe. No todos los quesos se derriten bien, pues cada uno tiene un contenido diferente de grasa y humedad, por lo que reaccionan de forma distinta al calor.

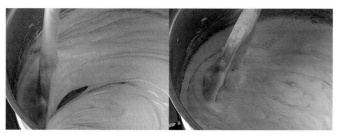

**Correcto** El queso derretido a fuego lento tiene un aspecto liso y brillante.

**Incorrecto** El queso que se ha derretido rápidamente a fuego vivo; se separa formando grumos de grasa.

### QUESOS PARA DERRETIR

Algunos quesos son apreciados por su capacidad de adquirir una consistencia determinada al calentarse. Los quesos blandos como la mozzarella se derriten con facilidad cortados a lonchas. Los quesos duros como el gruyère quedan mejor rallados.

- La mozzarella es la cobertura tradicional de las pizzas. Se derrite homogéneamente produciendo apetitosos «hilos» de queso.
- La fontina, cuyo sabor recuerda al de los frutos secos, soporta bien las temperaturas elevadas e incluso puede empanarse y freírse.
- El gruyère, el queso para gratinar preferido por los franceses, se ralla para que pueda derretirse de forma homogénea. Utilice un queso maduro para la *fondue*.
- El queso de cabra conserva bien su forma al calentarse, adquiere un apetitoso tono dorado. Muy indicado para preparar tostadas.
- El queso cheddar se derrite y se dora bien, y es excelente para gratinar.

## RALLADOR CILÍNDRICO

Este rallador, también denominado *mouli*, va equipado con una selección de tambores y ralla el queso duro en hilos de diferentes tamaños.

### Recetas básicas

**Welsh rarebit** Uno de los tentempiés a base de queso más populares. Utilice un queso que se derrita bien como el cheddar o el lancashire.

**Croque monsieur** La versión francesa del *sandwich* mixto o biquini. Se prepara con queso y jamón. Los franceses utilizan gruyère o emmental, aunque también puede emplear un cheddar.

**Ensalada tricolor** Mezcla de mozzarella, tomate, aguacate y albahaca, aliñados con una vinagreta de limón y espolvoreados con perejil picado. Es una de las ensaladas italianas más populares.

**Ensalada César** El queso parmesano es una parte esencial de esta deliciosa ensalada. Para saborear el queso plenamente utilice un mondador de hortalizas para obtener virutas finas como el papel (*véase derecha*). El aliño se prepara con aceite de oliva, huevo, ajo, filetes de anchoa, mostaza y vinagre balsámico.

**Fondue** En Suiza la *fondue* se prepara con queso gruyère y emmental. Los franceses utilizan beaufort, su versión del gruyère. El resultado es el mismo: un plato soberbio a base de queso derretido y vino acompañado con pan crujiente para remojar.

**Tartas, *quiches* y empanadas** El queso es una parte esencial de estos platos, tanto fríos como calientes, en los que se ralla o corta a lonchas. Los quesos cheddar y emmental son populares aunque se obtienen también buenos resultados con la fontina, el queso azul o el queso crema.

## PREPARAR EL QUESO

Puede utilizar diferentes tipos de ralladores para preparar el queso, según la variedad elegida y el tamaño de hilos requerido.

◀ **Rallar hilos finos** Utilice el queso recién sacado de la nevera para obtener los mejores resultados. Un rallador cilíndrico facilita la tarea. Coloque el queso simplemente en el tambor y dé vueltas al asa.

▶ **Rallar hilos gruesos** Para obtener hilos gruesos utilice un rallador de caja. Los hilos gruesos se derriten fácilmente en las salsas. También puede rallar el queso directamente sobre una ensalada.

◀ **Virutas de queso** Utilice un mondador de hortalizas para obtener virutas de un trozo de queso duro como el parmesano o el pecorino romano.

▶ **Rallar parmesano** Utilice un rallador pequeño especial para parmesano para rallar quesos muy duros en hilos muy finos.

# huevos

Los huevos, uno de los alimentos más versátiles y nutritivos que existen, se emplean en una amplia variedad de platos y pueden cocerse de diferentes formas. Las claras se transforman en merengue, aportan volumen a muchos platos y clarifican los caldos; las yemas ayudan a emulsionar salsas. Los huevos enteros ayudan a amalgamar las preparaciones, facilitan que otros alimentos se adhieran y son vitales para preparar glaseados y espesar salsas y preparaciones.

## Elección

Compre siempre huevos lo más frescos posibles. Compruebe la fecha de caducidad en el embalaje. Si no llevan fecha, compruebe su frescura sumergiéndolos en agua (*véase* derecha). A medida que el huevo envejece pierde agua a través de la cáscara y se agranda la bolsa de aire, por lo que, cuanto más viejo sea, menos pesará. Una clara de huevo velada es signo de frescura y no de envejecimiento; se debe a un contenido elevado de dióxido de carbono en el momento de la puesta.

## CONSERVACIÓN

Ponga los huevos en la nevera lo más pronto posible una vez adquiridos. Los huevos envejecen más en un día a temperatura ambiente que una semana en la nevera. Si se guardan en la nevera se conservarán de cuatro a cinco semanas más a partir de la fecha límite de venta. La cáscara tiene cientos de poros pequeños sobre su superficie a través de los que el huevo puede absorber olores y sabores: guárdelos en su embalaje de cartón lejos de alimentos de olor pronunciado y colóquelos con la punta hacia abajo para que las yemas se mantengan centradas.

Si separa las claras de las yemas guárdelas en la nevera en recipientes herméticos. Las claras se conservan una semana, mientras que las yemas y los huevos enteros duran un máximo de dos días.

Las preparaciones con huevos crudos deben consumirse en el transcurso de dos días.

## LAS PARTES DEL HUEVO

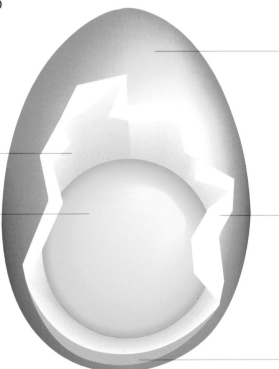

### Clara
También se denomina albúmina y la mitad de las proteínas de un huevo se encuentran aquí. Cuando el huevo es fresco la clara es más espesa alrededor de la yema. Los filamentos que sujetan la clara a la yema se denominan chalaza y deben tamizarse si se va a preparar una salsa o crema. La clara contiene unas 17 calorías.

### Yema
La yema contiene el resto de las proteínas; es uno de los pocos alimentos que contienen vitamina D y es una fuente excelente de vitamina A. Tiene 10 g de grasa, todo el colesterol del huevo y unas 59 calorías. El color de la yema depende de la dieta de la gallina. Si se alimenta con maíz, la yema es de un color amarillo vivo, mientras que las yemas de las gallinas alimentadas con trigo y cebada son más pálidas.

### Cáscara
Constituye el 12 % del peso total del huevo y está compuesta en gran parte de calcio. Puesto que es porosa absorbe olores y sabores. El color de la cáscara está determinado por la alimentación de la gallina y no afecta a su valor nutritivo, calidad, sabor o apariencia.

### Membrana

### Bolsa de aire
Está situada en el extremo redondeado del huevo. La membrana está separada de la cáscara por una cámara de aire. A medida que el huevo envejece, el aire pasa a través de la cáscara porosa, el espacio se llena con más aire y en consecuencia el huevo se hace más ligero.

**Huevo de gallina** La mayor parte de los huevos que comemos son de gallina y un buen número de ellos procede de animales híbridos, pero algunas razas como la Bantam y la Silkies producen huevos más pequeños. Éstos tienen el mismo sabor que los normales pero están indicados para servir porciones pequeñas (por ejemplo para niños); sin embargo, deberá doblar la cantidad si va a utilizarlos para hornear. Los huevos se venden por clases y tamaños; compre los de clase A o AA. Los tamaños variarán de pequeños a grandes.

**Huevo de codorniz** Su tamaño es un tercio menor que el de gallina y es el más pequeño que se puede adquirir. Son atractivos como guarnición y están indicados en entradas o canapés; también pueden incorporarse enteros a ensaladas, pero no deben sobrecocerse.

## COMPROBAR LA FRESCURA DE UN HUEVO

Si no está seguro del frescor de un huevo puede comprobarlo mediante una sencilla prueba.

Un huevo fresco pesa debido a su elevado contenido en agua. Quedará en sentido horizontal en el fondo de un vaso (superior).

En un huevo menos fresco, las bolsas de aire se expanden, el agua se pierde a través de la cáscara y el huevo flota verticalmente con la punta hacia abajo.

Un huevo viejo contiene más aire que uno fresco, por lo que es más ligero y flotará sobre la superficie (inferior). Si flota, no lo utilice.

### Evitar la intoxicación por *Salmonella*

*Los huevos contienen una bacteria, la* Salmonella, *que en algunos casos puede causar una intoxicación alimentaria que puede evitarse mediante la cocción. La mayoría de los casos de intoxicación por* Salmonella *son debidos a la ingesta de huevos crudos o poco cocidos. Las personas con mayor riesgo de contraerla son las mayores, las mujeres embarazadas, los niños pequeños y aquellas con problemas en el sistema inmunitario.*

*Para evitar cualquier riesgo, hierva los huevos 3 ¹/₂ minutos como mínimo. Si no desea utilizar huevos crudos en una receta que solicite el empleo de claras crudas, sustituya éstas por claras en polvo pasteurizadas.*

## INFORMACIÓN NUTRICIONAL

Los huevos son una fuente valiosa de proteínas (un huevo grande contiene un 12-15 % de la cantidad diaria recomendada para un adulto) y proporcionan todos los aminoácidos necesarios para el cuerpo. Los huevos también contienen minerales como hierro, yodo, calcio y vitaminas A, B, D, E y K. La vitamina C es la única vitamina ausente del huevo.

Los huevos son pobres en calorías y proporcionan unas 75 calorías por unidad. Hace cierto tiempo se limitaba la ingesta de huevos debido a su contenido en colesterol, pero las investigaciones más recientes indican que la ingesta de grasas saturadas es el principal factor de un nivel elevado de colesterol en la sangre. Así, a pesar de que un huevo contiene 213 mg de colesterol cuya totalidad se encuentra en la yema, su nivel de grasas saturadas es muy bajo.

## SEPARAR LA YEMA DE LA CLARA

Es más fácil separar los huevos cuando están fríos, pues la yema es más firme y existe menos riesgo de que pase a la clara. Las claras no se montan bien si quedan trazas de yema en ellas.

▶ **A mano** Casque el huevo contra un cuenco y deslícelo sosteniéndolo dentro de la mano; la clara caerá a través de los dedos.

▶ **Con la cáscara** Casque el huevo por la mitad. Pase la yema de una a otra mitad hasta que toda la clara haya caído en el cuenco.

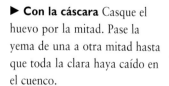

huevos

129

## Batir claras de huevo

Para conseguir más volumen, casque las claras sobre un cuenco, tápelas y déjelas reposar durante una hora. Asegúrese de que todos los utensilios que va a utilizar estén libres de grasa y de que el cuenco sea lo suficientemente profundo para contener el volumen de las claras batidas.

**A mano** Ponga las claras en un cuenco de acero inoxidable o de vidrio y bátalas desde abajo hacia arriba siguiendo un movimiento circular. Para obtener más volumen, utilice una batidora de varillas.

**Con batidora** Utilice las varillas y accione el aparato trabajando a velocidad lenta para romper las claras, aumente luego la velocidad a medida que espesen. Un poco de sal facilita el batido.

**Picos firmes** Las claras bien batidas forman picos firmes. Cuando al levantar las varillas los picos se mantengan de pie y no caigan, las claras estarán batidas a punto de nieve.

**Picos blandos** Deben ser lo suficientemente firmes para mantener su forma. Alcanzan este punto cuando al levantar las varillas del cuenco los picos caen por encima.

## Incorporar las claras batidas

La textura delicada de las claras batidas se utiliza a menudo para aligerar ingredientes más densos, pero puede destruirse si se añaden sin cuidado. Para perder el mínimo posible de aire, incorpore las claras a la mezcla con una espátula de goma realizando un movimiento circular, rebañándolas y cortándolas. Gire un poco el cuenco tras cada pasada.

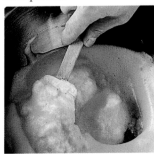

### Recetas clásicas

**Tortilla Arnold Bennett** Esta tortilla a base de crema y eglefino ahumado fue creada en el Hotel Savoy de Nueva York para el escritor y crítico del mismo nombre, quien cenaba en dicho hotel tras las veladas teatrales.

**Suflé de queso** Plato francés muy popular en todo el mundo. Se realiza a partir de un *roux* de huevo y harina aligerado con claras batidas. Los suflés de queso y setas son probablemente los más populares, aunque los de cangrejo, pescado ahumado y jamón también son excelentes. Los suflés dulces constituyen postres muy interesantes.

**Huevos Bénédict** Tentempié delicioso pero muy consistente a base de pan o *muffin* tostado, beicon crujiente, jamón y huevo escalfado, recubiertos con salsa holandesa.

**Huevos escoceses** Plato ideal para almuerzos consistente en huevos duros recubiertos con carne de salchicha, empanados y fritos.

**Flan** Ningún país puede proclamar la autoría de este postre: tanto Grecia como España, Marruecos, Francia e Inglaterra tienen sus propias versiones de este delicioso y dulce postre.

**Frittata** Tortilla de estilo mediterráneo que frecuentemente contiene patatas y otras hortalizas y que se hornea. Es más firme que una tortilla y puede degustarse fría o caliente, cortada en porciones o triángulos.

**Sabayón** Postre italiano a base de yemas de huevo, azúcar, zumo de limón y vino marsala batidos y calentados.

## Utensilios

Es útil disponer de un buen número de prácticos utensilios y equipo esencial.

### RELOJ TEMPORIZADOR

Bastante útil si le gustan los huevos hervidos. El reloj de arena precisa 3 minutos, el tiempo suficiente para cocer un huevo mollar, aunque depende del tamaño, temperatura, altitud y del punto en que le gusten los huevos.

### PUNZÓN PARA HUEVOS

Para realizar un pequeño agujero en un extremo de la cáscara y evitar que el huevo se cuartee durante la cocción.

### CUCHARA DE MADERA

Tienen diferentes tamaños y resultan ideales para preparar masas, salsas, huevos revueltos, etc.

### SARTÉN PARA TORTILLAS

No debe usarla para nada más. Ha de tener paredes ligeramente curvadas, un diámetro de 18 cm y una base pesada de aluminio, acero o hierro colado (*véase inferior*).

## SUFLÉS PERFECTOS

La *pièce de résistance* de cualquier cocinero es un suflé perfectamente presentado. A continuación le ofrecemos varios consejos para que llegue a la mesa con un aspecto impecable.

- Añada una clara más a la preparación para proporcionar al suflé mayor ligereza y volumen.
- Utilice un molde para suflés de paredes rectas o una cacerola de profundidad media para obtener un suflé alto e impresionante. Llene el molde en sus tres cuartas partes para asegurarse de que el suflé sobrepase el borde del molde durante el horneado.
- Prepare la mezcla y déjela reposar en el molde a temperatura ambiente durante 30 minutos antes de hornearla.
- No abra la puerta del horno durante el horneado para comprobar la cocción, pues la delicada mezcla del suflé podría colapsarse debido a la corriente de aire frío.

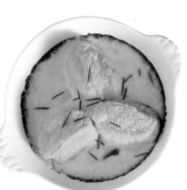

- Sirva el suflé tan pronto como lo retire del horno.

## MASA

Los huevos mezclados con harina, sal, leche o una mezcla de agua y leche son uno de los ingredientes claves de las masas. Las masas se utilizan en todo el mundo para preparar tortitas que se sirven de diferentes formas, desde las tortitas del martes lardero servidas con azúcar y limón a las *crêpes* o *galettes* francesas, las tortitas chinas y los blinis rusos. La masa también puede utilizarse para preparar tortitas escocesas (derecha), barquillos, *popovers*, buñuelos, galletas de forma libre y *tempura*.

La masa mejora si se deja reposar de 30 minutos a una hora antes de cocinarla. Mézclela bien antes de emplearla. Al preparar tortitas asegúrese de que la sartén ya se ha precalentado a la temperatura correcta; para ello deje caer encima una gota de agua, la cual deberá saltar si la sartén está lo suficientemente caliente. La *tempura* y otras preparaciones recubiertas con masa y fritas se cuecen a una temperatura de 185 °C (si no dispone de un termómetro para freír, deje caer un cubo de pan en el aceite; la grasa estará lo suficientemente caliente si el pan se dora en un minuto, aproximadamente).

## GLASEADO DE HUEVO

Es una mezcla de yema y agua que se pincela sobre el pan o las pastas antes de hornearlas para conferirles un color dorado y brillante. Mezcle una yema de huevo con una cucharada de agua y una pizca de sal. Bátalos con un tenedor hasta que estén bien amalgamados. Pincele el glaseado sobre el pan o las pastas con un pincel de pastelería antes de hornear.

## TIPOS DE MERENGUE

• **Francés** El más fácil y de textura ligera. Utilícelo para extenderlo con una manga pastelera y modelarlo para escalfar como en el caso de los *oeufs à la neige* o islas flotantes, o para hornear como en los nidos y fondos de *vacherin*. Utilice 125 g de azúcar por 2 claras de huevo. Puede añadir frutos secos o avellanas molidas.

• **Italiano** Merengue de textura firme y aterciopelada preparado con un almíbar de azúcar caliente que «cuece» las claras; utilícelo en postres no cocidos como *mousses* frías, suflés y sorbetes. Mantiene bien su forma, por lo que es ideal para extender con la manga pastelera. Para obtener 400 g de merengue italiano prepare un almíbar de azúcar con 300 g de azúcar y 0,5 dl de agua, hiérvalo hasta el estadio de bola blanda a 116-118 °C y bátalo con 5 claras de huevo batidas a punto de nieve.

• **Suizo** Proporciona un resultado más firme que el francés. Se extiende con la manga pastelera; tiene efectos decorativos. Calcule 125 g de azúcar por 2 claras.

## PREPARAR MERENGUE

Asegúrese de que todos los utensilios estén escrupulosamente limpios y libres de grasa. Para obtener el máximo volumen deje reposar las claras tapadas a temperatura ambiente una hora antes de emplearlas. Existen tres formas de preparar merengue, dependiendo de la receta y su aplicación.

**Francés** Bata las claras con una batidora de varillas hasta que la mezcla forme picos firmes. Incorpore gradualmente la mitad del azúcar y luego agregue el resto.

**Italiano** Con la ayuda de una batidora mezcladora a velocidad lenta bata el almíbar de azúcar caliente con las claras dejándolo caer contra las paredes del cuenco en forma de hilo fino.

**Suizo** Bata las claras de huevo y el azúcar en un cuenco dispuesto sobre un cazo con agua apenas agitándose. Vaya dando vueltas al cuenco para evitar que se cuezan bolsas de clara.

## SERVIR MERENGUE

Puede rellenar merengues o unirlos con cremas aromatizadas o probar cualquiera de estas ideas.

• Junte el merengue con *ganache* de chocolate, esparza virutas de chocolate y espolvoree con azúcar lustre y cacao en polvo.

• Mezcle una selección de frutas con un poco de Cointreau y llene unos nidos de merengue con la mezcla.

• Unte discos de merengue con *mousse* de chocolate o frutas para obtener un pastel.

# legumbres y cereales

# legumbres

## LENTEJAS Y *DHAL*

Las lentejas se cultivan en todo el mundo. Son muy nutritivas y han formado parte de la dieta humana durante miles de años. Deben cocerse antes de comerlas, pero no es necesario remojarlas.

Las palabras hindis *dhal* o *dal* designan cualquier lenteja o guisante. El término también se aplica a cualquier plato que incluya lentejas, guisantes secos y legumbres. Hay una gran variedad de lentejas en la India, de las que algunas se encuentran disponibles en los grandes supermercados, pero encontrará una selección mucho más amplia en los establecimientos especializados en productos orientales.

**Lentejas marrones**

| Tipo de lenteja | Descripción | Tiempo de cocción | Empleo |
|---|---|---|---|
| **Puy** | Se consideran las mejores lentejas. Presentan un color verde azulado oscuro y mantienen la forma durante la cocción. Tienen un distintivo sabor a pimienta | 25-30 minutos | Purés, sopas o cacerolas |
| **Rojas partidas** | Estos discos pequeños de color naranja son muy utilizados. Se desintegran formando un puré espeso durante la cocción | 20 minutos | *Dhals*, para espesar sopas o en cacerolas |
| **Verdes y marrones** | Estas lentejas mantienen bien su forma durante la cocción. Tienen un sabor distintivo ligeramente rancio que se complementa bien con hierbas y especias | 40-45 minutos | Ensaladas, purés, sopas o cacerolas |

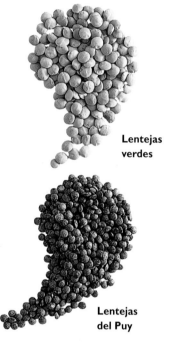

**Lentejas verdes**

**Lentejas del Puy**

▼ **Masoor** Son similares a las lentejas rojas partidas egipcias y en la India se considera la más humilde de las *dhals*. Sin embargo es muy versátil y popular.

▲ **Chana dhal** Son similares a los guisantes amarillos partidos, aunque más pálidas y pequeñas y menos delicadas. Tienen un sabor ligeramente dulce.

▼ **Mungo** Son una de las *dhals* favoritas en la India. Son muy digestivas y necesitan una cocción relativamente breve.

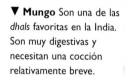

▲ **Urid dhal** Son unas lentejas pequeñas que se muelen frecuentemente para preparar *poppadoms* (tortitas indias).

▼ **Toovar dhal** Son unas lentejas de color naranja apagado y tienen un distintivo sabor terroso.

legumbres y cereales

134

## JUDÍAS DE SOJA Y TOFU

Las judías de soja se utilizan en gran número de productos no comestibles como jabón, plásticos, pintura y combustible, por nombrar sólo unos pocos. También se utilizan para proporcionar volumen a numerosos alimentos procesados, como emulsificante, y para preparar alternativas vegetarianas a las salchichas y al «pollo». Las judías de soja también se utilizan para preparar *miso*, salsa de soja, aceite de soja y tofu.

Las judías de soja, tanto frescas como secas, se comen como un vegetal y se utilizan para preparar una bebida que se utiliza en todo el mundo para sustituir la leche. Licuada con agua se gelifica para preparar tofu.

El tofu, también denominado pasta o queso de soja, es extremadamente versátil. En China y Japón se ofrece en diferentes presentaciones. Los tofus que se encuentran habitualmente en Occidente son los siguientes.

### INFORMACIÓN NUTRICIONAL

Las legumbres son extremadamente beneficiosas para la salud. Las judías de soja son prácticamente un alimento completo, razón por la que a veces se conocen como la «carne de la tierra». Las legumbres son asimismo pobres en grasa y sodio y ricas en fibra. Puesto que contienen hidratos de carbono complejos, una porción de judías arriñonadas le dejará satisfecho durante más tiempo que una comida consistente a base de carne, huevos o queso. Todas las legumbres son una fuente excelente de proteínas, en particular las de soja, que contienen un 35 % de proteínas. También son una buena fuente de hierro, magnesio, potasio, calcio, zinc y cobre y contienen además muchas vitaminas B complejas, en especial la $B_6$ y la $B_3$. Las legumbres constituyen una de las mejores fuentes de ácido fólico que el cuerpo utiliza para producir nuevas células sanguíneas impulsando el sistema inmunitario. Son además ricas en fibras solubles y la mayoría son pobres en grasas.

**Judías de soja**

▶ *Tofu* **sedoso** Más blando que el firme, tiene una textura lisa y sedosa ideal para salsas, mojos y sopas.

▼ *Tofu* **firme** Se vende en bloques. Se corta a dados o rodajas y entra en la composición de salteados orientales, sopas, ensaladas o broquetas. Tiene un sabor neutro que se beneficia al macerarse, ya que su textura porosa absorbe bien otros sabores.

▶ **Proteínas de soja**
Se pueden adquirir en establecimientos dietéticos. Pueden comprarse troceadas o molidas y absorben con facilidad otros sabores. Quizá deba remojarlas brevemente antes de utilizarlas.

▼ **Pieles de pasta de soja**
Al igual que el tofu firme, no tienen un sabor distintivo, pero absorben el de otros ingredientes. Remójelas durante 1-2 horas y utilícelas para envolver rellenos.

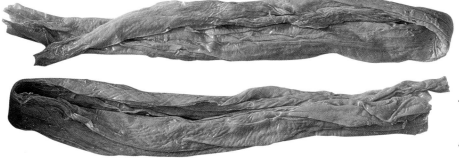

legumbres

135

| Tipo | Otros nombres | Descripción | Remojo | Cocción | Trucos para cocinarlas |
|---|---|---|---|---|---|
| **Almortas** | *Ful medames*, habas egipcias | Habas muy pequeñas de color marrón | 4-6 horas o toda la noche | 1 ¹/₂-2 horas | Constituyen el ingrediente básico para el plato egipcio denominado *ful medames* |
| **Frijoles verdes** | *Flageolet* | Son judías blancas alargadas recolectadas antes de su madurez. Tienen forma arriñonada y un color verde pálido. En Francia y en algunas regiones pueden comprarse semisecas, son deliciosas y entran en la composición de varios platos clásicos. Incluso secas tienen un sabor excelente | 3-4 horas | 1-1 ¹/₂ horas | Utilícelas en recetas francesas de cordero como el *gigot d´agneau*. Son excelentes en ensaladas |
| **Garbanzos** | *Channa* | Tiene forma de avellana, es nativa de Oriente y se ha venido cocinando durante siglos en casi toda Asia y Oriente Próximo para preparar *dhals* y otros platos vegetarianos. También se muele para obtener harina de garbanzos con la que se preparan buñuelos y panes planos | 8-12 horas o toda la noche | 1 ¹/₂-2 ¹/₂ horas | Utilícelos en ensaladas, sopas y guisos y en platos vegetarianos de India y Oriente Medio. Los garbanzos se emplean en platos clásicos como el *hummus* y el *falafel*. Remójelos bien antes de cocerlos pues necesitan mucho tiempo para ablandarse. Si desea preparar patés y purés, pélelos una vez cocidos |
| **Habas** | | Grandes, de color marrón anaranjado y sabor fuerte | 8-12 horas o toda la noche | 1 ¹/₂ horas | Añádalas a sopas y guisos o degústelas en ensalada aliñadas con una vinagreta. Remójelas y pélelas antes de cocerlas |
| **Judías adzuki** | Judías aduki, judías asuki | Considerada como una de las judías más deliciosas, la adzuki es pequeña, tiene un color marrón rojizo y un sabor dulce. Es nativa de China y Japón y se utiliza tanto en platos dulces como en salados | 4-8 horas o toda la noche | 30-45 minutos | En Japón se aplastan y se emplean en postres y pasteles, así como en una preparación muy popular denominada arroz rojo |
| **Judías arriñonadas** | Judías mexicanas, judías para chile | Una de las judías secas más conocidas, se utiliza para preparar un plato mexicano con chile y carne | 8-12 horas o toda la noche | 1-1 ¹/₂ horas | Hiérvalas a fuego vivo 10 minutos y aromatícelas con ingredientes como ajo y especias picantes. Se emplean para preparar los populares frijoles refritos mexicanos |
| **Judías blancas** | *Haricots* | Existen numerosas variedades de diferentes tamaños y tienden a presentar una forma ovalada. Son ideales para guisar | 3-4 horas | 1-1 ¹/₂ horas | Judías muy versátiles que armonizan con toda clase de ingredientes bien aromatizados. Guíselas con cerdo y en otros guisos de legumbres |

| Tipo | Otros nombres | Descripción | Remojo | Cocción | Trucos para cocinarlas |
|---|---|---|---|---|---|
| **Judías blancas alargadas** | *Cannellini* | Judía blanca grande, muy popular en Italia, sobre todo en la Toscana. Son probablemente nativas de Argentina y tienen un sabor a frutos secos | 8-12 horas o toda la noche | I hora | La judía clásica para el *minestrone*. Utilícese en aquellos guisos italianos que soliciten el empleo de judías blancas |
| **Judías *borlotti*** | | Judía rosada con pinceladas de color beige, muy popular en Italia | 8-12 horas o toda la noche | I-I ¹/₂ horas | Utilícelas en platos italianos, especialmente en el *minestrone*, en sopas y guisos |
| **Judías de careta** | | Judías de color cremoso con una mancha distintiva de color negro. Tienen una textura suave y un sabor sutil | 8-12 horas o toda la noche | I-I ¹/₂ horas | Adecuadas en sopas y cacerolas. Un ingrediente básico de la cocina criolla, también forman parte del plato sureño estadounidense denominado *Hoppin´John*, consistente en una mezcla de judías de careta, arroz y tocino |
| **Judías de soja** | | Judía dura y redonda que se presenta en diferentes colores. Es muy nutritiva y se ha empleado de diferentes formas durante miles de años en China | 12 horas o toda la noche | 2 horas | Ligan con ingredientes aromatizados como el ajo, las hierbas y muchas especias, pues no tienen un sabor intrínseco por sí mismas. Son una adición muy saludable a sopas, cacerolas, preparaciones al horno y ensaladas |
| **Judías mante- queras** | Judías de Lima | Judía blanca grande aplanada, uno de los ingredientes del *succotash* | 8-12 horas o toda la noche | I-I ¹/₂ horas | Estas judías quedan blandas y mantecosas una vez cocidas y son ideales para sopas y purés |
| **Judías negras** | Fríjoles negros, judías negras mexicanas | Judías grandes de piel negra brillante y forma arriñonada | 8-12 horas o toda la noche | I hora | Utilícelas al igual que en el caso de las judías arriñonadas. Es el ingrediente esencial de la *feijoada* brasileña y son muy populares en sopas |
| **Judías pintas** | | Judías beige con pinceladas marrones, parecidas a las *borlotti* | 3-4 horas | I-I ¹/₂ horas | Popular en muchas preparaciones españolas |
| ***Soissons*** | | Judías blancas grandes con un sabor excelente | 3-4 horas | I-I ¹/₂ horas | Consideradas por algunos como las más delicadas y populares de Francia; son la elección ideal para el *cassoulet* |

## GUISANTES SECOS Y PARTIDOS

Los guisantes secos constituyen una especie diferente de los de huerto, y se cultivan expresamente para secarlos. Pueden comprarse enteros o partidos, pero cualquiera que sea su forma se desintegrarán durante la cocción. Se suelen utilizar para preparar purés, sopas y *dhals*. Los guisantes partidos pueden ser verdes o amarillos y se utilizan principalmente para preparar sopas. Existe una variedad denominada guisante gris que se utiliza en un plato inglés tradicional denominado *mushy peas*.

**Guisantes verdes partidos**

**Guisantes amarillos partidos**

## CONSERVACIÓN

Compre las judías en pequeñas cantidades en las tiendas que tengan una buena rotación. Deben guardarse en un recipiente seco, que no permita el paso de aire, lejos de la luz, y consumirse en seis a nueve meses. Es un error pensar que las judías y las lentejas pueden guardarse de forma indefinida. Si se hace, las judías y los guisantes se tornarán blandos, y las lentejas adquirirán un sabor mohoso.

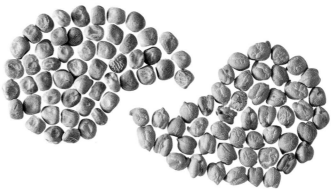

**Guisantes grises**

**Garbanzos**

## REMOJO Y COCCIÓN

Las legumbres y los guisantes secos deben remojarse para quedar blandos antes de la cocción y para ello existen dos métodos. Un remojo prolongado de 6-12 horas o de toda la noche, o bien un remojo rápido en el que las legumbres se hierven a fuego vivo durante 2 minutos y se dejan remojar 2 horas. Cualquiera que sea el método elegido, remójelas y cuézalas hasta que estén blandas.

▶ **Remojar las legumbres**
Póngalas en un cuenco grande, cúbralas con agua fría y remójelas de 6 a 12 horas o toda la noche. Escúrralas y enjuáguelas bien bajo el chorro de agua fría. Las judías pueden cocerse siguiendo los tiempos de cocción recomendados.

### Trucos de cocinero

*Las legumbres contienen tres azúcares que el cuerpo no puede disolver. La respuesta consiste en remojarlas en abundante agua fría, pues ésta ayuda a desprender algunos azúcares indigestos. La mayor parte de las legumbres y guisantes deben remojarse antes de cocerse. Las excepciones son las judías de careta, las judías mungo, los guisantes verdes y amarillos partidos y todas las lentejas. Para obtener los mejores resultados, utilice nueve tazas de agua por cada taza de legumbres. Tire siempre el agua en que se remojaron. Cambiar el agua durante el remojado también ayuda a extraer el exceso de azúcares. Los tiempos de remojo varían, pero el sistema más fácil y con el que se obtienen los mejores resultados consiste en remojarlas toda la noche. Cuézalas con agua abundante y sin sal, pues ésta endurece las pieles. Para reducir la posibilidad de flatulencias, cambie el agua durante la cocción o añada una pizca de semillas de anís, alcaravea o hinojo al agua.*

legumbres y cereales

# cereales

Los cereales son las semillas comestibles de las hierbas e incluyen el trigo, la avena, la cebada, el maíz, el arroz, el cuscús y la polenta. Los cereales pueden usarse enteros, como el arroz en los *risottos*, o en copos, como los de avena, y también pueden molerse para obtener su producto más característico, la harina. Los cereales pueden además hincharse, reducirse a copos y aromatizarse para obtener los cereales para el desayuno.

## LAS PARTES DEL TRIGO

### Germen de trigo

Es el embrión de la planta y es rico en proteínas, grasas, minerales y vitaminas $B_1$, $B_2$, $B_6$ y E. Se encuentra en la harina integral pero se retira parcialmente o por completo en las harinas morena y blanca respectivamente. Puede comprarse por separado.

### Endospermo

Es la parte interna feculenta del grano de trigo que contiene féculas y proteínas. El tipo de proteínas determina si el trigo es apropiado para preparar pan o no.

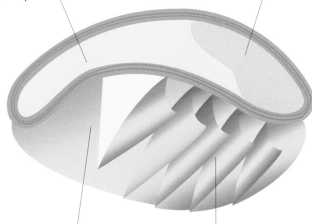

### Grano de trigo

El grano de trigo presenta un color dorado cuando está maduro y tiene aproximadamente unos 5 mm de longitud. Se limpia antes de molerlo, pero en el caso de la harina integral no se le retira nada.

### Salvado

Es una película parecida al papel que cubre el grano de trigo. No tiene sabor y no puede digerirse, pero proporciona fibra, importante para la dieta. La harina integral contiene todo el salvado y la harina morena sólo una proporción, mientras que en la blanca se retira por completo.

## INFORMACIÓN NUTRICIONAL

El trigo es un carbohidrato complejo que contiene proteínas, vitaminas $B_1$, $B_2$, $B_6$ y vitamina E, y los minerales hierro, selenio y zinc. El grano de trigo integral (y en consecuencia la harina integral) es más nutritivo, contiene una mayor proporción de vitaminas, minerales y fibra. El maíz contiene vitamina A y algunas vitaminas B, y también es una fuente de hierro.

La avena es muy nutritiva, además de una fuente de proteínas, vitamina E, hierro, zinc y niacina. También es rica en vitamina $B_1$. Contiene fibras solubles en agua, lo que ayuda a controlar los niveles de colesterol en la sangre.

El centeno contiene proteínas, hierro, fósforo, potasio y calcio. También es una buena fuente de ácido fólico y es rico en fibra. La cebada contiene niacina, $B_6$ y ácido fólico, así como zinc, cobre, hierro y calcio. El grano entero es más nutritivo.

El trigo sarraceno es muy nutritivo y contiene ocho aminoácidos esenciales. También es rico en hierro y algunas vitaminas B.

| Tipo | Descripción |
|------|-------------|
| **Avena** | No contiene gluten, por lo que no es apropiada para preparar pan, pero puede emplearse en forma de copos para preparar harina de avena o molerse para preparar pastelillos de avena y tortillas. Utilice copos de avena para preparar *muesli*, pastas y galletas, harina de avena de grado medio para preparar pasteles y panes y harina de avena fina para tortitas |
| **Bulgur** | A diferencia del trigo fragmentado, el grano de trigo se cuece, se seca, se fragmenta y tamiza para retirar el salvado. El bulgur debe remojarse durante 20 minutos |
| **Cebada** | Uno de los cereales cultivados más antiguos. Su sabor lo hace indicado para preparar sopas y guisos, pero también puede mezclarse con harina de trigo para preparar panes, galletas y *scones*. La cebada natural no es más que el grano entero, mientras que a la cebada perlada se le ha retirado el salvado. Disponible en copos y como harina de cebada |
| **Centeno** | Muy popular en el norte y el este de Europa. Con su harina se obtiene un pan oscuro y denso |
| **Copos de trigo** | Se prepara ablandando y aplastando granos de trigo. Utilícelos en el *muesli* o añádalos a panes, pasteles o pastas |
| **Cuscús** | Se obtiene a partir del trigo duro *durum*. El cuscús no es más que granos de sémola recubiertos con harina y con una agradable textura granulosa. Su sabor es suave y tiene la interesante propiedad de absorber otros gustos, lo que contribuye a su popularidad. Es excelente para acompañar guisos o como base para ensaladas |
| **Germen de trigo** | El corazón del grano de trigo posee un sabor que recuerda al de los frutos secos. Añádalo a la harina blanca al preparar pan o *scones*, o bien al *muesli*. El germen de trigo tiene una vida corta |
| **Granos de maíz para palomitas** | Proceden de una variedad especial. Al calentarse el interior del grano se hincha hasta que explota la envoltura externa y la parte interna queda hacia fuera |
| **Granos de trigo** | El trigo generalmente se muele para obtener harina, pero también pueden adquirirse los granos de trigo enteros en establecimientos especializados en productos integrales. Remójelos y hiérvalos antes de realizar con ellos panes, sopas o ensaladas, para obtener un sabor dulce y a cereal. También puede utilizarse para preparar gachas. |

| Tipo | Descripción |
|------|-------------|
| **Harina de alforfón/trigo sarraceno** | De sabor terroso y a nueces. En el centro y este de Europa se emplea procesado para preparar budines (*kasha*). La harina de trigo sarraceno o alforfón puede añadirse a los panes o combinarse con harina de trigo para obtener los blinis rusos y las tortitas de alforfón francesas. En Japón la utilizan para preparar los fideos *soba* |
| **Harina de maíz/polenta** | Se obtiene al moler el maíz. Aunque el maíz no contiene gluten y no puede utilizarse en los panes levados, la harina de maíz se emplea para preparar panes planos. El término polenta designa la harina de maíz. Se presenta en diferentes calibres, de gruesa a fina, y por lo general se cuece normalmente en agua salada hirviendo |
| *Hominy* | Grano entero de maíz descascarillado. Se prepara remojándolo e hirviéndolo hasta que pueda pelarse la piel externa. Se utiliza todavía como alimento feculento, pero a menudo se seca y muele para obtener *hominy grits* |
| **Maicena** | Se utiliza principalmente como espesante para salsas, aunque también puede usarse en pastas y pasteles |
| **Mijo** | Es nutritivo, tiene una agradable textura crujiente y un sabor que recuerda a las nueces. El grano entero puede utilizarse para acompañar cacerolas y *curry*, mientras que la harina se emplea a veces para hornear |
| **Quinoa** | Cultivada en un principio por los incas, puede utilizarla como el arroz y para acompañar o añadir a las sopas. Tiene un sabor ligeramente amargo y una textura firme |
| **Salvado** | La película externa que recubre el grano de trigo, aunque no puede digerirse, es muy importante en la dieta, pues proporciona valiosa fibra. Utilícelo en pequeñas cantidades cuando prepare pan o espolvoréelo sobre los cereales |
| **Sémola** | Puede haberse molido fina, media o groseramente y se utiliza para preparar budines de leche. Puede añadirse a pasteles, bizcochos y panes. En Italia se emplea para preparar ñoquis y en Oriente Medio y la India para preparar panes, pasteles y guisos |
| **Trigo fragmentado** | Similar al bulgur. Se prepara aplastando granos de trigo enteros y contiene todos los nutrientes de los mismos. Utilícelo en ensaladas o *pilafs* |

## Preparar el bulgur

El bulgur consiste en granos de trigo que se han hervido hasta fragmentarse y que posteriormente se han secado. Para reconstituirlos, colóquelos en un cuenco y cúbralos por completo con agua fría. Déjelos reposar 15 minutos y trasládelos a un tamiz dispuesto sobre un cuenco. Exprima el exceso de agua.

## Preparar la polenta

La polenta es harina de maíz molida. Puede servirse con mantequilla y parmesano rallado, en porciones fritas empanadas o una salsa de tomate recién preparada.

Ponga a hervir 1,9 l de agua salada. Baje el fuego para que el líquido apenas se agite y añada lentamente 315 g de polenta sin dejar de remover. Cueza removiendo durante unos 20 minutos, hasta que la polenta se separe de las paredes del recipiente. Sirva la polenta con mantequilla y parmesano. Si desea freírla o asarla, omita la mantequilla y el parmesano y extiéndala sobre la superficie de trabajo dándole unos 5 mm de grosor. Déjela enfriar y córtela en triángulos o porciones. Separe las porciones, pincele la superficie con aceite de oliva y fríalas o áselas en el *grill* o la parrilla. Déles la vuelta a media cocción y pincélelas con un poco más de aceite. Cuézalas unos 6 minutos hasta que estén doradas.

## Recetas básicas

**Tabulé** Ensalada muy popular en Oriente Medio, se prepara con bulgur, tomate, pepino, cebolla, perejil y menta picados, aliñados con zumo de limón y aceite de oliva.

**Blinis** Tortitas levadas rusas que se preparan tradicionalmente con harina de alforfón. Los blinis se sirven con caviar y crema agria.

**Cuscús** Tipo de sémola y guiso norteafricano del mismo nombre que se prepara con diferentes tipos de carne, aves, pescados y hortalizas. El más famoso, sin embargo, es el cuscús de las siete hortalizas, el plato nacional marroquí.

**Polenta** La polenta es un cereal muy popular en Italia, en especial en el norte del país, donde se cultiva en grandes cantidades. Se cuece como unas gachas hasta que se espesan, se deja enfriar y se corta en cuadrados. Puede acompañarse con mantequilla, queso parmesano e incluso con unas virutas de trufa.

**Ñoquis** Pueden prepararse con harina y patatas, pero resulta más fácil hacerlo con sémola. En Italia se degustan al natural, pero pueden acompañarse con una salsa de tomate o espolvorearse con queso parmesano.

**Tortillas** Las tortillas de maíz se preparan con masa de harina, una harina de maíz fina preparada con maíz blanco.

## Preparar cuscús

Sírvalo para acompañar una *tagine* marroquí, o frío a modo de ensalada, mezclándolo con hierbas, hortalizas y un aliño. Ponga 250 g de cuscús en una cacerola con un poco de aceite. Agregue 0,5 l de agua y mezcle con un tenedor hasta que estén bien amalgamados. Cueza a fuego medio 5-10 minutos. Baje el fuego e incorpore mezclando 50 g de mantequilla. Ahueque el cuscús con un tenedor y rocíelo con mantequilla derretida.

## Cuscusera

En el norte de África el grano de cuscús da nombre a un plato especiado de carne y hortalizas cocido en un recipiente en forma de bulbo. Éste se denomina cuscusera y consta de dos partes. El guiso se cuece en la parte inferior del recipiente, mientras que el cereal se cuece al vapor en el recipiente superior perforado, adquiriendo el sabor del guiso inferior. El guiso y el cuscús se sirven juntos.

cereales

# arroz

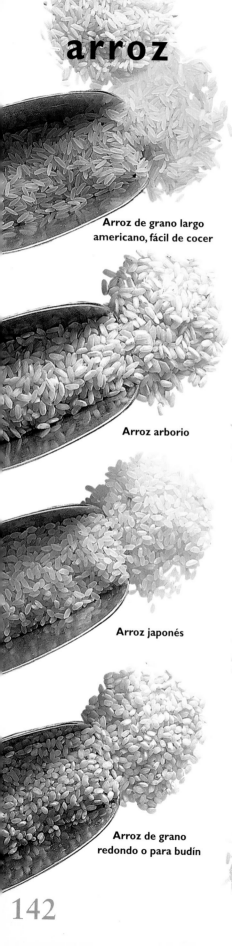

**Arroz de grano largo americano, fácil de cocer**

**Arroz arborio**

**Arroz japonés**

**Arroz de grano redondo o para budín**

**Arroz silvestre**

**Arroz basmati integral**

**Arroz basmati blanco**

**Arroz tailandés o de jazmín**

El arroz es uno de los alimentos más versátiles que existen y constituye la base de muchos platos tradicionales de todo el mundo. En India, el *pilaf* de arroz se prepara dorando arroz en aceite o mantequilla caliente antes de cocerlo en caldo, lo que facilita que los granos se separen. Los cocineros japoneses prefieren una variedad con más almidón, mientras que en el norte de Tailandia se come el arroz glutinoso con las manos. En total existen más de 40.000 variedades de arroz.

## LAVAR Y REMOJAR EL ARROZ

La mayoría de los arroces, incluyendo el basmati, el tailandés y el de grano largo común, mejoran si se enjuagan y/o remojan antes de cocinarlos. La excepción es el arroz que vaya destinado a freírse, como el arroz para *risotto* o el arroz frito chino.

Al remojar el arroz se acorta el tiempo de cocción y se incrementa el contenido en humedad de los granos. Se recomienda particularmente remojar los arroces blancos e integrales, sobre todo el basmati. Coloque el arroz en un cuenco grande y vierta por encima el doble de su volumen de agua fría. Déjelo reposar 30 minutos; escúrralo en un tamiz o colador.

▶ **Lavar** Al lavar el arroz se extrae el exceso de fécula, proceso particularmente indicado para el arroz basmati. Ponga el arroz en un cuenco grande, cúbralo con agua fría y remuévalo con los dedos. El agua quedará opaca. Deje reposar el arroz e incline el cuenco con cuidado para escurrir el agua. Repita la operación dos o tres veces hasta que el agua salga clara.

## CANTIDADES DE COCCIÓN

- **Para acompañar currys, cacerolas, etc.** 50-85 g de arroz crudo por persona
- *Pilafs* 50 g de arroz crudo por persona
- **Ensaladas** 25-40 g de arroz crudo por persona
- **Arroz redondo para budines** 15-20 g de arroz crudo por persona

# DIFERENTES TIPOS DE ARROZ

| Tipo | Formas disponibles | Descripción | Métodos de cocción |
|---|---|---|---|
| **Arroz de grano largo, *patna* o de grano largo americano** | Blanco, moreno, orgánico, mezclado con arroz silvestre | Es el más ampliamente disponible. La mayoría de los arroces de grano largo procedente de China o el Lejano Oriente se dedican al consumo local. El grano es de tres a cuatro veces más largo que ancho y los granos una vez cocidos no quedan pegajosos | En agua caliente o en el microondas |
| **Arroz basmati** | Blanco, moreno, orgánico, mezclado con arroz silvestre | Arroz de grano largo procedente del Punjab, región situada en el norte de la India. Está considerado el rey de los arroces y posee un sabor delicioso y aromático | En agua caliente, por absorción o en el microondas |
| **Arroz tailandés fragante o de jazmín** | Sólo blanco, orgánico | Arroz de grano largo y fragante. Ligeramente más pegajoso que el basmati; apropiado tanto para preparaciones dulces como saladas | Por absorción o en microondas |
| **Arroz para budín** | Sólo blanco | Arroz para budín, el grano es casi tan ancho como largo. Los granos quedan pegajosos al cocerse | Compruebe la receta. La mayoría de los arroces para budín se cuecen lentamente en el horno |
| **Arroz para *risotto*** | Arborio, *vialone nano*, *carnaroli* | Arroz de grano corto especialmente desarrollado para el *risotto* italiano. El arborio se encuentra con facilidad, pero el *vialone nano* y el *carnaroli* se consideran superiores por su consistencia cremosa y por su «mordiente» una vez cocidos | Por absorción, normalmente añadiendo líquido de forma gradual y removiendo |
| **Arroz para *sushi*** | Sólo blanco, normalmente rosa japonesa, rosa kokuho y calrose | Arroz blanco de grano corto o redondo. Aunque es un arroz pegajoso no es tan feculento como los arroces italianos para *risotto* y es la mejor elección para el *sushi* | Por absorción; compruebe la etiqueta para las instrucciones de cocción |
| **Arroz glutinoso** | Puede ser negro o, con mayor frecuencia, blanco | Arroz muy pegajoso utilizado para los *dim sum* en China y en otras partes de Asia para preparar postres | Por absorción |
| **Arroz rojo o de Camarga** | Sólo rojo | Arroz semisilvestre desarrollado en la región francesa de la Camarga. Tiene un color rojo brillante y un sabor a nueces | En agua caliente |
| **Arroz silvestre** | Americano o canadiense gigante | No se trata de un arroz sino de una hierba acuática. Tiene un sabor a nueces y una textura firme | En agua caliente |
| **Arroz fácil de cocer o vaporizado** | Grano largo blanco, basmati blanco | El arroz ha sido tratato para bloquear sus nutrientes, un proceso que resulta en la obtención de un grano bien definido y separado, raramente pegajoso o mojado | En agua caliente, microondas |

## Cocer el arroz

Vea el cuadro de la página anterior para conocer los tipos de arroz apropiados para cada método.

- **En agua caliente** Coloque el arroz en una cacerola y vierta por encima abundante agua hirviendo. Cueza durante el tiempo recomendado (*véase* inferior) y escúrralo en un colador. El arroz puede enjuagarse para retirar el exceso de almidón. Este método está indicado para ensaladas o en aquellos platos en los que el arroz se sirve frío.

- **Por absorción** El arroz se cuece en una cantidad de agua determinada, generalmente dos partes de agua por una de arroz, y el agua se absorbe por completo al cocerse el arroz. Éste se cuece en un recipiente herméticamente cerrado a fuego lento, por lo que se hace en su propio vapor. Ponga agua, arroz y sal en una cacerola y llévela a ebullición. Remueva, baje el calor y tape. Cueza 15 minutos a fuego lento y déjelo reposar otros 15 minutos. Ahueque los granos con un tenedor.

- **En el microondas** Ponga el arroz y el agua hirviendo o caldo en un cuenco grande. Tápelo con película de plástico y cuézalo a la máxima potencia. Compruebe las instrucciones del fabricante para los tiempos de cocción. Una vez cocido, déjelo reposar unos 10 minutos.

## Conservación

El arroz debe guardarse en un lugar oscuro y frío, donde podrá conservarse hasta tres años. Es esencial que se asegure de mantenerlo seco, pues podría absorber humedad y quedar mohoso si se guardara en un lugar húmedo. Cuanto más viejo sea un arroz, más agua necesitará para cocerlo.

El arroz cocido debe enfriarse, taparse y guardarse en la nevera hasta un plazo de 24 horas. No lo guarde durante más tiempo. Es esencial calentarlo al máximo una vez se haya dejado enfriar.

| Variedad de arroz (1 taza/250 g) | Cantidad de líquido | Tiempo de cocción (en agua caliente) | Cantidad obtenida |
|---|---|---|---|
| De grano largo | 1 ¾ tazas | 18-20 minutos | 565 g |
| Integral | 2 ½ tazas | 45-50 minutos | 565-800 g |
| Para *risotto* | 1 ½ tazas | 8-20 minutos | 565 g |
| Silvestre | 2 ½ tazas | 45-60 minutos | 450 g |

### Un arroz perfecto

*Excepto en el risotto o la paella, no remueva nunca el arroz mientras se cuece, pues rompería los agujeros que permiten que el vapor pueda escaparse. Compruebe el punto de cocción exprimiendo los granos de arroz entre los dedos; el arroz debe estar tierno y su centro no debe sentirse duro al morderlo.*

## UN BUEN *RISOTTO*

Para obtener un *risotto* perfecto, utilice una cacerola pesada de fondo grueso que conduzca el calor de forma homogénea y mantenga el arroz a una temperatura suave y constante. El caldo debe añadirse de forma gradual para que el arroz, que debe conservarse jugoso, no se inunde en líquido. Remuévalo sin cesar al principio y luego con menos frecuencia hasta que esté cocido. Sirva el *risotto* enseguida, pues continúa absorbiendo líquido durante el reposo.

Fría el arroz unos pocos minutos en aceite para recubrir el grano. Agregue la primera tanda de caldo, asegurándose de que la preparación burbujee suavemente. Remueva hasta que el arroz haya absorbido el caldo antes de añadir la siguiente cantidad.

Repita el proceso, añadiendo más caldo hasta que el arroz esté casi tierno y presente una consistencia cremosa pero todavía esté firme al paladar.

## UTENSILIOS

### OLLA ELÉCTRICA PARA COCER ARROZ

Si prepara mucho arroz quizá le merezca la pena invertir en una olla eléctrica para cocerlo, pues obtendrá un arroz perfecto. En las ollas eléctricas podrá cocer cualquier tipo de arroz y además lo conservará caliente una vez cocido, evitando que se pegue o reseque.

### ESPÁTULA PARA ARROZ

En Japón esta espátula plana se suele fabricar con madera o bambú y se utiliza para dar vueltas al arroz pegajoso, una técnica con la que el arroz se ahueca y mejora su apariencia. La espátula también se utiliza para servir el arroz a los comensales. Cada persona recibe una o dos espátulas colmadas de un recipiente de madera, al margen de la cantidad de arroz cocinada. Al ahuecar el arroz utilice un movimiento lateral cortante.

### ESTERILLA JAPONESA

Si desea preparar *sushi* deberá comprar una de estas sencillas y eficientes esterillas. La esterilla actúa como guía para enrollar el arroz o el *nori* (alga marina).

## Recetas clásicas

**Paella** Colorida mezcla de arroz, azafrán y otros ingredientes. La paella valenciana original contenía anguilas, caracoles y judías. En la actualidad, aunque no existen reglas generales, puede mezclarse en ella toda una amplia gama de ingredientes para obtener un maravilloso sabor. El arroz y el azafrán son esenciales, pero puede incorporar tanto pollo como conejo, marisco, sepia o calamares, además de tomate, cebolla y casi cualquier hortaliza que le guste.

**Biryani** Sensacional plato indio, muy completo, a base de arroz y yogur con pollo o buey, hortalizas, frutos secos y especias.

**Kedgeree** Un *curry* suave a base de arroz, eglefino ahumado y huevos duros.

**Sushi** Arroz japonés aromatizado, cubierto o enrollado con pescado u hortalizas crudos.

**Risotto** Famoso plato italiano procedente de la región del Piamonte. El arroz de grano redondo se remueve lenta y gradualmente con caldo, con lo que finalmente se obtiene un arroz rico y cremoso. Pueden incorporársele ingredientes tales como setas frescas o secas, pescado, marisco, pollo, salchichas y judías. La adición de queso parmesano es fundamental.

**Nasi goreng** Plato de arroz típico indonesio preparado con restos de arroz y salteado con tiras de tortilla, diferentes carnes y pescados cocidos y, en ocasiones, hortalizas.

# harina

Utilizada como ingrediente básico en la preparación de panes, pasta, fideos, pasteles y pastas, la harina se fabrica a partir de diferentes partes del cereal. Aunque también tiene otros usos en la cocina, tales como los de cubrir los alimentos y espesar las salsas, la harina se utiliza por lo general para preparar masas y pastas, produciendo, según el tipo de harina empleado, diferentes efectos.

**Harina común**
Blanca, se obtiene con una mezcla de trigo duro y blando. Apropiada para las preparaciones caseras elaboradas en el horno, incluyendo pan, pasteles y panes rápidos.

**Harina con levadura incorporada** Para cualquier uso a la que se ha incorporado sal y levadura.

**Harina de alforfón** O harina de trigo sarraceno. Se puede mezclar con harina de trigo para preparar pan. También se emplea para preparar los blinis rusos.

**Harina de arroz** Es pobre en gluten, por lo que no se debe utilizar más de una parte de harina de arroz por cuatro partes de harina de trigo en una receta para pan.

**Harina de centeno** Disponible en establecimientos especializados en productos dietéticos en sus variedades morena y oscura. Ambas harinas producen un pan con cuerpo y sabor ligeramente ácido. Su masa es frágil, por lo que debe amasarse suavemente. Utilice una parte de harina de trigo por dos partes de harina de centeno morena y una parte de harina de trigo por una parte de harina de centeno oscura.

**Harina de pastelería** Harina de trigo blanda con un bajo contenido en gluten y elevado contenido en almidón. Produce unas migas blandas desmenuzables, ideal para preparar pasteles y algunas pastas.

**Harina de trigo duro, de fuerza o para pan** Contiene una elevada proporción de una proteína especial que, al mezclarse con agua, forma el gluten. Éste proporciona elasticidad a la masa, la cual, si se amasa y deja levar correctamente, da lugar a un pan tierno y bien subido.

**Harina de trigo integral** Se obtiene a partir del grano de trigo entero incluyendo el salvado y el germen de trigo. La mayoría de las harinas actuales se muelen en cilindros de acero. La harina molida a la piedra se prepara siguiendo el método tradicional, moliéndose entre dos piedras. Este proceso es más lento y en consecuencia se considera que la harina tiene mejor sabor. Empleada sola, la harina produce un pan más oscuro, pesado y compacto. La harina de trigo integral puede utilizarse en la preparación de pastas integrales, sola o bien con una proporción de harina blanca para obtener resultados más ligeros.

**Harina para pasta** El trigo *durum*, la variedad más dura cultivada, proporciona una masa consistente, ideal para la fabricación de la harina comercial.

## Trabajar la harina

▼ **Tamizar** Si tamiza la harina, la masa se airea, con lo que se obtiene una pasta ligera y crujiente. Utilice un tamiz para harina o sacúdala sobre un colador de malla fina dispuesto sobre un cuenco grande.

▲ **Extender la masa** Si enharina tanto la superficie de trabajo como el rodillo evitará que la pasta se pegue a ambos.

▼ **Practicar un hueco**
Algunas masas precisan que se forme un cuenco en el centro de la harina antes de agregar los ingredientes húmedos. Coloque la harina sobre la superficie de trabajo limpia. Empuje la harina desde el centro a los lados, practicando un agujero grande en el centro.

▲ **Cubrir** La harina sazonada con sal y pimienta puede utilizarse para recubrir escalopes, pescado y otros alimentos. Coloque un poco de harina en un plato hondo y añada los condimentos. Pase la carne por la harina asegurándose de que ambas caras queden cubiertas.

---

### Harina blanqueada

*Los fabricantes de harina solían blanquearla tratándola con cloro, pero en la actualidad esta práctica no es tan común. La harina no blanqueada tiene un color pálido cremoso. Lea el paquete si desea asegurarse de que no adquiere harina blanqueada artificialmente.*

## Masas para pan

Un amasado fuerte y constante desarrolla el gluten en la masa, responsable de la textura homogénea de los panes sin agujeros o zonas densas. Un exceso de harina da como resultado un pan denso y seco.

Empuje la masa hacia delante y atrás con la palma de la mano para extenderla. Déle un cuarto de vuelta, dóblela y repita la operación. Repita el proceso de 5 a 10 minutos más hasta obtener una masa fina con minúsculas burbujas de aire.

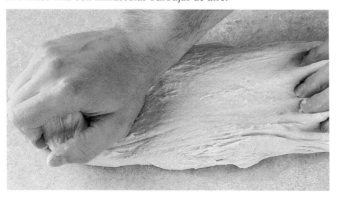

## CONSERVACIÓN

La harina común puede guardarse en un recipiente hermético, en un lugar fresco, seco y oscuro, y se puede utilizar en el transcurso de seis meses. Si refrigera la harina blanca se conservará hasta un año.

Las harinas integrales se vuelven rancias con mayor rapidez, pues contienen salvado y germen de trigo rico en aceite. Deben guardarse en un recipiente hermético y emplearse en el transcurso de tres meses. Para evitar la contaminación, guarde ambas harinas en recipientes separados.

harina

147

# panes y levadura

El pan constituye la base de los bocadillos y los budines de pan, aunque tiene otras muchas aplicaciones en forma de migas, picatostes y tostadas. El pan rallado proporciona una cobertura protectora a los alimentos fritos u horneados, mientras que los picatostes aportan textura a sopas y ensaladas. Las tostadas se emplean para acompañar sopas, para absorber los fondos de cocción de carnes o caza o para colocarse sobre algunas sopas como la de cebolla francesa.

## PAN RALLADO

Para obtener pan rallado seco hornee migas de pan frescas a 190 °C durante 3-5 minutos. Si desea preparar migas de pan fritas, fría migas de pan frescas en aceite y mantequilla calientes durante

3-5 minutos o hasta que estén doradas. Para preparar pan rallado fresco, retire la corteza de unas rebanadas, rompa la miga, póngala en el robot eléctrico y accione el aparato hasta que se formen migas finas. Para que éstas presenten una textura más fina y regular, páselas a través de un tamiz fino metálico.

## TOSTADAS MELBA

Estas tostadas finas en forma de triángulos curvados constituyen el acompañamiento tradicional de patés y *mousses* saladas, así como de sopas cremosas y ensaladas. Esta técnica es apropiada para emplear pan blanco de la vigilia cortado en rodajas muy finas ligeramente tostadas por ambas caras.

Retire la corteza a las rebanadas de pan y córtelas por la mitad en sentido horizontal con un cuchillo de sierra. Coloque la parte sin tostar dispuesta hacia arriba sobre una placa de hornear. Hornee a 190 °C 5-10 minutos o hasta que la tostada esté dorada y los extremos curvados.

## PICATOSTES Y TOSTADAS

Los picatostes son pequeños dados de pan blanco, mientras que las tostadas tienen mayor tamaño. Éstas pueden ser de pan moreno o blanco. Para obtener picatostes y tostadas crujientes, los cocineros franceses utilizan pan de la vigilia.

▶ **Freír picatostes** Caliente 5 mm de aceite de oliva y una nuez de mantequilla hasta que empiecen a espumar. Agregue los dados de pan y remuévalos a fuego vivo unos 2 minutos hasta que estén crujientes. A continuación, escúrralos.

◀ **Tostadas** Tueste rebanadas no demasiado gruesas de pan de barra en el *grill* muy caliente durante unos 2 minutos, hasta que estén doradas. Déles la vuelta y tuéstelas por la otra cara.

▶ **Dar forma a las tostadas** Corte círculos o formas con un cortapastas y prepárelos como arriba u hornéelos sobre una placa a 190 °C durante 10-15 minutos o hasta que estén dorados, dándoles una sola vuelta. Frótelas con un diente de ajo cortado.

## CROSTINI Y TORRADAS

Los *crostini* son rebanadas finas de pan tostado cubiertas con una mezcla salada. Las torradas son rebanadas más gruesas de pan rústico tostadas o al *grill*. Ambos pueden frotarse con un diente de ajo cortado o con tomate y rociarse con un aceite de oliva afrutado para cubrirse con una amplia selección de ingredientes.

**Crostini con aceite de oliva**
Tueste las rebanadas de pan y pincele una cara con aceite de oliva mientras todavía estén calientes.

**Torradas con ajo** Frote ambas caras de una rebanada de pan con la parte cortada de un diente de ajo y luego tuéstelas hasta que estén doradas.

## BUDINES DE PAN

Para preparar budines de pan utilice siempre un pan de calidad, como el de molde tradicional o de *brioche*. Cuando utilice pan para forrar un molde, como en el budín de verano (*véase* derecha), asegúrese de que lo coloca limpiamente para obtener un acabado atractivo. Empiece forrando el molde con una o varias rebanadas de pan cortadas de modo que se ajusten a la base; superponga las rebanadas alrededor de las paredes. Use pan de la vigilia: conserva mejor su forma entre las jugosas frutas.

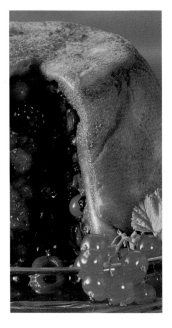

## AGENTES LEVANTES

**Levadura** Puede utilizar tanto levadura de panadero fresca como seca en las recetas. Como guía, 15 g de levadura fresca equivalen a una cucharada de gránulos de levadura seca. Ambas podrán alcanzar una temperatura máxima de 30 °C, pero mas allá de la misma se estropearán y ya no serán efectivas.

**Bicarbonato sódico** El bicarbonato sódico mezclado con un ingrediente ácido y un líquido desprende dióxido de carbono, el cual provoca que la masa, el pan o el pastel leve. Puede emplearse como ácido zumo de limón, vinagre o leche ácida. Para los panes de soda se suele emplear suero tradicionalmente, aunque también pueden utilizar crema tártara, un ácido obtenido a partir de uvas fermentadas.

**Levadura en polvo** Consiste en una mezcla de bicarbonato sódico y un ácido seco. Mezclada con un líquido como la masa, el ácido seco y el bicarbonato sódico reaccionan juntos desprendiendo dióxido de carbono. Trabaje rápidamente una vez haya incorporado el líquido a los ingredientes secos, pues el dióxido de carbono se escapará rápidamente.

## CÓMO UTILIZAR LA LEVADURA

▶ **Levadura fresca** Desmenuce la levadura en un cuenco y añádale un poco del agua caliente indicada en la receta. Tápela y deje reposar hasta que aparezcan burbujas.

▶ **Levadura seca** Espolvoree los gránulos sobre un poco del agua caliente indicada en la receta. La mayoría de las recetas recomiendan agregar un poco de azúcar para facilitar la acción de la levadura. Tápela y déjela reposar hasta que quede espumosa.

▶ **Levadura fácil de mezclar** Agregue los gránulos de levadura a los ingredientes secos y remueva. Vierta un poco del líquido caliente y mezcle. Algunas marcas sólo precisan un levado. Compruebe la fecha de caducidad: las levaduras rápidas tienen una vida corta.

# pasta

La mayoría de las pastas del sur de Italia se preparan tan sólo con harina y agua, pero en el norte del país se añaden a menudo huevos a la masa (pasta *all'uovo*). En un principio la pasta al huevo sólo podía prepararse en casa, pero los fabricantes encontraron la forma de producir pasta al huevo y en la actualidad está disponible en una amplia gama de formas. La pasta al huevo tiene más sabor que la común y combina mejor con las salsas cremosas. La pasta común liga con los ingredientes tradicionales del sur, como el tomate, el ajo, la cebolla y el aceite de oliva. Aunque algunas pastas como los espaguetis normalmente no llevan huevo, deberá comprobar la receta para averiguarlo.

## COCER LA PASTA

Utilice una olla grande para que la pasta pueda moverse libremente en el agua hirviendo. Como guía aproximada cuente 4 partes de agua y una cucharada de sal por cada 500 g de pasta. Añada la sal y una cucharada de aceite para evitar que la pasta se pegue durante la cocción. Cuézala destapada y a fuego vivo hasta que esté *al dente* (*véase* página siguiente), removiendo de vez en cuando.

◄ **Pasta corta** Ponga a hervir agua en una cacerola grande. Añada la sal y una cucharada de aceite de oliva. Agregue la pasta de golpe y lleve de nuevo el agua a ebullición. Cueza con el recipiente destapado y a fuego vivo hasta que la pasta esté *al dente*, removiéndola de vez en cuando.

◄ **Pasta larga** La técnica para pastas largas como los espaguetis o los *tagliatelle* largos consiste en deslizarlos lentamente en el agua. A medida que se ablanden en el agua, introdúzcalos un poco más dejando que se curven pero sin que se rompan. Calcule el tiempo de cocción a partir del momento en que el agua vuelva a hervir una vez haya sumergido los espaguetis. La olla italiana especial para pasta resulta ideal para cocer pasta larga. Una vez cocida, escúrrala bien, enjuague la olla, devuélvala al fuego, añada un poco de mantequilla o 1-2 cucharadas de aceite de oliva y devuelva la pasta al recipiente removiéndola a fuego vivo hasta que esté brillante.

## Al dente

*Aunque el término al dente se aplica en cocina a diferentes alimentos, se asocia sobre todo a la cocción de la pasta. Este término italiano significa «firme al paladar», punto en que siempre debe quedar la pasta cocida, pues cocida en exceso queda desagradablemente blanda. Para comprobar el punto de cocción, levante un poco de pasta del agua hirviendo justo antes del tiempo de cocción recomendado. Si la pasta está perfectamente cocida, resultará tierna sin ningún regusto amargo, pero todavía debe presentar cierta resistencia al paladar.*

## Tiempos de cocción

Calcule los tiempos de cocción de cualquier tipo de pasta a partir del momento en que el agua vuelve a hervir una vez incorporada la pasta, comprobando el punto de cocción antes de escurrirla. Si la pasta ha de cocerse posteriormente (la lasaña, por ejemplo), reduzca ligeramente el tiempo de cocción inicial.

- **Pasta fresca** 1-3 minutos o de acuerdo con las instrucciones del paquete
- **Pasta fresca rellena** 3-7 minutos o de acuerdo con las instrucciones del paquete
- **Pasta seca y fideos** 8-10 minutos o de acuerdo con las instrucciones del paquete
- **Formas de pasta seca** 10-20 minutos o de acuerdo con las instrucciones del paquete

## Formas adecuadas para cada salsa

Antes de decidir qué salsa va a preparar, un cocinero italiano tendría en cuenta el tipo de pasta disponible. Las salsas espesas y cremosas ligan con formas como los macarrones rayados o los *fusilli*; las salsas a base de aceite de oliva quedan bien con pastas finas como los espaguetis o *linguine*; y las salsas de carne con láminas de pasta cocidas como la lasaña o los canelones.

## Utensilios

### OLLA PARA PASTA

Una buena adquisición si va a cocinar grandes cantidades de pasta, aunque también puede emplearse para otras cocciones. Está fabricada con acero inoxidable y consiste en un recipiente perforado que se acopla en el interior de la olla. Cuando la pasta está cocida, simplemente se levanta el recipiente interno para que se escurra el agua.

### MÁQUINA PARA PASTA

Para preparar su propia pasta en casa necesitará una máquina para pasta, la cual extiende la masa dándole el grosor requerido y la corta en la forma elegida. Si no dispone de la misma, tendrá que extenderla a mano unas 10 veces.

### PINZAS PARA PASTA

Estas pinzas permiten servir con facilidad pastas largas como los espaguetis o los *tagliatelle*. Las pinzas dentadas agarran la pasta sin cortarla. También son útiles para levantar una o dos tiras de pasta al comprobar el punto de cocción.

## Recetas básicas

**Minestrone** En la composición de esta famosa sopa italiana entran pastas secas como macarrones o estrellas junto con hortalizas y judías. También puede añadirse tocino entreverado al gusto.

**Spaghetti alla carbonara** Se trata de uno de los platos de espaguetis más apreciados, con una salsa cremosa a base de huevos, tocino y crema de leche.

**Fettuccine all´Alfredo** (o tallarines) Con una salsa opulenta a base de crema de leche espesa y queso parmesano. Fue ideada por un cocinero romano llamado Alfredo y es muy rápida y fácil de preparar.

**Linguine al granchio** Otro plato romano preparado con pasta y carne de cangrejo, vino blanco, tomates y hierbas.

**Pasta alla bolognese** Espaguetis o *tagliatelle*. La salsa boloñesa tradicional se prepara con panceta, buey y cerdo picados.

**Spaghetti cacio e pepe** En Roma, al igual que en otras partes de Italia, los platos de pasta pueden ser muy sencillos. Este plato de espaguetis con queso y pimienta es sabroso y nutritivo.

| Tipo | Forma | Descripción | Pastas similares |
|------|-------|-------------|------------------|
| **Espaguetis** | Pasta larga | La pasta más familiar y todavía la más popular en Nápoles, su lugar de origen. Su longitud y anchura varían de región a región y se presenta en diferentes sabores y colores (de espinaca, de tomate, integral y con chile) | *Linguine* (espaguetis muy finos con extremos aplanados); *linguinette* (todavía más finos); *fusilli* (espaguetis en forma de tirabuzón) |
| ***Tagliatelle*** (tallarines anchos) | Pasta larga | Procede de Bolonia, en el norte de Italia. Se suele vender normalmente en forma de nidos (seca) o enrollada holgadamente (fresca). Tiene forma de cinta y puede haberse preparado con o sin huevo. Se encuentra disponible en diferentes sabores, siendo el verde o de espinacas el más popular, junto con el natural | *Fettuccine* (versión romana de los *tagliatelle*, en la que los tallarines son un poco más finos); *tagliatelline*, *tagliarini* (versiones más finas de los *tagliatelle*); *pappardelle* (vendidos normalmente como pasta fresca y más anchos que los *tagliatelle*). Los *pappardelle* tradicionales tienen extremos ondulados |
| ***Vermicelli*** | Pasta larga | Forma muy fina de espaguetis procedente de Nápoles. Disponible con o sin huevo | *Capelli d´angelo* (cabello de ángel) |
| **Macarrones** | Pasta corta | Formas de pasta cortas y huecas. Existen varias versiones de diferentes tamaños y longitudes y se encuentran disponibles con o sin huevo | *Penne* (tubos más finos cortados en diagonal); *rigatoni* (tubos acanalados); *tubetti* (pequeños macarrones utilizados en sopas; *ziti*, una versión más fina de los *maccheroni*); *chifferini* (pequeños tubos curvados, lisos o acanalados) |
| ***Maccheroni*** (fideos gruesos) | Fideos gruesos tubulares | Pasta tubular popular en el sur de Italia | |
| **Conchitas** | Pasta corta | Pasta en forma de conchas. Disponible en diferentes tamaños, colores y sabores | *Lumache* (caracolas) |
| **Mariposas** | Pasta corta | Atractiva pasta en forma de mariposa o pajarita. Generalmente tiene unos bordes dentados y puede ser tanto plana como acanalada. Disponible en diferentes colores | |
| ***Fusilli*** | Pasta corta | Espirales de pasta fina. Las espirales se abren durante la cocción. Los *fusilli* tradicionales son lisos y sin colorear, aunque también se elaboran con huevo y espinacas | *Eliche* (similares a los *fusilli*, aunque las espirales son más parecidas a un tirabuzón). Esta pasta no se abre durante la cocción |
| **Lasaña** | Pasta plana | Las láminas de pasta pueden ser planas, con extremos lisos o dentados, y acanaladas en un extremo o a ambos. La lasaña se encuentra disponible con o sin huevo y se suele presentar en tres sabores o colores: al natural (amarilla), con espinacas (verde) e integral (marrón). La lasaña por lo general se precuece y se hornea a continuación entre capas de salsa | Canelones (los preparados consisten en un tubo de pasta grande. Al igual que la lasaña se emplean para hornear con salsa de carne, hortalizas y queso); *lasagnette* (un cruce entre los *tagliatelle* y la lasaña, cuyos extremos pueden estar acanalados en una o ambas partes) |
| **Pastina** | Pasta para sopa | Nombre genérico para un número casi indefinido de pequeñas formas de pasta empleadas en caldos y sopas | Estrellitas; *risoni* (en forma de arroz); *annellini* (círculos minúsculos); *farfalline* (mariposas pequeñas) |
| **Raviolis** | Pasta rellena | Envolturas cuadradas rellenas. La pasta puede ser al natural, integral, con huevo o aromatizada con espinacas, tomate, tinta de calamar o azafrán. Existe una amplia variedad de rellenos | *Rotondo* (raviolis ovalados); *tortelloni* (círculos de pasta rellenos, doblados y pinzados); *cappelletti* (parecidos a los *tortelloni* pero preparados con cuadrados de pasta) |

legumbres y cereales

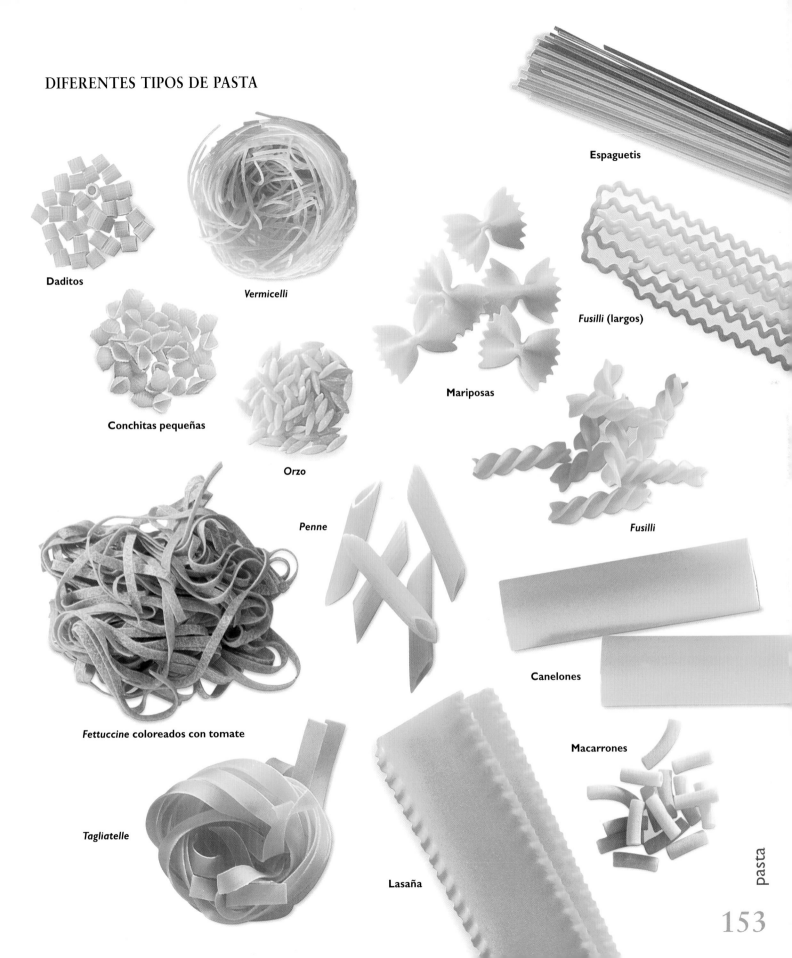

# DIFERENTES TIPOS DE PASTA

**Espaguetis**

**Daditos**

*Vermicelli*

*Fusilli* (largos)

**Conchitas pequeñas**

**Mariposas**

*Orzo*

**Penne**

*Fusilli*

**Fettuccine** coloreados con tomate

**Canelones**

**Macarrones**

*Tagliatelle*

**Lasaña**

**Fideos de arroz**

**Fideos de arroz planos**

**Fideos de celofán**

**Fideos de huevo**

**Fideos de alforfón (superior)
y fideos udon (inferior)**

# FIDEOS ASIÁTICOS

Los chinos han consumido fideos desde el siglo I a. C. y desde entonces su popularidad se ha ido extendiendo a otros muchos lugares de Asia. Al igual que en el caso de la pasta italiana, existen diferentes variedades, aunque la mayor parte de los fideos orientales están preparados con trigo, arroz, alforfón o judías mungo; en algunas regiones también se preparan con maíz y algas.

**Fideos de arroz** Son la variedad más popular en las regiones arroceras de China y del sudeste asiático. Los fideos de arroz son pálidos y frágiles, se presentan en varios grosores y la mayoría se vende en forma de madeja. Los fideos de arroz han sido precocidos, por lo que sólo requieren una cocción mínima. Compruebe las instrucciones del paquete para establecer el tiempo de cocción.

**Fideos de celofán** También denominados fideos mungo o fideos de cristal, se parecen a los fideos de arroz, pero a diferencia de éstos son sorprendentemente firmes, resistentes y difíciles de romper. Córtelos con unas tijeras para darles la longitud requerida (no se rompen como los de arroz). Están indicados como componente de cacerolas, sopas y rollitos de primavera, pues absorben los sabores de los otros ingredientes. Remójelos bien en agua antes de emplearlos.

**Fideos de huevo** Populares en China y Japón, donde se denominan fideos ramen. Se presentan en varios grosores, tanto frescos como secos. Todos los fideos de trigo pueden cocerse solos o como integrantes de una receta. Muchos se benefician de un remojo, pero es preferible comprobar las instrucciones del embalaje.

**Fideos de alforfón** Los fideos soba son los más conocidos de esta categoría. Tienen un color marrón verdoso y un sabor más pronunciado que los de trigo. Lea las instrucciones del paquete, pues el tiempo de cocción depende del grosor de los fideos.

**Fideos udon y somen** Fideos japoneses que se venden tanto frescos como secos. Lea las instrucciones del paquete para los tiempos de cocción. Los fideos secos quedan mejor si se remojan con antelación.

## COCER FIDEOS

La mayoría de los fideos chinos y japoneses deben cocerse antes de saltearse. Entre las excepciones se encuentran los fidelos de celofán y de arroz, que sólo han de remojarse.

▼ Cuézalos en agua salada hirviendo hasta que estén tiernos. Escúrralos y enjuáguelos con agua fría para evitar que continúen cociéndose. Escúrralos de nuevo, asegurándose de que pierden el exceso de agua.

▲ Ahora ya están listos para saltear. Ponga en el fuego el *wok* hasta que esté bien caliente pero no humeante. Añada 1-2 cucharadas de aceite y caliente. Agregue los fideos y aromatizantes y saltee a fuego vivo 2-3 minutos, removiendo hasta que estén recubiertos con aceite.

# hortalizas

# cebollas

La familia de las cebollas es amplia y variada. Las cebollas y el ajo son por lo general redondos y están recubiertos con pieles parecidas al papel, mientras que las cebollas tiernas y los puerros son largos, de color verde y con extremos bulbosos.

## Elección

Las cebollas deben tener un buen color, sin signos visibles de magulladuras o germinación, y firmes al tacto. Las cebollas expuestas a las heladas tienen un tacto ligeramente blando, así que téngalo presente si el tiempo ha sido particularmente frío.

### RENDIMIENTO

I CEBOLLA PEQUEÑA

¹/₃ taza

I cucharadita de cebolla en polvo

I cucharada de cebolla seca

## CONSERVACIÓN

Las cebollas deben guardarse en un lugar fresco y seco, como es el caso de una despensa fresca, donde se conservarán de tres a cuatro semanas. No las guarde en la nevera, pues se ablandarían. No guarde tampoco las cebollas cortadas, pues su aroma contaminaría al de los alimentos cercanos.

**Cebolla amarilla**

### Cebollas amarillas
Son las más habituales. La piel es de un marrón dorado y una consistencia que recuerda al papel. Poseen un fuerte sabor a cebolla y son ideales para platos cocinados.

**Cebollas Vidalia** Estas populares cebollas americanas se cultivan en el sudoeste del estado de Georgia. Son muy dulces, crujientes y jugosas, con un toque picante. Dan muy buenos resultados crudas y cortadas finas en ensaladas. También son excelentes asadas.

### Cebollas de las Bermudas
Cebollas grandes, ligeramente más rechonchas que las españolas. Sabor suave. Buenas crudas en ensaladas.

### Cebollas rojas
También denominadas cebollas italianas. Bajo su bonita piel de color rojo púrpura se esconde una carne blanca moteada con líneas rojas. La carne es muy dulce y jugosa. Muy buena en ensaladas crudas o cocida en aquellos platos donde se precise un inconfundible sabor dulce.

**Cebolla roja**

### Cebollas blancas
Cebolla americana con la piel blanca. Su sabor es bastante fuerte y pungente. Por lo general se utilizan para cocer, ya que proporcionan muy buen sabor. Buenas en aquellas ensaladas donde se precisa un sabor a cebolla pronunciado.

### Escalonias
Cebolla pequeña que se divide en dos o más dientes al pelarse. Huele menos que la cebolla común y se considera que es más suave y fácil de digerir. Es una hortaliza aromática muy popular en la cocina francesa, donde se usa en un buen número de recetas clásicas. Se reducen sensiblemente al cocerse, pero no las deje dorar al saltearlas, pues amargarían.

**Cebolla blanca**

### Cebollitas para encurtir
Cebollas pequeñas blancas o de tono pálido. La París Silverskin es de un blanco inmaculado y tiene el tamaño de una canica. La Giant Zittau gigante es más grande y tiene una piel más oscura. La mayoría de estas cebollas se utilizan para encurtir, pero también son útiles para preparar broquetas y en aquellas recetas donde se precise una cebolla pequeña.

**Escalonias**

### Cebollas perladas
De mayor tamaño que las cebollitas para encurtir, se conocen también bajo el nombre de cebollas baby. Tienen un delicioso sabor de lo más fino. Resultan particularmente dulces y pueden emplearse en gran número de platos.

**Cebollitas para encurtir**

## COCER CEBOLLAS

Las cebollas cocidas no quedan nunca tan fuertes como las crudas, ya que sus ácidos se volatilizan durante la cocción. Los diferentes métodos de cocción determinan su sabor y lógicamente el del plato que se esté preparando.

▶ **Hervir** las cebollas da un sabor a cebolla ligeramente cruda, pero cuanto más tiempo se cuezan más suaves quedarán. Las escalonias se cuecen a menudo de esta forma, desintegrándose a veces y dejando un sabor sutil a cebolla.

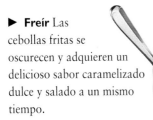

◀ **Saltear** Las cebollas cortadas o picadas y salteadas se ablandan si no se dejan dorar en exceso, en cuyo caso el sabor todavía sería bueno, aunque poco pronunciado.

▶ **Freír** Las cebollas fritas se oscurecen y adquieren un delicioso sabor caramelizado dulce y salado a un mismo tiempo.

◀ **Asar** Las cebollas asadas solas o en compañía de otras hortalizas adquieren un sabor excelente, pues el asado realza su dulzor natural.

## CÓMO EVITAR LAS LÁGRIMAS

Los aceites volátiles de las cebollas pueden irritar los ojos y hacerle llorar. Para evitarlo, deje el extremo de la raíz intacto mientras las pique. También puede pelarlas sumergidas en un cuenco de agua fría.

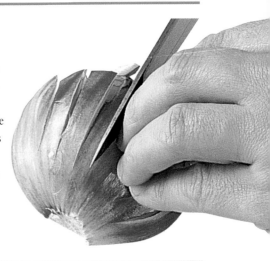

## PELAR CEBOLLAS

Es más fácil retirar las pieles de las cebollas pequeñas, como por ejemplo las perladas, si las deja reposar en agua caliente unos minutos. La piel se desprenderá con facilidad.

### Recetas clásicas

*Pissaladière* Flan típico de Niza preparado con pasta o masa de pan cubierta con una capa espesa de cebollas y una segunda de anchoas y aceitunas negras.

**Sopa de cebolla** Sopa tradicional francesa de cebollas caramelizadas cubiertas con pan tostado y queso gruyère rallado.

**Anillos de cebolla** Rodajas de cebolla enharinadas y fritas en aceite caliente. Acompañamiento popular para las hamburguesas.

**Cebollas rellenas** Cebollas enteras blanqueadas, parcialmente vaciadas, rellenas con una farsa de carne y arroz, y por último horneadas.

**Cebollas *bhaji*** Albóndigas fritas especiadas con cebollas picadas y harina de garbanzos. Se sirven como entrada o guarnición.

cebollas

# puerros y cebollas tiernas

Los puerros son parientes del ajo y las cebollas, aunque de sabor más suave. De la familia de las cebollas, el puerro es el único que precisa una limpieza a fondo. Debe cocerse para evitar su sabor crudo desagradable. Puede degustarse tanto frío como caliente. Las cebollas tiernas tienen un sabor suave y pueden utilizarse en ensaladas o platos cocinados en los que el sabor de las cebollas comunes resulte demasiado fuerte. Los tallos se utilizan a menudo como aromatizantes.

## CORTE ASIÁTICO

En muchos países orientales se utilizan tanto las partes verdes como las blancas de las cebollas tiernas. Córtelas en sentido diagonal empezando por la parte superior del tallo verde oscuro y trabajando hacia la raíz. Utilice sus nudillos como guía para el cuchillo.

**Cebollas tiernas**
No son más que cebollas jóvenes recolectadas mientras sus tallos todavía son verdes y frescos, y antes de que el bulbo haya engordado.

**Puerros** Deben tener las hojas vivas y brillantes, sin máculas ni partes blandas. Los puerros medianos, de unos 2,5 cm de diámetro, son los más tiernos.

## LAVAR PUERROS

Separe las hojas y enjuáguelas bajo el chorro de agua fría hasta que no queden restos de arena y suciedad entre las hojas.

## CONSERVACIÓN

Las cebollas tiernas deben guardarse hasta tres días en el cajón de las verduras de la nevera. Los puerros, a su vez, deben guardarse dentro de una bolsa de plástico en el verdulero de la nevera o en un lugar fresco y oscuro, donde se conservarán hasta una semana.

### INFORMACIÓN NUTRICIONAL

Puerros y cebollas tiernas contienen cantidades nada despreciables de vitamina C, así como de calcio y hierro. Se cree que el ajo baja el nivel de colesterol en la sangre, con lo que reduce el riesgo de infarto. El ajo crudo también contiene un poderoso antibiótico y se cree que facilita la absorción de vitaminas; además, se cree que tiene efectos beneficiosos sobre el cáncer y los infartos. No obstante, hay quienes sostienen que dichas propiedades saludables del ajo están por demostrar y que deberían ingerirse hasta siete dientes de ajo diarios para obtener tales efectos.

El ajo es uno de los ingredientes imprescindibles de la cocina y aporta su sabor fuerte y aromático a un gran número de platos. Pertenece a la misma familia que puerros, cebollas y cebollinos, y al igual que éstos es un miembro de la familia de las liliáceas. El bulbo, recubierto por una piel parecida al papel, se compone de varias secciones denominadas clavos, también recubiertas con piel.

El sabor del ajo depende del clima en que ha crecido. En el sur de España, Portugal y Turquía, donde los días son largos y cálidos y las noches frías, se obtienen los ajos más fuertes.

Elija ajos gordezuelos de pieles claras y evite los germinados.

**Ajo fresco**

La demanda de ajo fresco ha ido en aumento, de modo que constituye un asiduo de los supermercados en primavera y principios de verano. El sabor del ajo fresco es más suave y menos pungente que el del maduro.

**Ajo púrpura**

A no ser que lo adquiera en comercios especializados, lo cierto es que en el mercado no hay muchas variedades de ajo disponibles. No obstante, el ajo púrpura de dientes grandes y jugosos y sabor potente procedente de la zona francesa de Lautrec se encuentra disponible a finales de agosto.

**Ajos tiernos**

Recolectados antes de su madurez, los tallos se conservan verdes y frescos. Pueden asarse enteros o bien cortar el bulbo y hojas en rodajas para utilizar en ensaladas.

## APLASTAR AJO

La forma tradicional de desprender los aceites pungentes del ajo y facilitar el pelado consiste en colocar la hoja plana de un cuchillo de cocinero sobre un diente de ajo y aplastarlo con el puño.

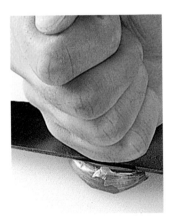

## PRENSADOR DE AJOS

Es un utensilio muy sencillo para majar ajos, más práctico incluso que la hoja de un cuchillo y más limpio que el mortero. Decántese siempre por uno de acero inoxidable o aluminio. Algunos tienen dientes reversibles que facilitan la limpieza.

## CONSERVACIÓN

Guárdelo en un lugar fresco, oscuro y aireado. Si el ambiente es húmedo, el ajo empezará a germinar, pero si es demasiado cálido los dientes se convertirán en un polvo grisáceo. Los bulbos enteros pueden conservarse en pequeños tarros de cerámica; las ristras de ajo, a su vez, pueden colgarse en la despensa o en un lugar frío y oscuro.

## AJO ASADO

El ajo adquiere un sabor más suave y dulce al asarse. Da excelentes resultados como aromatizante, acompañamiento o guarnición. Puede crear «flores» de ajo cortando un sombrero en la parte superior de una cabeza, pincelándola con aceite de oliva y asándola en el horno.

puerros, cebollas tiernas y ajo

# hortalizas de tallo

De entre las hortalizas más tiernas son muchos los que consideran las variedades de tallo la máxima expresión del reino vegetal.

## Elección

El apio debe presentar un aspecto crujiente y jugoso, apretado y compacto, con los tallos sin máculas y las hojas frescas. Cuanto más oscuro sea su color, más fuerte será su sabor. El apio blanco se suele considerar superior al verde, ya que es más tierno y menos amargo, pero sólo se encuentra disponible durante el invierno.

Elija bulbos de hinojo compactos, sin cuartear y de un verde blancuzco; las hojas, a su vez, deben parecer frescas y verdes. Los bulbos de hinojo viejos y duros se desarrollan hasta su extremo superior.

**Cardo** Tiene el aspecto de un manojo de apio silvestre y se prepara arrancando las hojas externas, dejando tan sólo los tallos internos y el corazón. Su sabor es poco pronunciado. De hecho, algunos dicen que parece un cruce entre alcachofa, apio y salsifí, mientras que a otros les recuerda a los espárragos. Puede degustarse crudo o bien hornearse por espacio de 30-40 minutos, hasta que esté tierno.

**Hinojo marino** Aunque no se cultiva a gran escala, no es difícil encontrarlo en los mercados durante su estación, a finales de verano y a principios de otoño. Crece en estuarios y marismas y posee un inconfundible sabor a yodo y sal marina.

**Hinojo** Todas las partes son comestibles, desde el bulbo a los tallos y las hojas frondosas. Puede degustarse crudo o cocido. Cuézalo lentamente asándolo o braseándolo para así realzar su dulzor y dulcificar su sabor a regaliz.

**Apio blanco** También conocido como apio de invierno, tiene una carne blanca debido a que se entierra en la tierra durante su crecimiento para que los tallos no estén expuestos a la luz solar y se mantengan pálidos y blancos.

**Apio verde** Disponible todo el año. Se deja crecer al natural.

## PREPARACIÓN DEL HINOJO

Enjuague los bulbos con agua fría, corte el extremo de las raíces y los tallos y por último corte cada bulbo por la mitad a lo largo.

## Recetas clásicas

**Hinojos con tomate** En este plato provenzal el hinojo se brasea con ajo, tomates, aceite de oliva y vino blanco hasta ablandarlo.

**Hinojos gratinados** El hinojo es muy popular en Italia, tanto que a veces se come como postre. En este plato se blanquea y a continuación se hornea con aceite de oliva o mantequilla, ajo y parmesano.

**Salsas para acompañar los espárragos** Los espárragos se suelen acompañar por lo general con una salsa de mostaza o vinagreta, mantequilla clarificada, salsa holandesa o muselina.

## INFORMACIÓN NUTRICIONAL

El apio y el hinojo contienen vitamina C y potasio; el primero también tiene calcio. Los espárragos contienen vitaminas A, $B_2$ y C y son una excelente fuente de ácido fólico; aportan, además, hierro y calcio. Son un magnífico diurético.

## COCER LOS ESPÁRRAGOS

▼ **Al vapor** Si no tiene una vaporera (*véase* pág. 31), introduzca un manojo con las yemas hacia arriba en un recipiente con unos 10 cm de agua apenas agitándose. Sostenga de pie el manojo apoyándolo con bolas de papel, de aluminio, tape el recipiente con más papel, y cuézalo a fuego lento de 5 a 7 minutos.

## ESPÁRRAGOS

Universalmente admirados, los espárragos se presentan en tres tipos: blancos, verdes y violetas, y pueden ser tanto finos como gruesos. Cuézalos y sírvalos fríos o calientes. Cuente unos 275 g por persona como entrada.

## Elección

No importa cuál sea el tipo de espárrago elegido: decántese siempre por aquellos con los tallos firmes, vivamente coloreados y de yemas compactas, y evite por el contrario los que parezcan leñosos. Para una cocción uniforme seleccione espárragos de tamaño similar.

## CONSERVACIÓN

El apio puede conservarse en el compartimento de verduras de la nevera, donde dura hasta 2 semanas. Si se ablanda, revívalo colocándolo en una jarra con agua. Recorte los extremos de los espárragos y colóquelos holgadamente con las yemas hacia arriba en un vaso alto con 2-4 cm de agua.

**Espárragos violeta** Se dejan crecer de 2 a 5 cm sobre el suelo y tienen un sabor pleno y delicioso.

**Espárragos verdes** Se recolectan cuando los tallos tienen unos 15 cm de altura. Se dice que son los que poseen un mejor sabor.

**Espárragos blancos** Se recolectan tan pronto como aparecen sobre la tierra. Son grandes, tiernos y de sabor delicado.

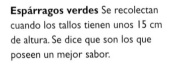

▲ **Asar** El asado intensifica el sabor de los espárragos. Blanquee los tallos más anchos y áselos a continuación en un poco de aceite de oliva de 8 a 10 minutos, o hasta que estén tiernos.

# alcachofas

A diferencia del resto de hortalizas de tallo, que requieren un manejo mínimo en términos de preparación y cocción, las alcachofas precisan cierta dedicación por parte del cocinero y a veces también por el comensal. Tras cortarlas y modelarlas debe retirarse su centro o heno, así como las hojas internas; además, necesitan cierto tiempo para cocinarse. Sin embargo, las alcachofas bien valen dicho esfuerzo, no en vano resultan muy apreciadas gracias a su textura única e inconfundible sabor.

## Elección

Compre alcachofas sólo desde principios de invierno hasta primavera. Un buen ejemplar debe parecer pesado para su tamaño y tener un corazón bien grande. Compruebe la parte superior de modo que las hojas internas estén bien cerradas en torno al corazón.

## CONSERVACIÓN

Las alcachofas pueden envolverse holgadamente y guardarse en la nevera por espacio de 3 o 4 días. Si compra una buena cantidad, blanquee los corazones de 8 a 10 minutos y congélelos hasta un año.

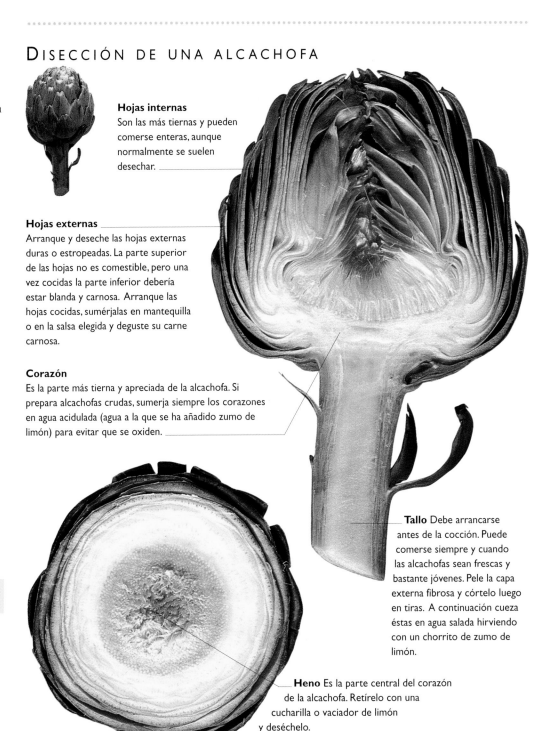

## DISECCIÓN DE UNA ALCACHOFA

**Hojas internas**
Son las más tiernas y pueden comerse enteras, aunque normalmente se suelen desechar.

**Hojas externas**
Arranque y deseche las hojas externas duras o estropeadas. La parte superior de las hojas no es comestible, pero una vez cocidas la parte inferior debería estar blanda y carnosa. Arranque las hojas cocidas, sumérjalas en mantequilla o en la salsa elegida y deguste su carne carnosa.

**Corazón**
Es la parte más tierna y apreciada de la alcachofa. Si prepara alcachofas crudas, sumerja siempre los corazones en agua acidulada (agua a la que se ha añadido zumo de limón) para evitar que se oxiden.

**Tallo** Debe arrancarse antes de la cocción. Puede comerse siempre y cuando las alcachofas sean frescas y bastante jóvenes. Pele la capa externa fibrosa y córtelo luego en tiras. A continuación cueza éstas en agua salada hirviendo con un chorrito de zumo de limón.

**Heno** Es la parte central del corazón de la alcachofa. Retírelo con una cucharilla o vaciador de limón y deséchelo.

**¿Sabía que?**

*Las alcachofas contienen cianina, un componente químico que afecta a las papilas gustativas de algunas personas, realzando los sabores dulces y mitigando los más sutiles. Es por ello mejor no beber buen vino con las alcachofas; sírvalas con agua bien fría.*

**Mini alcachofas** Son toda una exquisitez. Pueden degustarse enteras, incluidos los tallos y las hojas externas, e incluso el heno que casi no se ha desarrollado. En los países mediterráneos se sirven a menudo como componente de una ensalada o guarnición, formando a veces parte de los entrantes y el *antipasto*.

## PREPARAR Y COCER ALCACHOFAS ENTERAS

Las alcachofas maduras se sirven cocidas. Deben prepararse tal como se indica y sumergirse en un recipiente con agua hirviendo salada y acidulada con limón.

Tápelas con un plato y cuézalas a fuego lento de 30 a 40 minutos, o bien hasta que estén tiernas. Existe un aparato especial para sostenerlas hacia arriba durante la cocción.

Las alcachofas estarán cocidas cuando las hojas inferiores se separen con facilidad. Déjelas enfriar si así lo desea y retire entonces el cono central y el heno.

▲ **Quitar las hojas externas** Retuerza el tallo por la base y arranque las fibras duras. Corte el tercio superior de la alcachofa así como las hojas duras externas.

▲ **Quitar el cono** Una vez frías, extraiga el cono blando de hojas situado en el centro y deséchelo.

▲ **Quitar el heno** Con ayuda de un vaciador de melón o una cucharilla, raspe el heno cuidando de no estropear el corazón inferior.

## Recetas clásicas

**Alcachofas a la romana** Receta clásica italiana en la que se fríen mini alcachofas en aceite de oliva.

**Pizza de alcachofas y dolcelatte** Corazones de alcachofa, queso dolcelatte, aceitunas, orégano y parmesano sobre una base de pasta horneada.

***Frittata* de alcachofas y rúcula** Corazones de alcachofa ligeramente fritos y cocidos lentamente con huevos batidos para obtener una *frittata*. Sírvala cortada en porciones y recubierta con hojas de rúcula.

**Cordero braseado con alcachofas y patatas nuevas** Alcachofas pequeñas o corazones de alcachofas guisadas con cordero y hierbas, y espolvoreados con tomillo picado.

**Alcachofas rellenas** Las hojas centrales y el heno se retiran hasta conformar un recipiente perfecto para un relleno, como uno popular italiano que consiste en una mezcla de migas de pan, alcaparras, anchoas, dientes de ajo y perejil.

alcachofas

# patatas

**Larga blanca**

**Canela**

**Roja redonda**

**Nueva**

**RENDIMIENTO**

**3 PATATAS MEDIANAS**

=

575 g

=

**unas 2 tazas de patatas aplastadas**

=

**unas 3 tazas de patatas a rodajas**

=

**unas 2 ¼ tazas a dados**

## Elección

Las patatas se clasifican por su forma (redondas o alargadas) y el color de su piel, que puede ser blanco, canela o rojo. Las patatas nuevas no constituyen ninguna variedad, son tan sólo patatas recién recolectadas. Seleccione las patatas, cerosas o harinosas, de acuerdo con la receta que quiera cocinar. En caso de duda, seleccione una variedad multiuso.

Asegúrese de que la patata es firme y tiene una piel uniforme, sin máculas u ojos visibles, y descarte las que presenten un tono verdoso. Las patatas nuevas deben comprarse completamente frescas, ya que pierden rápidamente su contenido en vitamina C y se deterioran más rápidamente que las viejas. Para facilitar la cocción, elija aquellas que tengan un mismo tamaño y forma.

## ¿Cerosas o harinosas?

Las diferentes variedades de patatas se encuadran en dos categorías: las cerosas, con un elevado contenido en agua y pobres en féculas, y las harinosas, con menos agua y más fécula. Las patatas cerosas, como la roja redonda y la blanca redonda, y las amarillas, como la rosa blanca y la Fingerling alemana, mantienen bien su forma durante la cocción, por lo que son ideales para hervir y utilizar en ensaladas. En cambio, las patatas harinosas, como la canela o la Idaho, se deshacen al hervirse, de ahí que sea preferible hornearlas o hacerlas en puré.

## CONSERVACIÓN

Tanto las patatas nuevas como las viejas deben guardarse en un lugar oscuro, fresco, seco y bien ventilado, como una despensa o un verdulero.

Si se exponen a la luz, desarrollan manchas verdosas que pueden resultar incluso venenosas. Si se guardan en un lugar húmedo pueden enmohecerse. Recorte las zonas verdosas, pero si éstas son muy amplias, tire la patata. No guarde las patatas en la nevera.

Si compra patatas en cantidad, guárdelas en sus propias bolsas. Si éstas son de plástico retírelas, ya que podrían humedecerse.

Las patatas viejas pueden guardarse varios meses, si bien pierden gradualmente su valor nutritivo y se vuelven harinosas. Consuma las patatas nuevas al cabo de dos o tres días de haberlas comprado.

## Un puré de patatas perfecto

No reduzca a puré las patatas en un robot eléctrico, pues quedarían con una textura de chicle. Para obtener un puré de patatas perfecto utilice cualquiera de los siguientes utensilios:

### APLASTAPATATAS

Se presenta en diferentes formas, la más popular de las cuales consiste en un círculo de malla sostenido entre dos pinzas largas o un serpentín grueso en forma de zigzag acoplado a un asa central. Algunos tienen dos cuencos unidos por un asa.

### COLADOR DE PRENSA

Son de acero inoxidable o aluminio y consisten en un cestillo de malla y dos asas, de las que una contiene un disco plano que presiona contra la patata cocida obligándola a pasar entre los agujeros.

### PASAPURÉS

Para obtener el puré más fino y esponjoso, coloque las patatas cocidas sobre el pasapurés, previamente dispuesto sobre un cuenco, y dé vueltas a la manivela para que pasen a través del pasapurés.

## Patatas fritas

Las patatas fritas adquieren diferentes nombres dependiendo de sus formas. Entre las más populares se encuentran las cortadas a tiras de diferentes tamaños.

- Al preparar patatas para freír, colóquelas en un cuenco con agua acidulada (*véase* pág. 169) y séquelas bien antes de freírlas.
- No ponga demasiadas patatas en la sartén, ya que la temperatura del aceite desciende y las patatas quedan grasientas.
- Sale las patatas una vez fritas, pues de lo contrario podrían quedar remojadas.

**Patatas paja** (*Pommes pailles*)
Tiras muy finas de unos 7 cm de longitud.

**Allumettes**
De 3 mm x 6 cm

**Patatas fritas** (*Pommes frites*)
De 0,5 x 7 cm

**Pont Neuf**
De 1 x 7 cm, con extremos y lados bien recortados.
Se sirven apliladas.

### Recetas clásicas

**Patatas duquesa** (*pommes duchesse*) Patatas reducidas a puré con huevo y mantequilla. Se utilizan como acompañamiento o guarnición.

**Patatas a la lionesa** (*pommes Lyonnaise*) Patatas cocidas y salteadas con cebollas a rodajas finas.

**Gratín delfinés** Patatas cortadas a rodajas y enmantecadas y horneadas con una mezcla cremosa de huevo y queso en una fuente poco profunda.

**Rösti de patatas** Patatas precocidas, ralladas y fritas hasta obtener tortitas doradas. Antaño se dejaban reposar toda la noche sobre la nieve para que se secaran.

**Patatas château** Patatas nuevas cocidas lentamente en mantequilla hasta que están tiernas y sabrosas. Se suelen utilizar para acompañar bistés.

**Patatas a la parisina** Denominadas de acuerdo con el utensilio empleado para vaciar patatas (cuchara parisina), se presentan en forma de bolas salteadas en mantequilla y aceite.

## Patatas asadas perfectas

Sancoche las patatas para que se cuezan de forma homogénea. Escúrralas bien y déjelas reposar en una cacerola destapada y fuera del fuego hasta que estén perfectamente secas. A continuación áselas en una fuente, sacudiéndolas de vez en cuando o entallando su superficie con un tenedor.

# otras hortalizas de raíz

**Nabo** Pertenece a la familia de las coles, es pariente cercano del colinabo. Tiene un agradable sabor pimentado así como una buena textura, siempre y cuando no se cueza en exceso. Elija nabos jóvenes pequeños, de color blanco y con un tono verdoso sobre la parte superior. Los nabos pequeños tienen matices púrpura. Elija aquellos nabos que parezcan pesados en relación a su tamaño y tengan la piel lisa y sin mácula.

**Colinabo** Pertenecen a la misma familia que los nabos, aunque son más grandes. A diferencia de éstos, su carne es de color amarillo dorado y presentan un sabor dulce una vez cocidos. Elija nabos firmes y pesados con la piel lisa y sin estropear.

**Chirivía** Son parientes de las zanahorias y algo más dulces que éstas, con cierto matiz a frutos secos. Las más pequeñas tienen mejor sabor que las grandes, de centro leñoso y piel lisa. Evite aquellas que presenten partes blandas o cuarteadas, máculas o tengan la piel gruesa.

**Remolacha** Es pariente de la remolacha azucarera y, de entre todas las hortalizas, es la que posee una mayor proporción de azúcar, lo que no evita que sea muy baja en calorías. Elija remolachas firmes y sin máculas, de tamaño mediano a pequeño. En lo posible, cómprelas en manojos, con sus hojas verdes, que pueden cocerse como las espinacas. Obviamente deben tener un aspecto fresco y saludable.

**Zanahoria** Es muy nutritiva; de hecho, una simple zanahoria proporciona la vitamina A suficiente para todo un día. Decántese por los ejemplares firmes y crujientes de color vivo y piel lisa. Las mini zanahorias quedan muy atractivas en los platos; las jóvenes se venden a menudo con sus hojas, mientras que las maduras son las más dulces y las que contienen una mayor cantidad de vitaminas.

## TORNEAR HORTALIZAS

La mayoría de las hortalizas de raíz, así como los pepinos y los calabacines, pueden transformarse en óvalos o aceitunas que se asemejan a los ejemplares mini. Las

hortalizas torneadas tradicionales presentan siete caras; pueden tener cinco o menos si el tamaño es uniforme.

◀ Corte los nabos y demás hortalizas redondeadas a cuartos; en el caso de las zanahorias y otras hortalizas tubulares, córtelas en trozos de 5 cm de longitud.

▼ Pula con un cuchillo mondador pequeño los bordes puntiagudos. Trabaje desde arriba hacia abajo, torneando la hortaliza y dándole la vuelta hasta obtener una forma ovalada.

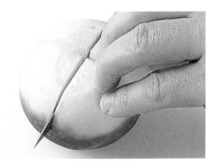

## HORTALIZAS NUDOSAS

Una vez haya pelado la dura piel externa del apio nabo, la aguaturma y el colirrábano, obtendrá un trío de hortalizas sumamente versátiles que pueden cortarse a rodajas o tiras, picarse o rallarse. Utilice un cuchillo pequeño y afilado para pelarlas y trabaje metódicamente, cortando la hortaliza en trozos manejables. La carne se oxida si se expone al aire, por lo que debe mantenerla en agua acidulada (*véase* pág. 169).

**Colirrábano** Es un miembro de la familia de las coles, de color verde pálido y con unos brotes en forma de hojas sobre la parte superior. Su sabor es parecido al de la chirivía, mientras que las hojas tienen sabor a espinacas. Elija bulbos pequeños y pesados con hojas de un verde oscuro; los bulbos más grandes podrían resultar leñosos.

**Apio nabo**
Esta hortaliza se encuentra en su mejor momento en invierno, época en que tiene un pronunciado sabor a apio y una textura firme y densa parecida a las chirivías. Elija bulbos pequeños y firmes (menos de 10 cm de diámetro) sin brotes sobre la parte superior y con el mínimo de nudos. Las raíces, si las lleva, deben estar limpias. Los apio nabos grandes tienden a resultar leñosos.

**Aguaturma** Es pariente del girasol y tiene una carne crujiente y ligeramente dulzona que recuerda a los frutos secos. Elija tubérculos sin zonas blandas ni partes verdosas y con el menor número de nudos.

### CONSERVACIÓN

Las hortalizas de raíz deben conservarse en un lugar fresco y aireado. Las variedades que aparecen marcadas con un * en la lista pueden guardarse en la nevera; si se venden con sus hojas, éstas deben retirarse antes de guardarlas.

| | |
|---|---|
| Zanahorias | **2-3** días* |
| Chirivías | **8-10** días* |
| Nabos grandes | **2+** semanas* |
| Nabos pequeños | **2-3** días* |
| Colinabo | **2+** semanas |
| Remolacha | **3-5** días* |
| Aguaturma | **10-14** días* |
| Colirrábano | **5-7** días* |
| Apio nabo | **5-6** días* |
| Rábano | **5-6** días* |

## RÁBANOS

Los rábanos pueden ser largos, rojos, blancos, negros, de color lavanda, verde pálido o con franjas, y están disponibles también bajo diversas formas redondas, ovaladas o alargadas. El rabanito de colo rojo vivo es el más pequeño y el que presenta un sabor más picante. El negro, a su vez, tiene un sabor más fuerte que las variedades coloridas. Pueden alcanzar hasta los 30 cm de longitud. Elija rábanos firmes, nunca esponjosos. Por lo general se suelen comer crudos, pero pueden cocerse o utilizarse como guarnición.

### GUARNICIONES DE RABANITOS

▼ **Espirales de rabanitos** Ensarte un trozo grande de rábano en una broqueta. Córtelo en forma de espiral todo a lo largo, dándole la vuelta a medida que trabaja.

▲ **Flores de rabanitos** Corte las partes superiores de los rabanitos y entalle a continuación realizando cortes finos cruzados sin llegar a la base. Enfríelos en agua helada para que se abran.

otras hortalizas de raíz

# raíces inusuales y exóticas

## CONSERVACIÓN

Guárdelas en lugar fresco y oscuro.
Las marcadas con un * pueden
guardarse en la nevera.

| | |
|---|---|
| Mandioca | 1-2 semanas |
| Jícama troceada | 1-2 semanas* |
| Jícama entera | 1-2 semanas |
| Salsifí | hasta 3 días* |
| Boniato | 3-4 días |
| Taro | 3-5 días |
| Ñame | 2-3 semanas |

### PREPARAR ÑAME, TARO Y MANDIOCA

El taro, el ñame y la mandioca
contienen bajo sus pieles una
sustancia venenosa que se
destruye durante la cocción.
Si utiliza un mondador, retire
siempre una capa gruesa de
piel. Pélelos cuidadosamente
y lávese siempre las manos tras
prepararlos.

**Salsifí y escorzonera** Estas dos raíces son parientes muy cercanos. Son
largas, finas, terrosas y difíciles de limpiar, y tienen un sabor muy peculiar que
a algunos recuerda el de las ostras, mientras que a otros el de los espárragos
y alcachofas. Aunque difieren en el color de la piel, ambos presentan una
carne de un blanco inmaculado. Pueden cocerse al igual que el resto
de hortalizas de raíz, es decir, reducidas a puré, salteadas o hervidas.
**Salsifí negro** (escorzonera) La piel es marrón o negra, y la carne es
pálida.
**Salsifí blanco** Conocido también como «planta ostra», destaca
por su excelente sabor. Tiene una piel más clara.

**Boniatos**
No están emparentados con las patatas. Existen
dos variedades: una primera con la piel anaranjada
y la carne de un rosa vivo, y una segunda con la piel
más oscura y carne más clara; ambas tienen un sabor
dulce ligeramente pungente. Una vez pelados, deben
sumergirse en agua acidulada.

**Jícama** Es el
tubérculo de una
planta que también produce judías. Se vende toda entera
o troceada y puede pesar de 600 g a 3 kg. Presenta la
forma de un nabo recubierto con una fina piel de color
marrón y la carne blanca. Su sabor y textura recuerdan
a las castañas de agua y puede consumirse cruda si se
corta muy fina. Elija ejemplares pequeños para evitar un
sabor leñoso; una piel gruesa indica que se trata de un
ejemplar viejo. Frótela bajo un chorro de agua fría antes
de pelarla y cortarla.

**Taro** Ampliamente utilizado en África, Asia y el Caribe,
es muy apreciado por su alto contenido en hidratos de
carbono. La variedad más pequeña, denominada *eddo*
o *dasheen*, suele tener el tamaño de una patata nueva,
aunque también hay ejemplares grandes de forma
redondeada. Todos tienen una piel dura e hirsuta y una
carne pálida que se asemeja a la de los nabos. Se dice
que su sabor recuerda al de la patata y la castaña. Los
taros absorben mucho líquido durante la cocción, por lo
que es preferible prepararlos en sopas y guisos. También
pueden hervirse, freírse, reducirse a puré y preparar
buñuelos con ellos. Sírvalos calientes.

**Mandioca** Se trata de una hortaliza de raíz muy popular en el Caribe que se emplea en buen número de platos caribeños y africanos. Se come como una hortaliza, tanto horneada o frita como molida, hasta obtener una harina con la que se prepara un plato tradicional africano denominado *fufu*. La tapioca se obtiene a partir de la mandioca y se emplea como espesante para guisos y empanadillas. Con sus raíces se prepara un licor embriagador.

### Tapioca

*Se utiliza tanto para aromatizar empanadas y budines como para espesar salsas y sopas. Se presenta en forma de harina, bolitas o copos obtenidos de la raíz de mandioca rallada, secada y reducida a pasta.*

**Ñame** Existen diferentes variedades de ñame que varían tanto en la forma como en el tamaño, si bien la mayoría tiene una piel rugosa de color canela y una carne pálida. Al prepararlo, pele la piel bien gruesa y sumérjalo a continuación en agua acidulada (*véase* inferior derecha) para evitar que se decolore. El ñame tiene un sabor bastante soso, pero al igual que las patatas es muy versátil, por lo que puede utilizarse para alargar algunos platos. Es muy bueno frito.

## PREPARAR RAÍCES EXÓTICAS

▼ La mayoría de raíces deben lavarse a fondo y pelarse antes de cocerse. Corte o raspe la piel así como una capa de carne inferior.

▼ Retire los centros leñosos antes de cortarlas en rodajas, tiras o dados. Una vez peladas, sumérjalas en agua acidulada (*véase* inferior).

## MANDOLINA

Es una herramienta básica para cortar hortalizas firmes tales como raíces y tubérculos. Pueden ser de madera o acero inoxidable. Las de uso profesional tienen guardas para sostener las hortalizas mientras se cortan, así como soportes para que puedan mantenerse abiertas sobre la superficie de trabajo. Tienen, además, una hoja fina para cortar en rodajas, una dentada para cortar tiras finas y gruesas, y un cortador ondulado. Todas las hojas son ajustables para cortar a diferentes grosores.

### Un corte perfecto

Las mandolinas dan mejores resultados si se apoyan formando un ángulo sobre la superficie de trabajo: decántese por los modelos provistos de patas. En algunos casos, las patas se atornillan a la superficie de trabajo.

**Agua acidulada** Para evitar que las hortalizas se decoloren u oxiden al pelarlas, póngalas en 1 l de agua mezclada con 3 cucharadas de vinagre de vino blanco o zumo de limón.

raíces inusuales y exóticas

**169**

# hortalizas de hoja

Las hortalizas de hoja, versátiles y muy nutritivas, tienen un sabor y una textura únicas al tiempo que proporcionan color a toda clase de preparaciones. Resultan deliciosas salteadas o al vapor y algunas, como las espinacas y el diente de león, pueden comerse crudas en ensaladas (*véase* pág. 190). La mayoría, sin embargo, se benefician de la cocción, durante la cual pierden casi la mitad de su volumen, por lo que es preciso calcular la proporción de acuerdo con el peso y no con el volumen. Así, por ejemplo, 250 g de espinacas son suficientes para una persona.

## INFORMACIÓN NUTRICIONAL

Las espinacas son ricas en vitaminas C, A y B, además de ácido fólico y también alguna vitamina del grupo K. Además, contienen hierro, potasio, calcio, magnesio, yodo y fósforo.

## A la florentina

*En Francia un plato a la florentina significa que se ha preparado con espinacas. Entre los platos más famosos se encuentran los huevos mollares a la florentina, que se sirven sobre un lecho de espinacas. A continuación se cubren con una salsa de queso y se colocan bajo el grill.*

**Acelgas** Las hay con hojas verdes y onduladas sujetas a un tallo blanco o bien con hojas de un verde oscuro al final de un tallo de color rojo brillante. Elija las que tengan las hojas crujientes.

**Hojas de remolacha** Muchas veces se venden todavía unidas a la remolacha. Deben ser frescas y flexibles al tacto.

**Espinacas** Se mustian con rapidez por lo que es importante comprarlas frescas. Compruebe que las hojas y tallos estén verdes y crujientes. Evite las que parezcan húmedas o que presenten partes amarillas.

**Acedera** Tiene un sabor amargo que combina bien con el de las espinacas. Elija aquellas que presenten hojas crujientes de un verde intenso sin partes amarillentas.

**Berzas** Recuerdan a las hojas de col jóvenes. Sus hojas, verdes y gruesas, deben estar crujientes y libres de máculas.

**Diente de león** Tiene hojas dentadas y un sabor ligeramente amargo. Elija ejemplares que parezcan saludables, con las hojas de un verde oscuro y sin partes marrones.

**Berza rizada** De hojas rizadas verde oscuro y sabor parecido al de la col. Cómprelas en manojos pequeños de hojas crujientes.

## HORTALIZAS DE HOJA ORIENTALES

Muchas están emparentadas con las coles, las espinacas y la remolacha. Otras proceden de familias completamente diferentes que, como nuestras hortalizas, desempeñan un papel muy importante en las cocinas asiáticas, aportando color, textura y sabor a sopas y salteados orientales. Las siguientes hortalizas son sólo una pequeña muestra de las más conocidas.

**Col china, col apio o col de Pekín** (*Pe-tsai*) Es la col oriental más familiar. Tiene un sabor a col poco pronunciado y es popular por su textura crujiente. A diferencia de otras se encuentra disponible durante todo el año.

**Hojas chinas** (*Gai-choi*) Son muy populares en India y Asia, aunque sólo se cultivan en Europa por la semilla de mostaza. Las hojas pueden picarse e incorporarse a salteados. Las hojas jóvenes resultan ideales para realzar el sabor de las ensaladas.

**Hojas chinas** Proporcionan un sabor picante a las ensaladas, aunque también pueden servirse cocidas. Elija hojas jóvenes de un color verde vivo y sin manchas marrones.

## CORTAR HORTALIZAS DE HOJA

Debe retirar las nervaduras centrales de las espinacas, las berzas y las acederas, amontonar unas pocas hojas y enrollarlas en forma de cilindro. Córtelas en sentido horizontal hasta obtener unas tiras finas (*chiffonade*).

**Brécol chino** Se parece un poco al brécol púrpura, excepto en que las flores son amarillas o blancas y las hojas son más delgadas y bastas. Para cocerlas, retire las hojas externas y los tallos duros, y trocéelas en sentido longitudinal.

**Bok choy** Imprescindible en cualquier supermercado oriental, es inconfundible gracias a sus hojas en forma de remo. Tiene un sabor agradablemente suave, aunque con más carácter que la col china. Pueden consumirse tanto las hojas como los tallos; las primeras basta con lavarlas, no así los tallos, que deben pulirse y trocearse.

## COLIFLOR Y BRÉCOL

La coliflor y el brécol se encuentran entre las hortalizas de invierno más populares. Además de la coliflor de color blanco cremoso existe también la variedad Romanesco, de color verde pálido o blanco, con inflorescencias en forma de pagoda y un aspecto que recuerda al de un cruce entre el brécol y la coliflor. También se venden minicoliflores de ración, así como coliflores de un inusitado color verde pálido, de sabor muy parecido al de las variedades comunes.

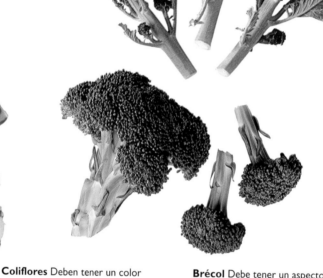

**Brécol morado** En realidad se trata de la variedad original del brécol, antes de que éste se transformara en el familiar brécol calabrés con sus típicas inflorescencias verde azuladas, a veces púrpuras, sobre unos tallos cortos y suculentos. El brécol morado tiene tallos más largos y unas flores pequeñas de color morado. Tanto las hojas como los tallos y las cabezas son comestibles. Elija brécoles de cabezas verde púrpura bien compactas.

**Coliflores** Deben tener un color blanco cremoso, con las hojas verdes del interior curvadas en torno a la flor. Deseche aquellas que presenten partes marrones o decoloradas.

**Brécol** Debe tener un aspecto fresco. No lo compre si las inflorescencias han amarilleado.

### Trucos de cocinero

*Las cabezas de estas Brassica son más tiernas que sus gruesos tallos, por lo que es preferible cocerlas en tiempos diferentes. Corte las flores de los tallos y parta las más grandes. A continuación retire las hojas de los tallos y pele la capa externa dura, recortando ambos extremos. Por último, corte los tallos por la mitad todo a lo largo y luego en rodajas o tiras.*

## CONSERVACIÓN

Todas las hortalizas de hoja pueden conservarse hasta tres días en la nevera si se lavan primero en agua fría, se secan y se guardan en una bolsa de plástico forrada con papel absorbente.

Las coliflores y el brécol se conservan hasta cuatro días en el verdulero de la nevera.

Para conservar las coles y las coles de Bruselas guarde éstas en una bolsa de plástico. Las coles pueden guardarse en el verdulero de la nevera hasta dos semanas; las coles de Bruselas de tres a cinco días.

### INFORMACIÓN NUTRICIONAL

El brécol, una hortaliza mucho más «moderna» que la coliflor, ha ganado en popularidad a esta última gracias en parte a su versatilidad y a su alto contenido en vitamina C, caroteno, ácido fólico, hierro, potasio, cromo y calcio, así como al hecho de que no tienda a ablandarse tanto en caso de cocerla en exceso.

La col es una excelente fuente de vitaminas A, C, B₁, B₂, B₃ y D. Además es rica en minerales tales como hierro, potasio y calcio.

## COLES

Disponibles en diferentes colores y tamaños, resultan suaves o crujientes si se consumen crudas, o bien ligeramente dulces si se cuecen.

## Elección

Sopésela con la palma de la mano. Debe parecer firme y pesada con relación a su tamaño. Elíjalas con hojas vivas y deseche aquellas que presenten hojas curvadas o amarillentas, máculas, así como aquellas que empiecen a oler fuerte.

**Col de Saboya** Col verde de hojas rizadas o abarquilladas. Resulta especialmente tierna y posee un sabor suave agradable.

**Lombarda** Es apreciada por su bonito color rojizo y su sabor robusto. El color se atenúa al cortarla, a no ser que se le añada un poco de vinagre para «fijarlo». En la mayoría de recetas se añaden 4-5 cucharadas de vinagre de vino tinto al cocerlas.

**Col verde común** Es la primera col del año. Tiene una cabeza muy compacta y un corazón entre verde y amarillo pálido.

**Col blanca** Es una de las coles más versátiles. Es ideal para servir cruda o cocinada en forma de tiras o triángulos. Las hojas grandes pueden blanquearse y utilizarse para envolver un gran número de rellenos.

**Col de Bruselas** Se denomina así porque se cultivó por primera vez en Flandes, en la actual Bélgica; las más pequeñas y de un intenso color verde son más dulces. Huelen si se cuecen en exceso. Elíjalas firmes y compactas.

## PREPARAR COLES

**Cortar y rallar** Utilice un cuchillo de acero inoxidable, ya que uno de acero al carbono podría reaccionar con la col oxidando las partes cortadas. Puede usar un rallador manual, una hoja para cortar o el disco del robot eléctrico.

**▶ Descorazonar** Los centros de las coles son duros y no se comen; en caso de no retirarlos provocarán que las hojas se cuezan de manera uniforme. Cuartee la col a lo largo. A continuación, corte en ángulo la base de cada cuarto para retirar el corazón duro.

## ENVOLTORIOS DE COL

**▼ Entera** Retire dos hojas grandes de la col y vacíe el centro hasta dejar unas paredes de 2-4 cm de grosor. Rellene la col y cúbrala con las hojas reservadas, solapándolas ligeramente y atándolas con un bramante.

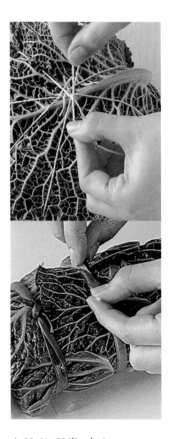

**▲ Hojas** Utilice hojas individuales para rellenos pequeños y solape dos o más si va a envolver un asado. Coloque el relleno en el centro y cúbralo con los extremos de las hojas; esconda hacia dentro su parte superior e inferior. Los rollos pequeños pueden dejarse tal cual; los de mayor tamaño pueden asegurarse con tiras de cebollas.

hortalizas de hoja

# vainas y granos

Dentro de esta categoría se encuentran las hortalizas más tiernas y suculentas. Necesitan muy poca preparación y son probablemente las guarniciones sencillas más populares, pues sólo precisan un poco de mantequilla y menta antes de servirlas. La mayoría de vainas y granos se comen jóvenes y tiernos. Los guisantes, el maíz y las habas se desgranan, pero en el caso de las judías verdes y algunas variedades de guisantes de jardín la hortaliza se consume entera.

## GUISANTES DE JARDÍN

Ninguna otra hortaliza sabe tanto a verano como los guisantes finos o de jardín; además, también son deliciosos comidos directamente de la vaina. Una vez cocidos pueden aliñarse con salsas cremosas, reducirse a puré para sopas o bien añadirse a otras hortalizas. Sin embargo, en su mejor momento necesitan muy poca atención, tan sólo acompañarse con un poco de menta y mantequilla.

## Elección

Elija guisantes de vainas gordezuelas, firmes y de un color verde brillante. Dado que el azúcar de los guisantes se convierte en fécula una vez recolectados, cómprelos y cuézalos lo más frescos posibles. Desgránelos justo antes de utilizarlos. Las vainas de los guisantes finos no deben reventarse en sus junturas.

**Tirabeques**
Esta variedad de guisante se degusta entera, vainas incluidas. Éstas son más translúcidas que las de los guisantes de azúcar; además, son fáciles de preparar y necesitan un mínimo de cocción, por lo general blanqueados o rápidamente salteados.

**Guisantes de azúcar**
Al igual que los tirabeques, los guisantes de azúcar se comen enteros, pero son más rollizos y redondos. Tienen un sabor fresco y son deliciosos en ensaladas y salteados, aunque también pueden cocerse brevemente. Al igual que los tirabeques, no deben sobrecocerse.

**Guisantes para congelar**
Se trata de una variedad de guisantes que se cultiva principalmente para congelar. También puede cultivarlos en su huerto o bien comprarlos en mercados de productos orgánicos.

**RENDIMIENTO**

**500 g DE GUISANTES EN SUS VAINAS**

=

2 porciones de guisantes desgranados

---

## PREPARAR LOS GUISANTES

Deben desgranarse, pero a los tirabeques y los guisantes de azúcar sólo deben retirárseles los hilos de las vainas, recortando sus extremos superior e inferior.

▶ **Guisantes** Para desgranar guisantes, presione la base de la vaina hasta abrirla; luego deslice su pulgar por la vaina, dejando caer los guisantes

▲ **Tirabeques** Para retirar los hilos de las vainas, rompa el pedúnculo y arranque el hilo.

## Recetas clásicas

**Habas en salsa crema**
Habas cocidas hasta que estén tiernas acompañadas con una salsa cremosa aromatizada con hierbas.

**Guisantes y pepino a la menta** Guisantes espolvoreados con menta, hortalizas fritas y una salsa a base de vermut y crema acidificada.

hortalizas

174

# MAÍZ

Se puede utilizar cualquier parte de la mazorca. Antaño era costumbre retirar la farfolla a la mazorca de maíz, tras lo cual ésta se hervía entera y se acompañaba con mantequilla, o bien se raspaban los granos y se cocían. En la cocina mexicana las farfollas se utilizan para preparar tamales.

## Elección

El maíz es dulce, pero una vez recolectado el azúcar natural se convierte en fécula. Elija mazorcas que parezcan llenas y pesadas para su tamaño. Las farfollas y los filamentos deben parecer jugosos y dorados, sin signos de sequedad ni estropicio. Los granos deben ser relativamente pequeños y lechosos al extraerlos.

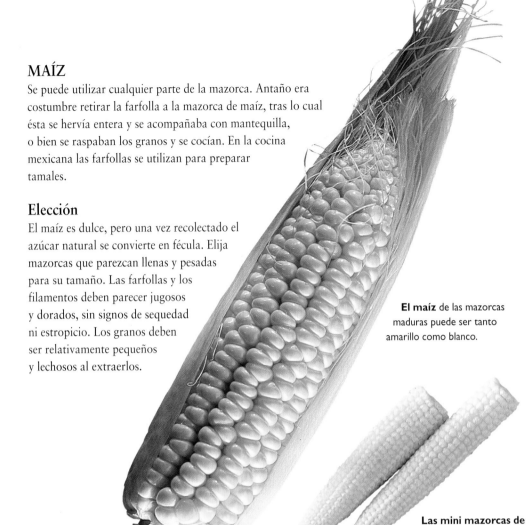

**El maíz** de las mazorcas maduras puede ser tanto amarillo como blanco.

**Las mini mazorcas de maíz** pueden degustarse enteras.

▼ **Retirar las farfollas** Pele las farfollas estirando de ellas y córtelas por la base de la mazorca. Retire los hilos.

▲ **Cortar** Algunas recetas precisan de granos de maíz. Para desgranarlos sostenga la mazorca por el extremo del tallo y corte suavemente hacia abajo con un cuchillo afilado.

## CONSERVACIÓN

Guarde los guisantes en sus vainas (tanto los que deban desgranarse como los que se degustan enteros) dentro de una bolsa de plástico en el recipiente para verduras de la nevera y utilícelos en uno o dos días.

Conserve el maíz fresco en una bolsa de plástico dentro de la nevera y utilícelo lo más pronto posible. Retire las farfollas y los filamentos justo antes de cocerlo.

## APROVECHAR LAS FARFOLLAS

Las farfollas se suelen dejar en el caso de que el maíz se vaya a asar al horno o a la barbacoa, aunque también pueden utilizarse como envoltorio. Si van a utilizarse en el horno o barbacoa, conviene remojarlos en agua durante 20 minutos para que no se quemen. Si se emplean como envoltorio para tamales, séquelos en el horno a 150 °C unos 30 minutos.

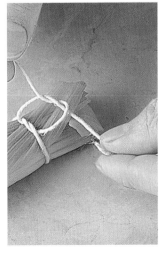

vainas y granos

# JUDÍAS VERDES Y HABAS

Gran parte de las judías consisten en una vaina con una sección que contiene una hilera de granos. Entre las judías de vainas comestibles se encuentran las judías de enrame, las judías bobby, las judías finas y las habas.

## Elección

Las judías deben presentar un buen color con vainas firmes que crujen al doblarse (las judías finas son menos crujientes)

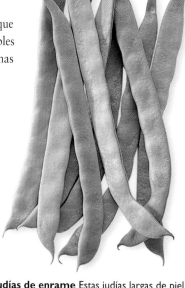

**Judías finas** También conocidas como judías francesas, son las judías verdes más apreciadas. Son muy rectas y más carnosas y rollizas que las judías de Kenia. La piel es blanda y tierna, y una vez cocidas tienen un agradable sabor fresco.

**Judías de enrame** Estas judías largas de piel brillante y rugosa que se ablanda durante la cocción tienen un sabor robusto y una textura blanda que se deshace en la boca si son frescas. En cambio, las que llevan demasiado tiempo en los estantes resultan duras. Gracias a su inconfundible sabor, es mejor tomarlas solas o como acompañamiento.

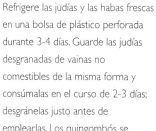

**Judías tailandesas** Se trata de una variedad de judías muy largas y finas, y se conocen también como judías chinas o judías espárrago. Tienen un sabor similar a la judía verde común.

**Judías bobby** Con este término se designan varios tipos de judías. La mayor parte de las judías verdes (y también amarillas) pertenecen a esta variedad.

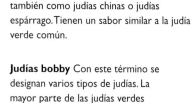

## CORTADOR DE JUDÍAS

Se trata de un utensilio manual que retira los hilos de las judías a la vez que las trocea. Tiene dos hojas para cortar: una arranca el extremo de la judía mientras que la otra la corta en cuatro trozos.

**Habas** Se suelen vender cuando las vainas de color verde pálido son bastante grandes, en cuyo interior se encuentran protegidos los granos. Las habas frescas tienen una buena textura y un sabor dulce. Las maduras, en cambio, adquieren un sabor más amargo y la piel que envuelve los granos se vuelve dura; pélelas siempre antes de cocerlas.

## CONSERVACIÓN

Refrigere las judías y las habas frescas en una bolsa de plástico perforada durante 3-4 días. Guarde las judías desgranadas de vainas no comestibles de la misma forma y consúmalas en el curso de 2-3 días; desgránelas justo antes de emplearlas. Los quingombós se guardan 3-4 días en el verdulero de la nevera.

### ¿Sabía que?

*Las habas deben cocerse siempre, pues de lo contrario podrían provocar favismo, una dolencia hereditaria que puede derivar en anemia. Las personas que toman medicamentos antidepresivos no deben comerlas.*

## PELAR HABAS

Las habas maduras pueden resultar duras, por lo que deben desgranarse. Aunque se trata de un trabajo lento vale la pena el esfuerzo, sobre todo cuando se preparan en forma de sopas o patés. Blanquee las habas (*véase* pág. 22) hasta que se ablanden, y luego entalle la piel a un extremo con un cuchillo pequeño; presione el otro extremo entre los dedos para que salga el haba.

## PREPARAR JUDÍAS DE ENRAME

Corte los extremos superior e inferior y retire los hilos duros si fuese necesario. Quedan mejor si se cortan a tiras finas con un cortador de judías.

## QUINGOMBÓS

También denominados ocra, son originarios de África y, aunque han viajado mucho, todavía se consideran un ingrediente exótico. Ocupan un papel importante en cocinas tan diferentes como la india y la del sur de Estados Unidos. Las vainas finas de color verde tienen forma de linterna y contienen hileras de semillas que al cocerse desprenden un líquido viscoso.

### Elección

Elija vainas firmes y pequeñas, desechando aquellas que parezcan arrugadas o blandas al oprimirlas suavemente.

---

### INFORMACIÓN NUTRICIONAL

Las habas constituyen una excelente fuente de proteínas, hidratos de carbono complejos, fibra y betacaroteno (que el organismo transforma en vitamina A). Contienen, además, fósforo, hierro y niacina, así como vitaminas C y E.

Las judías verdes, a su vez, son ricas en hidratos de carbono y algunas proteínas. Son también una buena fuente de vitaminas C y A, además de calcio, potasio y hierro.

Los guisantes constituyen una excelente fuente de vitamina C y en menor proporción vitamina A y hierro. Es, además, un alimento rico en hidratos de carbono y algunas proteínas.

Por último, los quingombós contienen vitaminas C y A, ácido fólico, tiamina y magnesio.

### Un espesante natural

*La gelatina de los quingombós actúa como espesante natural en* currys *y sopas con especias, como el célebre gumbo de Luisiana. Para que el quingombó suelte su líquido viscoso, corte los extremos superior e inferior y luego córtelo en rodajas.*

## PREPARAR QUINGOMBÓS

Para sopas y guisos criollos espesados con ocra corte la vaina en porciones regulares después de recortar los extremos superior e inferior. Si no le gusta su textura viscosa, recorte los extremos sin exponer las semillas y luego hiérvalo o cuézalo entero al vapor. Los quingombós pueden freírse ligeramente, troceados o enteros, con ajo, cebollas y especias suaves que armonicen con su suave sabor.

vainas y granos

# calabazas

## Elección

Las calabazas se clasifican en variedades de invierno y verano. Las segundas tienen una carne tierna así como semillas y piel blandas y comestibles, mientras que las de invierno destacan por tener una piel y semillas gruesas y duras, y una carne firme. En ambos casos la piel debe ser siempre firme y sin manchas. Ambas variedades se encuentran disponibles todo el año y las mejores calabazas son aquellas de color atractivo, formas bien definidas y pesadas en relación con su tamaño.

**Calabaza bonetera** Puede ser blanca, amarilla o verde pálido. Perfecta para asar al *grill* o rellenar.

**Calabacín** Cuanto más pequeños son, más dulces quedan. Además del calabacín verde existen variedades amarillas y grises; todas pueden comerse crudas o cocidas. Deben ser firmes, pesados y sobrepasar los 30 cm. Pueden cocerse al vapor, hervirse y rellenarse, así como hornearse o gratinarse.

**Calabaza confitera** Las pequeñas contienen más carne. Córtelas por la mitad o en porciones, retire las pepitas y hornéelas.

**Calabaza de bellota** Tiene una carne dulce y anaranjada, y su piel puede ser de un verde oscuro o naranja. Se suele vaciar y rellenar, o bien cortar en porciones y hornear.

## CONSERVACIÓN

Las calabazas de verano pueden guardarse en la nevera varias semanas, aunque es preferible conservarlas a temperatura ambiente hasta una semana. Las de invierno tienen una piel más dura y pueden guardarse en un lugar frío y seco varios meses.

**Calabaza espagueti** Se denomina así porque su carne de color amarillo se separa formando hilos al cocerse. Elija las que tengan un color amarillo pálido, ya que una piel verdosa indica que la calabaza no ha madurado.

**Calabaza de San Roque** La carne, dulce y jugosa a un tiempo, es de un intenso color anaranjado. Debe pelarse antes de prepararla en forma de sopa o como hortaliza.

### INFORMACIÓN NUTRICIONAL

Las calabazas son ricas en hidratos de carbono, calcio, hierro y potasio, y contienen además vitaminas A y C.

**Chayote**
Tiene una semilla central grande y su sabor recuerda ligeramente al de la manzana. Puede prepararse de la misma forma que el calabacín.

---

## Técnicas de preparación

### ▼ Calabaza de bellota

Corte la calabaza por la mitad a través del tallo. Retire las pepitas y la pulpa fibrosa con una cuchara y pélela a continuación. Córtela en trozos pequeños antes de cocerla.

**▼ Calabaza espagueti** Córtela por la mitad y retire las pepitas. Hiérvala u hornéela. Una vez cocida, raspe la carne hasta que se separe formando unos hilos parecidos a los espaguetis.

**▲ Calabaza de San Roque** Córtela por la mitad, pélela o corte la piel de cada mitad y luego trocee la carne.

calabazas

# DESCRIPCIÓN DE UN CALABACÍN

### Flor
La delicada flor amarilla del calabacín, muy apreciada por los indios americanos desde hace siglos, es muy perecedera. Rellénela con queso y fríala. Es una buena fuente de vitamina C.

### Piel
Suele ser verde, pero también puede ser entre amarilla y dorada. Es comestible, pero hay quienes encuentran que la de los ejemplares maduros tiene un sabor algo amargo. En caso de duda, pélela.

### Carne
Tiene una textura firme y un sabor agradable cuando está cruda. Los calabacines jóvenes necesitan una cocción mínima para que conserven su textura y sabor. Los maduros se ablandan si se cuecen en exceso.

### Semillas
Invisibles en los calabacines jóvenes, se aprecian en cambio en los ejemplares maduros.

## PREPARACIONES DECORATIVAS

### ▼ Pelar
Utilice un acanalador para cortar tiras de piel a intervalos regulares sobre un pepino o un calabacín. Córtelos luego en rodajas, que presentarán un borde en forma de flor.

### ▲ Cintas de calabacín
Es un método rápido y atractivo de servir calabacines, zanahorias y otras hortalizas alargadas. Utilice un mondador de hortalizas o mandolina, y corte tiras largas y finas a lo largo del calabacín. Si éste fuese muy largo, córtelo por la mitad.

hortalizas

# PEPINOS

Los más grandes son ideales para preparar bocadillos y ensaladas, mientras que los más pequeños se reservan para encurtir. Ambos tienen la piel verde oscura, una textura crujiente, una carne fría y un sabor suave. Los pepinos para comer se encuentran todo el año; elíjalos firmes y sin partes blandas. Pueden guardarse hasta una semana en la nevera. Si compra pepinos no encerados, guárdelos envueltos con una película de plástico.

**Pepinos de invernadero** Estos pepinos largos y de piel fina casi no tienen semillas. Se suelen vender encerados para conservarlos húmedos.

**Pepinillos** Variedad de pepino cuyos pequeños frutos se recolectan sin alcanzar la madurez y se encurten en vinagre para utilizar como condimento.

## ¿Sabía que?

*Antiguamente los pepinos resultaban indigestos para algunas personas, pero en la actualidad existe una variedad especial, denominada pepino gourmet, que apenas contiene semillas, cuando no carece por completo. Los pepinos Kirby son muy parecidos y, al igual que los otros, no tienen efectos colaterales desagradables.*

**Pepino de caballón** Muy apreciados en España, son más pequeños y firmes que los de invernadero. Tienen una piel rugosa y un sabor más pronunciado.

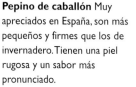

**Pepino Kirby** Una de las variedades más ampliamente utilizadas para encurtir. Disponible sólo en verano.

## GUARNICIONES DE PEPINO

Gracias a su contrastante colorido, los pepinos pueden transformarse en atractivos motivos decorativos.

### ▼ Hojas de pepino

Cuartee un pepino a lo largo y a continuación trocéelo. Practique dos cortes en forma de «V» en la carne, uno más profundo que el otro, y ábralos.

### ▲ Lazos de pepino

Pele el pepino con un acanalador (*véase* página anterior), córtelo en rodajas muy finas, haga un corte hasta llegar al centro de cada rodaja y tuerza por último los cortes en direcciones opuestas.

calabazas

181

# pimientos y chiles

## CONSERVACIÓN

Los pimientos se deben guardar en un lugar frío como el verdulero de la nevera, donde se conservarán unos pocos días. Puede congelar los pimientos picados o troceados en recipientes o bolsas de plástico hasta seis meses. Los chiles frescos se conservan de una a dos semanas en un lugar frío; póngalos en una bolsa de plástico y guárdelos en la cubeta para verduras de la nevera. También puede lavarlos, secarlos y guardarlos indefinidamente en un frasco de rosca limpio.

## PELAR PIMIENTOS

Córtelos por la mitad a lo largo y retire tanto las membranas como las semillas. Póngalos con la piel hacia arriba sobre una placa que colocará cerca del *grill* hasta que se chamusquen. Por último, envuélvalos con papel de aluminio, déjelos reposar 15 minutos y pélelos.

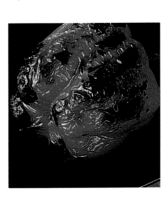

**Pimientos dulces** Aunque pertenecen a las frutas, lo cierto es que se suelen cocinar como los pimientos. Los pimientos rojos no son más que pimientos verdes madurados en la planta. Los hay además de color amarillo y negro púrpura, y se venden también en botes o latas.

### Elección

Los pimientos dulces deben tener la piel brillante y la carne firme. Los chiles, en cambio, tienen a veces una piel arrugada incluso frescos, por lo que no debe preocuparle su apariencia. Sin embargo, deseche cualquier pimiento que tenga partes estropeadas o magulladas.

**Jalapeño**

**Gorro escocés**

**Serrano**

**Ojo de pájaro**

**Caribe**

**Habanero**

**Chiles** Como norma general, cuanto más pequeño es el chile, más pica. Los gorros escoceses, los ojos de pájaro y los habaneros son sumamente picantes; los jalapeños y los serranos son más suaves.

## Pimentón y paprika

*Se obtienen a partir de pimientos rojos secados y reducidos a polvo. La paprika se utiliza para aromatizar un buen número de platos húngaros, como el goulash. Ambos tienen un sabor suave, ligeramente picante, con un punto dulce. El pimentón se utiliza en muchas recetas españolas.*

## REHIDRATAR LOS CHILES SECOS

Para emplearlos como sustitutivo de los chiles frescos puede aplastarlos, desmenuzarlos o remojarlos durante una hora en un cuenco con agua caliente. Escúrralos, redúzcalos a pasta y páselos a través de un tamiz para eliminar las pieles.

## RETIRAR MEMBRANAS Y SEMILLAS

El sabor picante de los chiles se debe a la presencia de un aceite volátil denominado capsaicina, que puede provocar incluso quemaduras en los ojos y la piel. Se encuentra presente en todo el chile, si bien se concentra sobre todo en las semillas y las membranas que las rodean, razón por la cual muchas personas prefieren retirarlas.

• Póngase unos guantes de goma y utilice los dedos, o bien corte y retire las semillas con un cuchillo.

• Si trabaja con los dedos, lávese a fondo las manos al finalizar el trabajo.

## DISECCIÓN DE UN CHILE

**Carne**
La carne fina de los chiles es picante, pero no tanto como las membranas y semillas.

**Membranas**
Se trata de la parte más picante de un chile, ya que contiene una mayor concentración de capsaicina. Retírela a no ser que desee un sabor muy picante.

**Semillas**
Las semillas también contienen una gran cantidad de capsaicina.

**Piel**
Los chiles pueden ser rojos, amarillos, verdes o jaspeados, si bien el color no es indicativo de su intensidad de picante.

| Tipo | Descripción | Intensidad | Utilizar en | Cantidades |
|---|---|---|---|---|
| **Anaheim o California** | Chiles largos y finos, tanto rojos como verdes | Suave a medio picante con una nota dulce | Puede rellenarse y cocinarse entero, o trocearse en cualquier receta que requiera cierto sabor picante | Enteros o 2-3 por plato, al gusto |
| **Ancho** | Chiles pequeños en forma de granos de pimienta, verdes o rojos | Suave con un sabor dulce agradable | *Currys* indios o tailandeses, o salsas medianamente especiadas | 2-3 por plato de acuerdo con el gusto y la receta |
| **Ojo de pájaro** | Chiles rojos largos y finos de piel brillante | Extremadamente picante | Platos mexicanos | Con moderación |
| **Cascabel** | Chile en forma de ciruela | Relativamente suave, con un sabor a frutos secos | Áselo entero o utilícelo para salsas medianamente picantes | Enteros o picados, según la receta |
| **Jalapeño** | Chile verde que envejece al madurar | Picante | *Chutneys*, condimentos y salsas | 2-3 por plato, de acuerdo con el gusto |
| **Etíope** | Chile largo y fino, de color rojo pálido cuando es joven y más intenso al madurar | Picante a muy picante | Salsas, *currys* y platos de arroz | Con moderación |
| **Habanero y gorro escocés** | El habanero es un chile mexicano rechoncho en forma de caja de color verde, amarillo o rojo, aunque el tono no es indicativo de su intensidad. El gorro escocés es similar | El chile más picante. No debe entrar en contacto con los ojos | Platos mexicanos y caribeños en los que se requiera un sabor muy picante | Con mucha moderación |
| **Espiga de oro picante** | Chile de color verde o amarillo pálido que se cultiva en el sudoeste de Estados Unidos | Muy picante | Platos mexicanos o tex-mex, o cualquier receta picante | Con moderación |
| **Poblano** | Chile pequeño de color verde oscuro originario de México | Normalmente suave, con un dulce sabor especiado; sin embargo algunos pueden ser extremadamente picantes | Pueden servirse enteros y asados | Enteros |
| **Tailandés** | Chile pequeño de color rojo, verde o amarillo | Muy picante | Salsas tailandesas, *currys* y platos de arroz | Con moderación |
| **Serrano** | Chile largo y fino de color rojo o verde | Bastante picante | Platos mexicanos, caribeños o tailandeses | 2-3 por receta, de acuerdo con el gusto |
| **Amarillo ceroso** | Chile pequeño en forma de grano de pimienta, ancho a un extremo y puntiagudo en el otro. Amarillo o verde | Varía de suave a muy picante | *Currys* o platos tailandeses | Con moderación pues es difícil conocer su intensidad |

hortalizas

Los chiles secos se utilizan, reducidos a polvo y en forma de salsas y aceites, para realzar cualquier clase de platos salados.

### Chile en polvo

Se prepara con varios chiles secos cuyo sabor oscila del suave al extremadamente picante. El chile en polvo es picante, aunque no tanto ni tan fragante como la pimienta de Cayena. Su color es rojo vivo y está más groseramente molido que la pimienta de Cayena. Utilícelo en *currys*, adobos, salsas cocidas, así como en platos mexicanos y caribeños. Lea la etiqueta al comprarlo, pues algunos contienen hierbas y otras especias. Para prepararlo en su casa, retire las semillas y membranas de unos chiles rojos y fríalos sin grasa hasta que estén crujientes, o bien séquelos en el horno. Una vez secos por completo, muélalos en un molinillo de café o de hierbas.

### Copos de chile

Preparados con chiles rojos enteros, contienen las semillas y las membranas, y son muy especiados. Utilice los copos de chile con mucho cuidado al incorporarlos en una receta.

### Pimienta de Cayena

Se trata de una variedad particular de chile molido procedente de la región de Cayena, en la Guayana francesa. Es un condimento particularmente picante, elaborado con las semillas y membranas del chile seco, por lo que debe utilizarse con cautela. Tiene un sabor inconfundible y, siempre que se utilice con moderación, puede añadirse a salsas, pastas y galletas, así como a *currys*, *tagines* y otros platos especiados.

### Salsa de chile

Existe un buen número de salsas de chile cuyo sabor oscila del dulce y el suave al extremadamente picante. Todas son espesas y de un rojo intenso y a menudo contienen ingredientes, dependiendo del país de origen. Las salsas de chile chinas y asiáticas se suelen denominar chile de Szechuan o *sambal ulek*. Las salsas de chile mexicanas no llevan tantos ingredientes, aunque no por ello son menos picantes. Utilícelas con moderación en adobos, guisos y guisados.

### Tabasco

Se prepara con chiles rojos picantes, vinagre y sal. El tabasco es picante, especiado y pimentado. Es un ingrediente muy útil en la despensa, ya que aporta al momento un sabor picante a muchas preparaciones. Puede utilizarse como sal y pimienta para aportar un sabor especiado a *currys*, *tagines* y otros platos de carne o pescado.

pimientos y chiles

# tomates

## Elección

Los tomates saben mejor cuando se dejan madurar en la planta. Los tomates maduros tienen un sabor dulce del que adolecen los verdes. Los tomates cultivados en el propio huerto y recolectados en su punto justo de madurez tienen un sabor dulce realmente delicioso. Siempre que pueda, adquiera tomates locales directamente del productor, o bien de una verdulería o un supermercado con una rotación de productos. Los tomates orgánicos tienen un sabor auténtico.

Al comprar tomates, compruebe que sean firmes y de un rojo intenso o anaranjado. Deben tener, además, un aroma dulce y ceder ligeramente al apretarlos.

**Tomates amarillos**
Por lo general son menos ácidos que los rojos y tienen un sabor suave, dulce y delicado. Su tamaño es de mediano a grande y son muy jugosos.

**Tomates en rama**
Se dejan madurar en la planta y tienen por lo general más sabor que los otros. Su coste es más elevado y resultan ideales para ensaladas, entrantes o sopas de tomate.

**Tomates del Mediterráneo** Son grandes (alcanzan los 10 cm de diámetro) y acanalados. Tienen un color rojo intenso o anaranjado y un sabor agradable. Es preferible tomarlos crudos en ensaladas o bocadillos y son excelentes para rellenar.

**Tomates cereza**
Tienen un delicado sabor dulzón y son poco ácidos. Existen en el mercado diferentes tipos de color amarillo, rojo e incluso blanco. También se venden mini tomates pera.

**Tomates verdes** Se recolectan antes de madurar. Se utilizan para encurtir, ya que su acidez liga bien con el sabor agridulce del azúcar, las cebollas y las especias.

**Tomates para ensalada** Son muy versátiles, pero por lo general poco sabrosos. Los más tempranos proceden de las islas Canarias. En verano existe una amplia variedad de estos tomates procedentes de huertos locales.

**Tomates pera** Tienen un sabor acusado y son menos ácidos que la mayoría de los redondos. Tienen, además, menos semillas y agua, por lo que son ideales para preparar salsas y guisos.

### RENDIMIENTO

**3 TOMATES MEDIANOS**

500 g aproximadamente

1 ½ tazas picados

## INFORMACIÓN NUTRICIONAL

Los tomates constituyen una excelente fuente de vitamina C, especialmente los madurados en la planta. Un tomate mediano contiene el 40 % de la cantidad diaria recomendada de vitamina C; la gelatina blanda que rodea las semillas contiene la concentración más elevada. Los tomates también contienen vitamina E, betacaroteno, potasio, magnesio, calcio y fósforo. Investigaciones recientes apuntan a que el licopeno, el pigmento que convierte los tomates en rojos, puede ayudar a prevenir ciertas manifestaciones de cáncer al atenuar los daños provocados por los radicales libres.

## Productos y preparados a base de tomate

**Enlatados** Se trata de tomates procesados en el punto álgido de la estación, cuando tienen mejor sabor. Utilícelos en invierno en vez de los frescos. Los tomates pera son muy populares para enlatar gracias a lo abundante de la pulpa y al número reducido de semillas.

*Passata* Tomates italianos tamizados, vendidos en frascos o tetrabrick.

**Pasta de tomate** Líquido espeso preparado con tomates cocidos sin sazonar y tamizados para darles una consistencia uniforme.

**Tomate concentrado** Pasta de tomates espesa y concentrada preparada con tomates cocidos sin sazonar.

**Salsa de tomate** Tomates reducidos a puré y sazonados con sal, hierbas y especias.

**Tomates secados al sol** Tienen un fuerte sabor ahumado y una textura muy agradable. Los conservados en aceite pueden consumirse directamente, mientras que los secos deben hidratarse.

**Tomates picados o *concassé*** Carne de tomate picada a trozos. Para prepararlos, pélelos, retire las semillas, pique la carne a trozos y sazone con sal y pimienta. Ideales para preparar una salsa con otras hortalizas o como base para otras salsas.

## CONSERVACIÓN

Es preferible conservar los tomates a temperatura ambiente, entre 19-21 °C. No guarde los tomates verdes en la nevera, ya que el frío destruye su sabor y paraliza su proceso de maduración. Consuma los tomates maduros en el plazo de 1 a 2 días, y cueza aquellos que no vaya a utilizar enseguida. También puede congelarlos enteros para utilizarlos en salsas posteriormente; sus

pieles se desprenderán con facilidad al descongelarse. Si los tomates están completamente maduros, pueden guardarse en la nevera, pero sólo unos pocos días; si están más tiempo su sabor empezará a deteriorarse. Si han madurado demasiado, cuézalos y congélelos; corte los pedúnculos y retire las partes estropeadas.

| Tipo de tomate | Tomates verdes | Maduros |
|---|---|---|
| Para ensalada, mediterráneos | Temperatura ambiente **4-5** días | Temperatura ambiente **2-3** días o **3-4** días en la nevera |
| Tomates pera | Temperatura ambiente **4-5** días o hasta que estén blandos | Temperatura ambiente **2-3** días o **3-4** días en la nevera |
| Tomates cereza | Temperatura ambiente **3-4** días o hasta que adquieran un tono vivo | Temperatura ambiente **2** días o **3** días en la nevera |

▶ **Madurar tomates** Los tomates verdes madurarán si se dejan en un lugar oscuro unos días; para acelerar el proceso, guárdelos en una bolsa de papel marrón con una manzana. A medida que la fruta madura, emite un gas natural que lo acelera.

▼ **Pelar** Descorazone los tomates y entalle una cruz en la piel. Blanquéelos 10 segundos en agua hirviendo. Escúrralos y sumérjalos en agua fría.

Pele la piel entallada con la punta de un cuchillo, empezando por la cruz.

▲ **Retirar las semillas** Corte el tomate por la mitad y exprima cada una sobre un cuenco para extraer las semillas.

tomates

# otras hortalizas

## BERENJENAS

Al igual que sus parientes los tomates y los pimientos son en realidad unas frutas que se cocinan como hortalizas.

Existen muchas variedades de berenjenas, cuyo tamaño oscila de los tipos minúsculos a los de tamaño considerable; el color varía del blanco al púrpura oscuro. Todas tienen una textura esponjosa parecida y el mismo sabor suave. Deben cocerse, ya que crudas tienen un sabor desagradable. Su mayor virtud es la de absorber otros sabores. Son muy populares en India y en Oriente, donde se cuecen y sirven con cebollas y especias.

## Elección

Elija ejemplares rollizos y pesados, y deseche los que estén estropeados, manchados o con superficies mates. El cáliz debe tener un aspecto fresco, compacto y sin moho.

**Berenjena japonesa**

**Berenjena morada**

**Mini berenjena**

**Mini berenjena blanca**

**Berenjenas guisante tailandesas**

### PREPARAR BERENJENAS

▼ **Prepararlas para asar** Para que la carne se cueza de forma homogénea, córtelas por la mitad y entalle la carne practicando unos profundos cortes romboidales con un cuchillo. Espolvoréelas con sal.

▲ **Prepararlas para freír** La sal endurece un poco la carne de las berenjenas y evita que absorban demasiado aceite (aunque todavía absorberán una buena cantidad). Córtelas en rodajas y colóquelas formando una capa en un colador. Espolvoree las superficies cortadas con sal. Déjelas reposar unos 30 minutos, enjuáguelas con agua del grifo fría y séquelas bien antes de cocerlas.

**Pinkerton, Ettinger y Fuerte**
Variedades de aguacate con la carne de un verde pálido.

## AGUACATES

### Elección

Elija aguacates firmes pero maduros para preparar ensaladas en que deban cortarse y picarse; para aplastar y preparar guacamole, decántese por los más maduros. Los aguacates firmes ceden a la presión del dedo, mientras que los muy maduros parecen blandos sin presionarlos. Deseche aquellos que estén estropeados, manchados o con la piel rota.

### TOMATILLOS, TOMATE DE ÁRBOL

Aparecen envueltos en una farfolla. Constituyen un ingrediente esencial de la cocina mexicana y pueden usarse crudos en ensaladas o cocidos en salsas y condimentos. Opte por aquellos ejemplares que parezcan firmes y deseche los que parezcan arrugados o estropeados. Guárdelos tapados hasta diez días en la nevera.

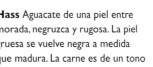

**Hass** Aguacate de una piel entre morada, negruzca y rugosa. La piel gruesa se vuelve negra a medida que madura. La carne es de un tono amarillento dorado y tiene una textura mantecosa.

## EVITAR LA OXIDACIÓN

Los aguacates se oxidan con facilidad una vez expuestos al aire. Pincele las superficies cortadas con zumo de limón o añada una cucharada de dicho zumo a los platos que precisen aguacate picado, tales como ensaladas, mojos o purés.

## DESHUESAR UN AGUACATE

Corte por la mitad a lo largo y alrededor del hueso. Tuerza ambas mitades en direcciones opuestas hasta que se separen. Inserte un cuchillo de cocinero sobre el hueso y gírelo hasta desprenderlo.

### INFORMACIÓN NUTRICIONAL

El aguacate constituye una excelente fuente de proteínas e hidratos de carbono, por lo que se considera un alimento apropiado para niños. Es una de las pocas frutas que contiene grasa y es también rico en potasio, vitamina C, algunas vitaminas del grupo B y vitamina E.

otras hortalizas

# hojas de ensalada

El término hojas de ensalada se refiere a una clasificación culinaria, pues en realidad las diferentes hojas no pertenecen a una misma familia. Muchas de nuestras ensaladas favoritas, como la achicoria de Treviso y la escarola, pertenecen a la misma familia, mientras que otras son parientes cercanos o lejanos de algunas de nuestras hierbas y flores de jardín. Todas se parecen en que generalmente (aunque no siempre) se sirven crudas, por lo que, con independencia del ingrediente elegido, es fundamental que sean absolutamente frescas.

## LECHUGA

Existe una amplia variedad de lechugas, todas ellas miembros del género y especie *Lactuca sativa*. Ya que muchas se cultivan en invernadero es fácil encontrar una amplia variedad de ellas en cualquier época del año. Sin embargo, en cuanto a frescura y sabor, las mejores son las que se cultivan en el propio huerto o que proceden de cultivos orgánicos y cuya disponibilidad depende de la estación en que nos encontramos.

## CONSERVACIÓN

Para mantener la lechuga crujiente, coloque las hojas limpias y secas en una bolsa gruesa de plástico envueltas con papel de cocina húmedo. Muchas variedades, como la arrepollada y la romana, se conservan 2-3 días. La iceberg y otras de cabezas pesadas se mantienen hasta una semana.

## RENDIMIENTOS*

**I LECHUGA CRUJIENTE MEDIANA**

=

**500 g de hojas**

**I LECHUGA ARREPOLLADA MEDIANA**

=

250 g de hojas preparadas

**I LECHUGA ROMANA MEDIANA**

=

unos 450 g de hojas preparadas

* calcule unos 115 g de hojas preparadas por persona

## CENTRIFUGADORA DE ENSALADA

Es muy útil y rápida para secar lechuga; elija un modelo que lleve un cable para accionarla. No la llene en exceso: las hojas se estropean.

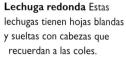

**Lechuga arrepollada** La clásica lechuga blanda tan apreciada por todos. Tiene un sabor suave y es muy buena en ensaladas, siempre y cuando sea fresca.

**Lechuga romana** Esta lechuga se caracteriza por tener unas deliciosas hojas alargadas. Está considerada como una de las lechugas más deliciosas y es sin duda la elección ideal para la ensalada César. Las hojas son firmes y compactas. La lechuga Bibb es compacta, aunque de hojas más pequeñas, y tiene un dulce sabor crujiente.

**Lechuga redonda** Estas lechugas tienen hojas blandas y sueltas con cabezas que recuerdan a las coles.

**Lechugas crujientes** Entre estas lechugas se incluyen variedades muy populares como la iceberg. Se caracterizan por su textura fresca y crujiente, así como por su suave sabor. Las hojas están muy compactadas y se conservan más tiempo que las de hojas sueltas.

**Lechugas de hojas sueltas** Tal como su nombre sugiere, sus hojas están sueltas. No tienen cogollo, pero están más compactas en el centro. Muchas lechugas de hojas sueltas, como la *lollo rosso* y la de hoja de roble, tienen atractivas hojas rojizas variegadas.

## ALIÑOS

Los aliños constituyen un elemento básico en cualquier ensalada, pues realzan y contrastan los sabores propios de la misma. Casi siempre se preparan con aceite, que debe ser de la mejor calidad, así como un ingrediente ácido, como zumo de lima o limón, o más frecuentemente vinagre de vino o de sidra.

- Utilice ingredientes de calidad para los aliños. El aceite de oliva extra virgen es maravilloso, pero si lo encuentra demasiado fuerte mézclelo a partes iguales con aceite de girasol o cacahuete, que tiene un sabor más suave y ligero.
- Como regla general, prepare los aliños siguiendo la proporción de cinco partes de aceite por una de vinagre o zumo de lima o limón.
- No ahogue una ensalada con el aliño. Añada el suficiente para cubrir los ingredientes, pero sin dejar un charco en el fondo de la ensaladera.
- En las ensaladas verdes y mixtas, añada el aliño justo antes de servirlas. Las ensaladas preparadas con ingredientes cocidos como arroz, pasta y hortalizas pueden aliñarse con antelación para que sus sabores tengan tiempo de amalgamarse.

## PREPARACIÓN

Arranque suavemente las hojas del tronco o córtelas alrededor del mismo. Deseche cualquier hoja mustia, manchada o estropeada, ya que se deterioran muy rápidamente.

Lave brevemente las hojas bajo un chorro de agua fría, separándolas suavemente de la cabeza de forma que cualquier resto de suciedad caiga al fondo del cuenco. Dispóngalas sobre un paño limpio y séquelas cuidadosamente con otro.

## PREPARAR LA VINAGRETA

Para que los ingredientes se mezclen de una forma homogénea, deben estar a temperatura ambiente. Utilice una batidora de varillas para mezclar y espesar el vinagre y la mostaza. Añada lentamente el aceite, batiendo sin cesar, hasta que el aliño haya espesado y esté bien amalgamado.

## Recetas clásicas

**Aliño de naranja y miel**
Un aliño cítrico deliciosamente dulce para sazonar ensaladas.

**Aliño de lima** Una mezcla fresca de crema de coco y aceite de pepitas de uva realzada con zumo y corteza de lima.

**Vinagreta** El aliño más versátil y conocido. La vinagreta se prepara mezclando aceite, vinagre de vino blanco, mostaza de Dijon, sal y pimienta. También puede añadírsele ajo picado, miel o azúcar.

Una buena mezcla de diferentes hojas de ensalada luce más en una ensaladera. Elija una que realce al máximo su ensalada; las de porcelana, cristal, loza y cerámica son ideales. Los cuencos de madera también son atractivos, pero puesto que ésta tiende a absorber el aliño, tendrá que dedicar dicho cuenco sólo para ensaladas o platos salados. Elija un aliño que combine con la ensalada y el resto de la comida. Debe estar bien aromatizado con una pizca de sabor ácido, ya sea vinagre, zumo de lima o limón. Aliñe justo antes de servir.

| | |
|---|---|
| **Achicoria de Treviso** | Denominada *radicchio* en italiano, es un pariente de la endibia, aunque de sabor menos amargo. Sus hojas carmesí proporcionan color a las ensaladas. Retire el tronco y separe las hojas, lávelas y séquelas. Trocéelas con las manos |
| **Berros** | Tienen un sabor robusto y picante. Deseche las hojas amarillas o estropeadas y añádalo directamente a las ensaladas |
| **Endibia** | Proporciona un inconfundible sabor entre amargo y especiado. Recorte la base, retire el corazón leñoso central y córtela en tiras finas |
| **Escarola** | Es un miembro de la misma familia que las endibias y proporciona su inconfundible sabor a cualquier ensalada |
| **Escarola de Batavia** | Tiene hojas anchas y rizadas. Recorte el tronco y retire las hojas externas, separe el resto, lávelas y séquelas bien. Rómpalas en trozos pequeños |
| **Espinacas** | Las hojas de las espinacas tienen un sabor dulce que recuerda al de la tierra. Las hojas planas y rizadas pueden utilizarse, pero deben lavarse a fondo |
| **Hierbas** | Elija hierbas al gusto; el perifollo, el perejil de hoja plana, el hinojo, los cebollinos y la menta son muy interesantes. El cilantro fresco liga bien con ensaladas de estilo oriental |
| **Hierba de los canónigos** | También conocida como *mâche* en Francia, aporta un agradable sabor de frutos secos a las ensaladas. Para prepararla, arranque simplemente las hojas de la raíz, lávelas y séquelas si fuese necesario |
| **Lechuga** | El ingrediente básico de las ensaladas. Existe un amplio abanico donde elegir; hágalo de acuerdo con el color y la textura deseados. Retire el tronco y las hojas estropeadas, lave y seque a fondo las hojas, y trocéelas con las manos |
| **Oruga** | Se denomina *rucola* en italiano y se vende a menudo como si se tratara de una hierba. Tiene un agradable sabor pimentado. Enjuáguela a fondo, ya que tiende a llevar arena, y deseche las hojas estropeadas. Añádala entera a las ensaladas |
| **Pepino** | Proporciona un sabor fresco y una textura crujiente. Pélelo si así lo desea. Córtelo a rodajas o trocéelo, y añádalo a última hora a las ensaladas |
| **Rábanos** | Proporcionan una textura crujiente y un sabor picante a las ensaladas. Recorte la raíz y córtelos en rodajas antes de añadirlos |

Una vez preparada la ensalada, cabe siempre completarla con una amplia seleccción de ingredientes, ya sea para dotarla de un sabor especial como para adornarla. De hecho, muchas de las ensaladas más famosas son conocidas precisamente porque proporcionan placer tanto a la vista como al paladar. La ensalada indonesia *gado gado* es un auténtico derroche de color en el que los ingredientes básicos se adornan con una buena selección de hortalizas exóticas, frutas y marisco.

**Hierbas**

Además de las hierbas de hoja como el perejil y el perifollo, dispone de otras muchas variedades donde elegir. El estragón, ya sea entero o desmenuzado, aporta un inconfundible sabor anisado.

A su vez, la menta, el eneldo, los cebollinos y la albahaca ayudan a conferir a la ensalada un toque decorativo. Píquelas finamente y espolvoréelas sobre la ensalada justo antes de servirla

**Frutas**

Los gajos de naranja, manzana, pera y uvas son deliciosos y atractivos en cualquier clase de ensaladas. Las frutas

exóticas como el mango, la papaya, la carambola y los lichis también aportan color y textura a las ensaladas

**Flores**

Las flores no sólo dotan a las ensaladas de un llamativo toque decorativo, sino que además aportan un sabor único. No todas las flores son comestibles, por lo que no debe añadirlas de forma indiscriminada, tanto más cuando algunas

son muy tóxicas. Tampoco recoja flores si sospecha que han entrado en contacto con pesticidas químicos (ello incluye también a las flores de floristería, a no ser que se etiqueten como «orgánicas»)

**Borraja**

Estas bonitas flores azules pueden esparcirse sobre una ensalada verde

**Caléndula**

Utilice los pétalos enteros para aportar color o píquelos finamente. Tienen un suave sabor y aroma a mostaza y pimienta

**Capuchina**

Los pétalos enteros o troceados lucen en cualquier ensalada. Tienen un agradable sabor picante

**Pensamientos**

El color vibrante de los pensamientos da un toque espectacular a cualquier ensalada. Su sabor es suave. Las violetas y las violas son más delicadas y pertenecen a la misma familia, si bien las violetas tienen un sabor más perfumado

**Guisantes**

Los guisantes dulces quedan muy bonitos en las ensaladas y aportan su inconfundible sabor

hojas de ensalada

# hierbas

Las hierbas aportan toda su personalidad e inconfundible sabor a los alimentos. Los cocineros occidentales suelen utilizar combinaciones de hierbas específicas para aromatizar ciertos platos. La más conocida es el *bouquet garni*, que se utiliza muchas recetas.

## Elección

Asegúrese de que las hierbas frescas tengan un color vivo (normalmente verde) y que las hojas no estén mustias. La mayoría son muy delicadas y sólo duran uno o dos días. Es preferible comprarlas cuando las necesite o cultivarlas uno mismo.

Muchas hierbas secas conservan todo su aroma si se guardan herméticamente. En algunos casos, como en el eneldo y el perifollo, las hierbas secas se utilizan más que las frescas.

## SELECCIÓN DE FINAS HIERBAS

Esta mezcla tradicional francesa consiste en una combinación de cuatro hierbas aromáticas: perifollo, estragón, cebollino y perejil, todas ellas a partes iguales y finamente picadas.

### Cebollinos
**Flores** Las flores, de un color púrpura pálido, aparecen a finales de primavera y continúan a lo largo del verano. Tienen un delicado sabor a cebollino y constituyen una guarnición atractiva para las ensaladas.
**Tallo** Los tallos verdes parecen hierba y están vacíos. Si se incorporan cortados a los platos una vez cocidos aportan un sutil sabor a cebolla.

### Estragón
**Hojas** Son largas, estrechas, blandas y de color verde, con un aroma dulzón pimentado, ligeramente pungente, y un sabor a vanilla y anís. Las glándulas bajo las hojas confieren al estragón su inconfundible aroma.

### Perifollo
**Hojas** Finas y delicadas, poseen un sabor fresco que recuerda al de los cítricos y del anís.
**Tallo** Es largo y cimbreante. Utilícelo cuando prepare caldos y cuando se requiera un sabor intenso.

### Perejil
**Hojas** Las hojas del perejil rizado deben ser de un verde intenso y enrolladas sobre sí mismas. El perejil de hoja plana tiene unas hojas más grandes, parecidas a las de los helechos, y deben ser frescas. Utilice esta segunda variedad para las finas hierbas, pues tiene más sabor.
**Tallo** Utilice talllos de perejil para caldos o en el ramillete de hierbas.

### Gremolada
Aromatizante italiano compuesto por lo general de corteza de limón, ajo y perejil finamente picados. Se suele utilizar para preparar el *osso bucco*.

### Hierbas de Provenza
Mezcla de hierbas frescas o secas compuesta de tomillo, laurel, romero, albahaca, ajedrea y, ocasionalmente, lavanda.

### Persillade
Mezcla de ajo y perejil picado que se suele incorporar a los platos justo antes de finalizarlos.

# CONSERVACIÓN

La mayoría de hierbas frescas se guardan en una bolsa de plástico que se conserva en el verdulero de la nevera.

Es preferible conservar el cilantro colocando los tallos en un vaso de agua fría, ya que de esta forma se mantendrá de tres a cuatro días.

El perejil puede conservarse en la nevera, aunque también puede rociarse con agua y envolverse en servilletas de papel.

El romero se conserva varios días colocando los tallos en agua.

**Ramillete de hierbas**
Denominado *bouquet garni* en francés, consiste en una selección de hierbas utilizadas para aromatizar salsas o caldos. Se compone de perejil, romero, tomillo y hojas de laurel. Puede asegurarse con las hojas verdes de un puerro y atarse con un bramante.

## PREPARAR Y USAR LAS HIERBAS FRESCAS

A excepción de los cebollinos (*véase* inferior), debe arrancar las hojas de las hierbas de sus tallos y picarlas a trozos. Para ello sostenga la hierba de pie y con ayuda de un tenedor desprenda las hojas a lo largo del tallo. En algunas mezclas quizá deba majarlas en un mortero. Las hojas blandas, como las de la albahaca, la salvia y la acedera, pueden apilarse y enrollarse muy apretadas, y luego cortarse en sentido horizontal para obtener tiras (*chiffonade*). Además de añadirse a los platos, por separado o como ramillete, los tallos se convierten en broquetas ideales para trozos pequeños de carne o de hortalizas. También se pueden reunir varios tallos hasta formar un pincel de hierbas.

## CONGELAR HIERBAS

La albahaca, los cebollinos, el cilantro, el eneldo, el hinojo, la mejorana, la menta, el perejil, el estragón y el tomillo se congelan sin problema alguno, aunque las hierbas más delicadas pierden sabor.
▼ Lávelas, séquelas y cóngelelas sobre una placa sin taparlas.

## PREPARAR CEBOLLINOS

La mejor herramienta para cortar los tallos delicados de los cebollinos son unas tijeras. Córtelas sobre un cuenco pequeño y agréguelas al finalizar la cocción, ya que ésta podría destruir su sabor.

## PINCEL DE HIERBAS

Se trata de un sistema sabroso y efectivo de dotar de sabor a los alimentos asados a la parrilla o a la barbacoa, así como a las *focaccia* y las mazorcas de maíz. También puede utilizarse para pincelar con una vinagreta ensaladas y hortalizas al vapor. El romero, la salvia y el tomillo son una buena elección.
• Ate un pequeño ramillete de hierbas por el extremo del tallo.
• Sumérjalo en aceite de oliva o mantequilla derretida y pincele con él los alimentos que vaya a asar a la barbacoa.

▲ Una vez congeladas guárdelas en bolsas individuales o en sus combinaciones favoritas. Etiquételas y guárdelas hasta seis meses en el congelador.

Si lo desea, píquelas finamente y llene con la mezcla unas cubiteras hasta la mitad. Cubra con agua y congélelas. Una vez congelados los cubitos, póngalos en bolsas y etiquete.

hierbas

| Tipo | Descripción | Afinidad con | Notas y consejos |
|------|-------------|--------------|------------------|
| **Albahaca** | Hierba delicada y aromática, muy popular en las cocinas tailandesa e italiana. Tiene un sabor dulce, ligeramente pungente, y un inconfundible aroma anisado. Existen diferentes variedades, pero todas ellas tienen un sabor y un aroma similares. La albahaca púrpura tiene hojas de color burdeos, mientras que la albahaca griega tiene hojas verdes y pequeñas | Perejil, romero, tomillo y orégano | Las hojas más dulces se encuentran en la parte superior de la planta. Agréguelas a los platos ya cocidos al finalizar la cocción, pues el calor destruye su sabor |
| **Cebollinos** | Es un miembro de la familia de las cebollas, con un aroma similar a éstas, aunque más suave | Hierbas de aroma delicado como perejil, perifollo, estragón y albahaca | Al finalizar la cocción. Los cebollinos constituyen una guarnición atractiva atados en manojos o cortados y esparcidos sobre las preparaciones. Los cebollinos secos tienen muy poco sabor, así que utilice en la medida de lo posible cebollinos frescos u hojas de cebollas tiernas |
| **Cilantro** | Hierba muy popular en las cocinas de todo el mundo, sobre todo en las de la India, Oriente y el Mediterráneo oriental. El sabor es fresco, aunque pungente y especiado, y liga bien con alimentos aromatizados y especiados | Menta, perejil y tomillo | Pruebe la preparación, ya que el cilantro puede ser muy dominante. Utilice las raíces finamente picadas para los *currys* y platos de carne; es preferible añadir las hojas picadas al finalizar la cocción. Las hojas enteras constituyen una atractiva guarnición |
| **Eneldo** | Hierba en forma de helecho, con un sabor dulce y anisado | Cebollinos, perejil, tomillo y orégano | Use las hojas como guarnición. Es preferible emplearlo crudo o añadirlo al finalizar la cocción |
| **Estragón** | Es una de las hierbas más versátiles y populares. Tiene un delicioso sabor a anís y vainilla. Se suele utilizar en platos de aves y pescado, aunque también combina con los de huevos y queso | Perejil, perifollo, cebollinos y mejorana | Utilícelo con mesura pues su sabor, aunque sutil, puede ser intenso y se dispersa con rapidez |
| **Hierba limonera** | La hierba limonera crece por todo el sudeste asiático y en muchas regiones tropicales de la India, África y Sudamérica. La raíz bulbosa de esta hierba es apreciada por su sabor cítrico, que tiene el sabor limpio del limón pero sin su amargor. Muy empleada en la cocina vietnamita y tailandesa | Cilantro y albahaca | Si no la encuentra, sustitúyala por corteza de lima o limón mezclada con jengibre fresco rallado |
| **Hinojo** | Son los brotes plumosos del bulbo de hinojo. Tiene el mismo sabor dulce y anisado que el bulbo | Cebollinos, perejil y tomillo | Es preferible utilizarlo en platos de pescado, salsas, mayonesa, ensaladas y como guarnición |
| **Laurel** | Hierba muy atractiva que se suele vender en paquetes de hojas o en pequeños ramilletes. Las hojas de laurel aportan un sabor fuerte e intenso a los platos cocinados | Forma parte del ramillete de hierbas aromáticas junto con el perejil y el tomillo, y va bien con el romero y la salvia | Desmenuce o corte las hojas para que desprendan todo su sabor. Las hojas se secan bien pero pueden perder su sabor. El sabor pungente del laurel puede enmascarar algunos alimentos delicados. Utilice con moderación las hojas frescas o secas en platos condimentados |

hortalizas

| Tipo | Descripción | Afinidad con | Notas y consejos |
|------|-------------|--------------|-------------------|
| **Mejorana y orégano** | Estas dos hierbas están emparentadas y pueden intercambiarse si se desea. De hecho, la mejorana es más dulce y menos penetrante que su pariente silvestre, el orégano. Ambas son muy populares en los países mediterráneos, sobre todo en Italia y Grecia, y dan excelentes resultados con los platos elaborados con tomate. El orégano proporciona a las pizzas su sabor distintivo y también forma parte del chile en polvo mexicano | Tomillo, perejil y perifollo | Siempre que sea posible, utilice mejorana fresca. El orégano, que difícilmente se encuentra fresco, es bueno seco |
| **Menta** | Una de las hierbas más comunes. Se utiliza tanto en platos dulces como salados. Su sabor a mentol proporciona viveza a las salsas, mientras que su astringencia corta el sabor graso de los platos de carne, particularmente los de cordero. Existen numerosas variedades de menta; la menta marroquí tiene un sabor dulce y suave; la menta verde es picante y se utiliza para la salsa de menta; la menta piperita o hierbabuena se utiliza para postres y preparaciones dulces | Cilantro, perejil, albahaca, tomillo y mejorana | Si la recolecta, elija hojas jóvenes cerca del extremo superior de la planta, pues tienen un sabor más dulce |
| **Perejil** | Existen dos tipos de perejil, el rizado y el de hoja plana. Ambos tienen un sabor fresco y suave, aunque el último lo tiene más pronunciado | Casi todas las hierbas pueden combinarse con el perejil, entre ellas el cebollino, el estragón, el perifollo, la albahaca, el cilantro, la mejorana y el tomillo | Utilice el perejil rizado para adornar y el de hoja plana para guisar, así como en ensaladas donde el sabor sea importante. Si lo añade a platos cocinados, incorpórelo al finalizar la cocción para preservar todo su sabor |
| **Perifollo** | Hierba de aspecto delicado y de sabor dulce, ligeramente anisado | Estragón, perejil y cebollinos | Agréguelo al finalizar la cocción para preservar su delicado sabor |
| **Romero** | Hierba aromática con un sabor intenso y pungente que combina muy bien con platos de carne, especialmente cordero y caza. Es originario del Mediterráneo y es un ingrediente imprescindible en las cocinas italiana y griega | Tiende a enmascarar el sabor de otras hierbas más delicadas, pero puede utilizarse con otras robustas, como el tomillo y el laurel | Utilícelo con moderación y retire las ramitas de los guisos antes de servirlos. Inserte aquéllas en los asados o esparza las hojas sobre los mismos al finalizarlos. Utilice las ramitas despojadas de las hojas a modo de broquetas para ensartar chuletas de cordero para asar a la barbacoa |
| **Salvia** | Es una hierba de sabor pronunciado que combina muy bien con las carnes, sobre todo las de cerdo y oca. Es popular en Italia, donde se utiliza en rellenos y en los platos de hígado de ternera | Tomillo, orégano y laurel | Utilícela discretamente en salsas y rellenos. Indicada para aromatizar aceites y vinagres |
| **Tomillo** | Hierba aromática que crece silvestre en muchos países de climas cálidos. Su aroma penetrante y su sabor dulce y pungente se asocian con la cocina provenzal, italiana y de otros países mediterráneos | Romero, perejil, mejorana u orégano, hojas de laurel y cilantro | El tomillo de limón, con su delicioso sabor cítrico, puede utilizarse tanto para preparar infusiones como en la cocina |

# setas

Esta palabra engloba a los hongos comestibles. El término hongo es una clasificación científica que se da a cualquier planta que obtiene su energía del medio en descomposición donde se encuentra, en vez de procesarla a través de sus hojas por la acción del sol. Existen dos categorías principales de setas comestibles: las silvestres, como los rebozuelos, las setas calabaza y las colmenillas, y las cultivadas, como los champiñones blancos y castaña. Las orellanas se encuentran tanto en estado silvestre como cultivadas, al igual que las setas chinas *shiitake*, las agujas doradas, o *enoki*, y otras setas orientales.

## Elección

Las setas silvestres deben ser firmes, jugosas y sin manchas húmedas. Un aroma penetrante es signo de frescura; un pie seco significa que se han guardado varios días. Las variedades cultivadas deben tener sombreros blancos o pálidos sin signos de decoloración.

### Setas chinas *shiitake*

Saben ligeramente a harina, tienen un sombrero de color marrón grisáceo y una textura carnosa firme que se transforma en sedosa una vez cocidas. Combinan con la salsa de soja y otros sabores del sudeste asiático. Deseche los tallos leñosos.

## SETAS CULTIVADAS

**Agujas doradas o *enoki*** Se trata de unas setas finas muy pálidas cuyos sombreros parecen cabezas de alfiler. Son comestibles crudas y se utilizan principalmente en ensaladas o como guarnición. Su sabor es dulce y casi afrutado, con cierto tono a arroz. Recorte la parte inferior si fuese necesario para separarlas.

**Champiñones** Los más pequeños tienen sombreros cerrados; los grandes, abiertos. Dichos sombreros pueden ser blancos; las láminas son rosadas cuando son frescos y se oscurecen si maduran. Lávelos con un lienzo húmedo. Pélelos sólo si la piel está decolorada.

**Champiñones castaña** Son más oscuros que los champiñones blancos o comunes y tienen un sabor más acusado.

## CONSERVACIÓN

Las setas frescas son muy perecederas y deben consumirse al cabo de uno o dos días de su compra. Envuélvalas en papel de cocina y refrigérelas, pero no las ponga en una bolsa de plástico, ya que se humedecerían y se deteriorarían rápidamente. Lávelas justo antes de cocinarlas.

## LAS SETAS AL DETALLE

**Sombrero**

Es la parte más carnosa y sabrosa. Puede usarse entero si es grande; también puede rellenarse y asarse al horno o a la parrilla, o bien cubrirse con una masa y freírse. También puede trocearse.

**Pie**

Se suele retirar si está seco o leñoso, aunque puede picarse y utilizarse junto con el sombrero si está en buenas condiciones.

**Láminas**

Su grosor varía según la variedad. Pueden albergar arena y otra suciedad en sus pliegues, que debe retirarse cuidadosamente.

# SETAS SILVESTRES

**Colmenillas** En Escandinavia se conocen como las «trufas del norte» y son muy apreciadas por los buenos conocedores. Tienen forma de cono y un sombrero en forma de panal cuyo color va del marrón claro al oscuro. El sombrero y el pie están completamente vacíos. No deben comerse crudas. Córtelas por la mitad y límpielas con un pincel o páselas rápidamente bajo el chorro del grifo para extraer la suciedad.

**Champiñón silvestre** Tal como su nombre indica, crecen silvestres en los bosques. Los sombreros, de 3 a 13 cm, son de un tono blanco sedoso cuando son jóvenes y marrón claro cuando maduran. Las láminas son de un rosa vivo, pero se oscurecen a medida que envejecen. Corte el final del pie y pélelos si la piel está decolorada. Lávelos con un lienzo húmedo.

**Setas calabaza** (*cèpes* en Francia, *porcini* en Italia) Se trata de una de las setas silvestres de mayor tamaño, pues puede alcanzar hasta 1,2 kg. Es muy apreciada por su fina textura y excelente sabor. Córtela por la mitad para comprobar si hay gusanos. Pincele el pie y recorte la base; a continuación, córtela en lonchas finas.

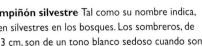

**Rebozuelos** Tienen una textura firme y un tacto a gamuza. Los sombreros son cremosos y los pies, de un tono azulado pálido. Su sabor es suave y afrutado.

**Rebozuelos** De textura firme y un tacto a gamuza. Los sombreros son cremosos y los pies de un tono azulado pálido. De sabor suave y afrutado.

## Duxelles

*La duxelles es la combinación clásica francesa de champiñones y escalonias o cebollas finamente picadas y salteadas en mantequilla hasta secarlas. Se utiliza como relleno o guarnición y se cree que fue creada por La Varenne, cocinero del marqués de Uxelles.*

## CHAMPIÑONES FINAMENTE PICADOS

Para picar finamente unos champiñones destinados a *duxelles*, sostenga dos cuchillos de cocinero con una mano y las hojas de ambos con la otra. Píquelos utilizando un movimiento de vaivén.

## CEPILLO PARA CHAMPIÑONES

Se trata de un cepillo pequeño de cerdas delicadas y muy suaves de 2,5 cm de longitud que se emplea para retirar la suciedad de las setas secas.

## PREPARAR CHAMPIÑONES

Los champiñones blancos cultivados crecen sobre compost, por lo que basta con limpiarlos con un paño húmedo o papel de cocina humedecido. No los lave, ya que absorben el agua y quedan empapados. No obstante, los champiñones muy arenosos pueden sumergirse en un cuenco con agua fría y sacudirse para desprender la arena; escúrralos en un colador.

setas

**199**

## SETAS SECAS

Encontrará diferentes variedades en el mercado, como las colmenillas, las setas calabaza, los rebozuelos, los *shiitake* y las orellanas. El sabor está muy concentrado, por lo que incluso una cantidad muy pequeña aportará sabor y profundidad al plato. Necesitan reconstituirse antes de utilizarse.

**Seta calabaza seca**

**Colmenilla seca**

**Seta china *shiitake* seca**

Ponga las setas en un cuenco, cúbralas con agua caliente y déjelas reposar 35-40 minutos, o bien hasta que se ablanden. Escúrralas y exprímalas para extraer el exceso de líquido. Filtre el líquido (para extraer los restos de arena o suciedad) y utilícelo con las setas.

## TRUFAS

Existen dos variedades principales. La trufa de verano se encuentra en el suelo cerca de robles o hayas y su exterior es de un color entre marrón y negruzco, con un interior veteado en un tono marrón rojizo. Tiene un aroma muy peculiar y un sabor fuerte que recuerda ligeramente a las nueces.

La trufa del Piamonte o trufa blanca es una variedad más rara y es la más apreciada de las setas silvestres. Se parece ligeramente a una aguaturma, con su exterior rugoso de color marrón y su bonita carne marmolada. Tiene un sabor más fuerte que la trufa de verano, que es dulce e inconfundible, siendo el suyo también muy peculiar. Ambas variedades se utilizan en rellenos y salsas, así como con platos de huevos y arroz.

### PREPARAR LAS TRUFAS

▼ **Limpiarlas**
Cepíllelas cuidadosamente. Utilice un mondador para retirar la piel rugosa. Pique finamente las peladuras y utilícelas en platos guisados.

▲ **Cortar a rodajas**
Córtelas lo más finas posible. Utilice las virutas tanto crudas como cocidas en platos de pasta, *risottos* o tortillas.

# algas marinas

## Preparar algas secas

▼ **Nori** Tuéstela para realzar su sabor delicado. No obstante, lea antes la etiqueta ya que algunas ya vienen tostadas. Tueste las láminas unos pocos segundos sobre una llama, o bien colóquelas sobre una placa y póngalas en el horno caliente 30-60 segundos.

Las algas son uno de los vegetales más originales y menos empleados en la cocina occidental. Sin embargo, son deliciosas y extremadamente nutritivas, pues son ricas en proteínas, vitaminas y minerales. Las algas han formado parte de la cocina oriental desde hace siglos y en Japón son tan importantes que algunas variedades se cultivan comercialmente.

**Nori** Es conocida en Occidente como el envoltorio tradicional del *sushi*. Se trata en realidad de un alga roja que cuando se seca adquiere un tono negro verdoso. Su sabor es delicado y suave. No necesita remojarse, aunque sí tostarse si va a emplearse como envoltorio para *sushi* (*véase* izquierda). También puede cortarse en tiras y cocerse con arroz, o bien desmenuzarse para adornar platos de arroz.

*Nori*

**Wakame** Se presenta en forma de hebras rizadas y tiene un sabor suave ligeramente dulce. Remójela unas horas antes de emplearla en ensaladas y salteados, o bien espárzala sobre platos de arroz.

**Kombu** En Occidente se conoce bajo el nombre de *kelp* y es muy popular en Japón y Corea. Es el ingrediente principal del caldo japonés *dashi* y aparece también en otros platos como vegetal o aromatizante. Tiene un sabor muy peculiar y se suele emplear en platos cocinados a fuego lento, a los que además de aportar su inconfundible sabor ayuda a ablandar el resto de los ingredientes.

*Wakame*

*Kombu*

▲ **Wakame** Se venden secas y deben reconstituirse antes de emplearse. Remójelas en agua caliente 2-3 minutos, escúrralas bien y utilícelas en sopas, ensaladas y salteados orientales.

## Preparar un caldo de algas

Denominado *dashi* en Japón, tiene un color límpido y un delicado sabor marino. Es muy rápido y fácil de preparar, además puede guardarse hasta 3 días en la nevera. Agregue el alga *kombu* a una cacerola con agua y unos copos de bonito secos y lleve a ebullición. Retire el recipiente del fuego y deje reposar hasta que los copos se depositen en el fondo. Cuele lentamente el líquido obtenido a través de un tamiz dispuesto sobre un cuenco previamente forrado con una muselina. Devuelva el caldo a la cacerola limpia y cuézalo lentamente durante 10 minutos.

setas y algas marinas

**201**

# aceitunas y alcaparras

Estos «frutos» salados son dos de los productos mediterráneos más populares. Ambos tienen sabores muy distintivos. Las alcaparras forman parte de un gran número de recetas, mientras que las aceitunas se utilizan para acompañar bebidas y se incluyen en muchos platos tradicionales italianos, franceses, españoles y griegos. Además, se prensan para obtener una amplia variedad de aceites de oliva de diferentes calidades.

Disponibles en una amplia variedad de colores y sabores, es preferible comprar las aceitunas frescas o en aceite que en conserva. El color de las aceitunas refleja su grado de madurez: de verde a un verde amarillento inicial hasta morado y negro.

**Alcaparras** Las alcaparras son pequeños capullos de flores verdes de un arbusto mediterráneo. Se utilizan sólo en conserva, por lo general en vinagre, salmuera o aceite de oliva, aunque también se venden saladas. En cualquier caso, enjuáguelas bien antes de utilizarlas para retirar el exceso de sal. Se conservan durante meses, pero deben estar completamente recubiertas de líquido, pues en caso contrario se estropean. Proporcionan un sabor entre agrio y salado que combina muy bien con alimentos delicados, como la carne de ternera. Aparecen en un buen número de platos clásicos.

**Alcaparrones** Son más grandes que las alcaparras, aunque tienen un sabor similar y pueden utilizarse en las mismas recetas. Puede sustituirlos por semillas de capuchina, aunque éstas tienen un sabor ligeramente amostazado.

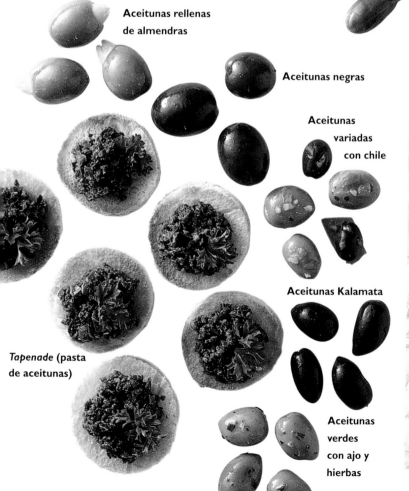

**Aceitunas rellenas de almendras**

**Aceitunas negras**

**Aceitunas variadas con chile**

**Aceitunas Kalamata**

*Tapenade (pasta de aceitunas)*

**Aceitunas verdes con ajo y hierbas**

## Recetas clásicas

**Pasta con aceitunas y alcaparras** (*alla puttanesca*) Este famoso plato de pasta procede de Nápoles, en el sur de Italia, donde las alcaparras crecen profusamente.

*Caponata* Versión siciliana de la *ratatouille*, se prepara con alcaparras, aceitunas verdes y apio en vez de calabacines y pimientos.

**Salsa de alcaparras** El cordero acompañado con salsa de alcaparras es un plato inglés tradicional. La salsa puede ser una clásica salsa bechamel, o bien preparada con un *roux* blanco y caldo de carne.

**Salsa tártara** Se prepara con alcaparras picadas, estragón o cebollinos frescos, pepinillos, perejil y zumo de limón, todo ello mezclado con mayonesa. Se suele servir con pescado.

**Mayonesa de alcaparras** Se prepara con alcaparras, pimientos y vinagre de estragón. Está especialmente indicada para acompañar pescados.

# frutas y frutos secos

# manzanas y peras

Las peras y las manzanas se encuentran entre las frutas más versátiles. Si se comen crudas, el único requisito es lavarlas con abundante agua. También resultan fantásticas como ingrediente principal en salsas o tartas.

## MANZANAS

**Manzanas para cocer** Existe una amplia variedad de manzanas para cocer. Una de las más populares es la Bramley, una variedad grande, de color verde (a veces moteada de rojo) y con una carne blanca y jugosa. Es demasiado ácida para comer y una vez cocida su carne se desintegra en un puré espumoso, lo que la convierte en la candidata ideal para preparar salsa de manzanas u otras recetas que precisen una textura blanda.

**Rome Beauty y Rhode Island Greening** Ambas son ácidas y firmes, por lo que son excelentes para preparar empanadas y otras recetas.

**Empire** Popular manzana americana con una piel roja oscura y una carne blanca cremosa. Es semiácida y tiene una textura crujiente.

**Golden Delicious** Una manzana muy popular, aunque a veces tiene poco sabor y es granulosa cuando ha madurado en exceso. Las manzanas Golden de calidad deben ser firmes, con una piel lisa de color amarillo verdoso. Es preferible desechar las frutas maduras, que tienen una piel amarillenta ligeramente moteada.

**Granny Smith** Se cultivan en toda Europa y América, si bien se cultivaron por primera vez en Australia de la mano de Annie Smith, una emigrante inglesa. La piel es verde uniforme y la carne de un blanco pálido. Su sabor ácido y textura crujiente la hacen ideal para comer cruda, aunque también es popular para cocer.

**Red Delicious** Manzana grande originaria de América, muy apreciada por su sabor dulce. La piel es dura, pero la carne es dulce y jugosa.

**Spartan** Manzana canadiense con un sabor aromático delicioso y piel algo dura.

### DESCORAZONAR

Descorazone las manzanas introduciendo un descorazonador en el extremo del tallo. Gírelo alrededor del corazón y despréndalo suavemente.

### MEDIAS LUNAS

Descorazone y pele una manzana. Córtela por la mitad a lo largo. Coloque cada mitad con la cara cortada hacia abajo y córtela en sentido transversal.

## PERAS

Las peras están emparentadas con las manzanas. Es preferible comprarlas verdes y dejarlas madurar a temperatura ambiente, razón por la cual antaño tan sólo se utilizaban para cocer, ya fuera para preparar confituras, hornear, brasear, guisar o servir como postre. Entre las variedades más interesantes se encuentran las Conference, Kieffer, Bartlett y Wildemann.

## PERAS ASIÁTICAS

Existe una amplia variedad de peras procedentes de Asia, todas ellas de forma redondeada y piel canela, con un aspecto que se asemeja más al de las manzanas que al de las peras. Sin embargo, al morderlas son crujientes y jugosas, con esa textura granulosa característica de las peras. Es preferible comerlas crudas, preferentemente recién sacadas de la nevera, para que de ese modo tengan el mismo sabor y textura que los granizados de frutas.

**Shandong** Se trata de un cruce entre manzana y pera, y tiene una textura firme y un buen sabor.

**Pera Tientsin** Estas peras chinas y coreanas son pequeñas y rollizas. Su piel, de un amarillo pálido moteado, esconde una carne blanca brillante. Son dulces, jugosas y crujientes, y al igual que otras peras asiáticas deben comerse crudas, preferentemente recién sacadas de la nevera.

**Pera Nashi** Es pequeña, de piel amarronada y con una carne blanca, dulce y jugosa.

### DECOLORACIÓN

La carne de peras y manzanas se decolora u oxida rápidamente una vez pelada. Para evitarlo, pincélela recién pelada o cortada con zumo de limón o lima.

### ABANICOS DE PERA

Pele, corte por la mitad y descorazónela, dejando el tallo intacto. Coloque la parte cortada hacia abajo y córtela desde el tallo hasta el final. Presione para separar las rodajas en forma de abanico.

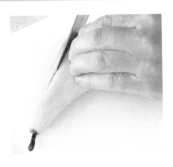

## Recetas clásicas

**Manzanas horneadas con almendras** Manzanas peladas, cubiertas con mantequilla, almendras molidas y azúcar, rellenas con una mezcla de higos secos y corteza de cítricos, y horneadas hasta ablandarlas.

**Manzanas flameadas al estilo Triberg** Manzanas de postre cocidas con mantequilla, azúcar, limón y miel hasta que se ablandan, rociadas con kirsch y flameadas. Se acompañan todavía flameantes con crema de leche batida.

**Peras al vino tinto** Peras escalfadas en vino tinto con azúcar y clavos. Se sirven espolvoreadas con almendras tostadas y acompañadas con crema de leche o yogur.

**Tarta Tatín** Esta tarta invertida se cuece en un molde o recipiente metálico. El azúcar caramelizado en el fondo del molde se transforma en una cobertura al desmoldar la tarta.

**Sorbete de peras** Peras escalfadas reducidas a puré con un poco de su almíbar de cocción y congeladas. A veces se le añade aguardiente de pera Williams.

**Peras Belle Hélène** Peras escalfadas en almíbar de azúcar y acompañadas con una salsa de chocolate caliente o de naranja.

manzanas y peras

# frutas con hueso

### Elección

Los melocotones y las nectarinas destinados a la venta se recolectan cuando están firmes. Se ablandan pero no son muy dulces, por lo que debe elegirlos con cuidado, seleccionando aquellas frutas que tengan un bonito color rosado y evitando aquellas con partes verdes o duras al tacto.

Las ciruelas cultivadas en el propio huerto deben recolectarse justo antes de madurar. Las de los comercios deben ser ligeramente firmes, aunque deben ceder ligeramente a la presión del dedo, tener un aspecto lozano y carecer de manchas.

Siempre que sea posible, compre las cerezas con sus tallos, pues es la mejor garantía de que están frescas. Éstos deben ser verdes y flexibles, ya que los quebradizos indican que la fruta se recolectó hace ya cierto tiempo (si no llevan tallos, sospeche de su frescura). Las cerezas deben tener un aspecto rollizo y carecer de manchas. Si es posible, coma una para comprobar su dulzor.

## MELOCOTONES Y NECTARINAS

Existen cientos, probablemente miles de variedades diferentes de melocotones, pero normalmente se clasifican en dos tipos: los de carne blanca y los de carne amarilla; de éstos los primeros se reservan para comer crudos y los segundos para cocer. Las nectarinas son en realidad un tipo de melocotón originario de China. Aunque hay quienes creen que son algo más ácidas, lo cierto es que tienen un sabor y una textura similares a la de los melocotones.

## DETALLE DE UN MELOCOTÓN

**Piel**

Para comprobar el grado de madurez de los melocotones, frote la piel. Los melocotones verdes tienen un tono verdoso en la piel y es preferible no adquirirlos, pues no llegan a madurar.

**Hueso**

En algunos melocotones la carne se encuentra fuertemente adherida al hueso, mientras que en otros se separa con facilidad. Estos últimos son los más adecuados para hornear.

**Carne**

Normalmente tiene el mismo color que el tono más pálido de la piel, una textura jugosa y un sabor dulce. A medida que el melocotón madura, la carne alrededor del hueso aparece moteada de rojo o rosa.

## RENDIMIENTO

**600 g DE MELOCOTONES**

=

3 medianos o 4 pequeños

=

unas 3 tazas cortados a rodajas

=

unas 2 ¹/₄ tazas picados

---

### Trucos de cocinero

*Las almendras de los melocotones y los albaricoques pueden ser venenosos, ya que contienen un componente químico denominado glucósido que puede reaccionar y derivar en ácido prúsico o cianido de hidrógeno. Para evitarlo, ase las almendras, que nunca deben comerse crudas.*

---

## INFORMACIÓN NUTRICIONAL

Los melocotones son una excelente fuente de vitamina A, aunque no tanto como los albaricoques. También contienen vitamina C.

Los albaricoques son una fuente muy valiosa de vitamina A en forma de betacaroteno. Una ración de tres albaricoques proporciona casi la mitad de la ingesta diaria recomendada para un adulto de dicha vitamina. También son una buena fuente de vitamina C y potasio, además de hierro y calcio.

Las ciruelas contienen vitamina A y vitamina C.

Las cerezas aportan una dosis considerable de vitamina C y son ricas en fibra dietética.

---

## DESHUESAR LOS MELOCOTONES

Corte alrededor de la fruta con un cuchillo pequeño siguiendo la hendidura hasta llegar al hueso. Sostenga la fruta cortada y mueva ambas mitades en direcciones opuestas hasta soltar el hueso. Despréndalo con la punta del cuchillo y retírelo con los dedos.

## ALBARICOQUES

Son originarios de China, donde se cultivan desde hace miles de años. La mayoría de los albaricoques de venta al público tienen un color amarillo anaranjado moteado de rojo. Destacan por tener un buen equilibrio de acidez y dulzor y son buenos tanto crudos como cocidos. Se utilizan ampliamente en Oriente, tanto para platos dulces como para salados.

Alcanzan su mejor momento durante un breve período de tiempo y además viajan mal, de ahí lo difícil de dar con un albaricoque perfecto, ya que si no se han dejado madurar son secos y leñosos y adolecen de sabor una vez ha pasado su mejor momento. Elija siempre aquellos que tengan un color vivo y la piel lisa.

## CIRUELAS

Cualquiera que sea la estación, siempre encontrará alguna variedad de ciruela en las tiendas, tanto para comer como para cocinar. Varían enormemente en color, tamaño, sabor y dulzor, pero a pesar de sus diferencias todas tienen pieles lisas y una carne jugosa agradablemente ácida.

**Czar** Ciruelas grandes de color negro azulado y carne anaranjada.

**Ciruelas damascenas** Son la forma cultivada de la variedad silvestre. Tienen una apariencia lozana y una piel negra azulada. Su sabor es bastante ácido y pueden cocerse para preparar tartas y empanadas, pero por lo general se emplean en confituras y gelatinas.

**Mirabel** Ciruela pequeña de color rojo o verde amarillento que crece al final de unos tallos largos como los de las cerezas. Tiene una piel amarga, pero la carne, dulce, es muy apreciada para cocer o preparar confituras.

## CEREZAS

Al igual que la mayoría de frutas con hueso, las diferentes
variedades de cerezas se suelen clasificar entre aquellas
destinadas para comer y para cocinar. Pueden ser dulces
o agrias. Estas últimas son por lo general rojas y negras, y
las dulces, blancas. Las cerezas de carne amarilla pueden
conservarse en licor marrasquino y emplearse en
guarniciones y cócteles.

**Amarello** Cereza de carne amarilla.

**Montmorency** Cereza de carne roja ideal para
conservas, confituras y hornear.

**Morello** Cereza oscura y jugosa. En estado crudo no es
comestible, aunque queda deliciosa si se conserva en
almíbar o brandy.

## DESHUESADOR DE CEREZAS

Un deshuesador mecánico facilita la
tarea de deshuesarlas. La púa roma
presiona el hueso a través de la
carne, de forma que la fruta
conserva su forma a la vez que
retiene todo el zumo. Arranque el
tallo y tírelo. Coloque la cereza sobre
la cavidad del deshuesador, con la
parte del tallo hacia arriba. Sostenga
la fruta firmemente y apriete con
fuerza ambos mangos hasta extraer
el hueso. Puede utilizar la misma
técnica para deshuesar aceitunas.

## CONSERVACIÓN

Guárdelas a temperatura ambiente 1-2 días. Los melocotones y las nectarinas
se ablandarán gradualmente. Una vez del todo maduros puede guardarlos hasta
dos días en la nevera.

Los albaricoques se conservan 1-2 días a temperatura ambiente si todavía no
están maduros; guárdelos a continuación en la nevera y cómalos al cabo de
3-4 días una vez estén maduros por completo.

Guarde las ciruelas maduras en la nevera y cómalas al cabo de dos días.

Las cerezas se guardan 1-2 días en la nevera. Lávelas bien antes de consumirlas.

**600 g DE CEREZAS**

=

unas 3 tazas enteras

=

unas 2 ¹/₂ tazas partidas

### Recetas clásicas

**Cerezas al brandy**
Cerezas escalfadas lentamente
en un almíbar ligero
aromatizado con canela y
conservadas con brandy.

**Pastel Selva Negra**
Receta clásica en la que unas
capas de bizcocho se
intercalan con una mezcla de
cerezas y se cubren con crema
montada y más cerezas.

**Cerezas al caramelo**
Cerezas bañadas en kirsch y
horneadas con una crema. Se
sirven frías cubiertas con
una capa fina de caramelo
y una cereza fresca por encima.

**Melocotones calientes
y arándanos con helado
de mascarpone**
Melocotones, arándanos,
corteza de cítricos y semillas
de cardamomo calentados
suavemente en mantequilla y
azúcar moreno hasta que se
ablandan. Se sirven con un
helado cremoso de origen
italiano.

## FRESAS Y FRESONES

Estas frutas blandas tienen diferentes usos en la cocina. Se sirven frescas en ensaladas de frutas, se emplean para recubrir pasteles y merengues, y también se cuecen en pasteles, tartaletas, empanadas, budines, salsas y confituras.

### Elección

Si es posible, cómprelas directamente del productor, ya que así serán más frescas. Si las compra en la tienda, verifique el embalaje cuidadosamente. La fruta debe tener un aspecto brillante y rollizo, sin signos de moho ni podredumbre. Tampoco debe aparecer ningún líquido en el fondo del recipiente, lo que sugeriría que las frutas depositadas en la base están aplastadas.

## PREPARAR FRESAS Y FRESONES

Normalmente se retira el cáliz de las fresas y los fresones, aunque puede dejarlo intacto si va a usarlo como decoración. Si no, córtelo con la punta de un cuchillo pequeño. Puede cortarlas en rodajas o por la mitad con un cuchillo de cocinero.

**Fresones**
Son deliciosos servidos al natural y espolvoreados simplemente con azúcar. Si le gusta puede añadirles crema de leche montada. Quedan muy bien en infinidad de postres, como merengues, mantecados y tartaletas. Además, combinan bien con el chocolate y pueden sumergirse enteros en chocolate derretido y emplearse como dulce o decoración. Los fresones escalfados forman parte de los budines veraniegos. Maduros son ideales para confituras.

### Recetas

**Budín veraniego**
Un molde para budín forrado con pan se rellena con compota de bayas.

**Buñuelos de arándanos con salsa de manzana**
Arándanos recubiertos con masa de almendras y salsa de manzanas.

## FRESAS SILVESTRES

Son versiones en miniatura de los fresones. Tienen un sabor dulce y aromático.

**Fresas de los bosques o fresas alpinas**
Crecen silvestres en Europa, aunque algunas variedades se cultivan y se comercializan. Las cultivadas son algo más grandes que las silvestres. Existen variedades de color blanco, amarillo y rojo, todas ellas de aspecto delicado y un maravilloso sabor a vainilla.

## Uva espina verde

Está emparentada con la zarzamora y la variedad más conocida tiene un color verde brillante. A pesar de la forma que tienen de ser increíblemente agrias, lo cierto es que algunas variedades pueden comerse crudas. Otra opción es cocerlas en un poco de agua y azúcar, y utilizarlas para preparar cremas de frutas, helados o sorbetes. Tienen un elevado contenido en pectina, lo que las hace ideales para preparar confituras y gelatinas, ya sea solas o mezcladas con otras frutas. La salsa de uva espina se utiliza para acompañar pescados grasos como la trucha o la caballa.

**Frambuesas** Quedan fantásticas con tan sólo un poco de azúcar y crema, aunque también pueden usarse en ensaladas de frutas, merengues y tartaletas. El *coulis* o puré de frambuesas endulzado y tamizado combina la mar de bien con los melocotones Melba. El puré puede utilizarse para preparar helados, sorbetes y cremas de frutas.

## Arándanos rojos

Pueden servirse con carnes y caza, como es el caso del tradicional pavo de Navidad. Pueden utilizarse en platos tanto dulces como salados. Sin embargo, deben cocerse siempre con un poco de agua y azúcar y un trozo de cáscara de limón, hasta que se ablanden.

### Arándanos negros o americanos

Las variedades modernas cultivadas son más grandes, dulces y jugosas que las silvestres. Además de su sabor, los arándanos son apreciados por su color y cuando se añaden a otras bayas aportan a cualquier ensalada de frutas un aspecto sumamente atractivo. Se utilizan para preparar helados, *muffins*, tortitas y varios postres horneados.

### Moras

Son un regalo del campo, si bien también se cultivan, al igual que su pariente cercana, la zarza de los rastrojos. Aunque quedan bien crudas en ensaladas de frutas, son ideales mezcladas con manzanas en tartas y empanadas, así como en los budines veraniegos. También pueden utilizarse en helados, cremas de frutas, *coulis* o purés de frutas y confituras.

### ¿Sabía que...?

*Las moras y las frambuesas pertenecen a la familia de las rosas (ambas son espinosas). Existen numerosos híbridos, algunos creados, otros naturales. Entre éstos se encuentran la zarza de los rastrojos, la mora Logan, la mora Boysen y la Tay.*

## CONSERVACIÓN

La mayoría de las bayas son muy perecederas y deben consumirse lo más pronto posible una vez adquiridas. Las fresas, las frambuesas y las moras tieden a enmohecer, por lo que una fruta estropeada contaminará rápidamente al resto, así que retire de inmediato cualquier ejemplar mohoso.

Las fresas y los fresones no se congelan bien, pero puede congelar otras bayas si dispone de una buena cantidad de las mismas para consumirlas a lo largo del invierno. Congélelas sobre placas una vez haya retirado los tallos a las grosellas, así como los tallos y las bases a las uvas

espinas. Los arándanos rojos y negros pueden colocarse directamente en bolsas para congelar.

Las bayas más duras, como las uvas espinas y los arándanos negros, se conservan hasta una semana en el verdulero de la nevera. Los arándanos rojos se conservan hasta cuatro semanas.

# GROSELLAS ROJAS, NEGRAS Y BLANCAS

Estas frutas pequeñas y versátiles están emparentadas entre sí. Son muy populares en Inglaterra y en el norte de Europa, pero poco habituales en América y los países mediterráneos.

Las grosellas negras son las más ácidas y por lo general no se comen crudas. Las grosellas rojas y blancas, que en realidad son una variedad de la misma planta, son más dulces (contienen menos pectina) y pueden comerse crudas.

**Grosellas negras** Pueden utilizarse en cualquier clase de tartas, para preparar helados o sorbetes, o como componente de los budines veraniegos. Se utilizan también para preparar cordiales de frutas.

**Grosellas rojas** Se emplean para decorar y como ingrediente de los budines veraniegos, para preparar *coulis*, así como la famosa gelatina de grosellas rojas que se utiliza para acompañar platos de cordero y venado.

**Grosellas blancas** Constituyen un atractivo motivo de decoración.

## DESGRANAR GROSELLAS

Las grosellas deben desgranarse antes de utilizarse. Para ello sólo necesita un tenedor. Pase los dientes del tenedor a lo largo del tallo para desprender las grosellas.

## PREPARAR UN PURÉ

Las fresas, las frambuesas o las grosellas rojas pueden pasarse a través de un pasapurés hasta reducirlas a puré. Las semillas se quedan en el pasapurés, por lo que no hay necesidad de tamizarlas posteriormente.

Coloque el disco fino en el pasapurés y disponga éste sobre un cuenco grande. Disponga en su interior las bayas elegidas, sostenga la manivela firmemente y déle vueltas de modo que la cuchilla machaque las bayas dejándolas caer en el cuenco inferior.

---

### INFORMACIÓN NUTRICIONAL

Las uvas espinas son ricas en vitamina C. También contienen vitamina A y D, potasio, calcio, fósforo y niacina.

Los arándanos rojos contienen vitamina C y D, potasio y hierro.

Los arándanos negros son una fuente de vitamina C.

Las frambuesas constituyen una excelente fuente de vitamina C, así como de calcio, ácido fólico y cobre.

Las zarzamoras son una buena fuente de vitamina C; una porción de 140 g proporciona el 50 % de la cantidad diaria recomendada. También contienen ácido fólico, calcio, hierro y cobre.

Las grosellas negras, rojas y blancas son una excelente fuente de vitamina C, en especial las negras.

bayas

# cítricos

## NARANJAS

Pueden ser tanto dulces como agrias; las primeras se dividen en sanguinas, comunes y navel. Pueden comerse crudas, como guarnición, en forma de zumo, en platos salados, adobos y marinadas, así como en una amplia selección de postres, como sorbetes, pasteles, cremas, tartas, moldes de gelatina y budines. Las variedades que aquí presentamos son las que más se utilizan para cocinar.

## Elección

Las naranjas deben sentirse pesadas en relación con su tamaño, firmes y sin partes blandas. Deseche las naranjas de color tenue y cáscara rugosa, y elija aquellas con la piel tersa.

**Naranja sanguina** Naranja muy jugosa, de piel fina y carne roja y dulce. Deben su color a un cruce entre naranjo y granado. Con ellas se prepara un excelente zumo refrescante, aunque también se emplea en ensaladas y compotas.

**Naranja navel** Naranja dulce sin pepitas y con una forma característica de ombligo en el extremo inferior de la flor. Tiene un sabor excelente y un buen equilibrio entre dulzor y acidez.

**Naranja de Jaffa** Procede de Israel y es una variedad de la navel. Puede emplearse en ensaladas, compotas, para cocinar y hornear.

**Valencia** Naranja dulce de piel gruesa y fácil de pelar. Si está en su punto, es dulce y jugosa. Es apreciada por la calidad y cantidad de su zumo, y es apropiada para cocinar y hornear.

## DETALLE DE UNA NARANJA

**Piel** Capa externa y coloreada de la naranja que contiene los aceites esenciales (*véase* pág. 11 para saber cómo debe retirarse esta capa con un pelador de cítricos).

**Cáscara** Capa blanca amarga que rodea la fruta.

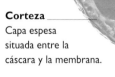

**Corteza** Capa espesa situada entre la cáscara y la membrana.

**Gajos** Carne jugosa de los cítricos.

**Membrana** Capa fina y transparente que separa los gajos.

# NARANJAS AGRIAS

También conocidas como naranjas amargas, tienen una piel dura y oscura, y son extremadamente agrias y amargas.

**Naranjas de Sevilla** Tanto la pulpa como la piel se utilizan para preparar confitura y licores aromatizados con naranja, como Curaçao, Grand Marnier y Cointreau.

**Naranjas enanas o *kumquats*** Son un pariente cercano de la naranja, si bien, con sus 2-3 cm de diámetro, son mucho más pequeñas que éstas. Son jugosas y tienen un inconfundible sabor agrio a cítricos, y aunque pueden comerse al natural con la piel se suelen tomar cocidas o confitadas. Elija ejemplares sin manchas.

**Tangerinas** Las clementinas, las mandarinas y las satsumas son en realidad diferentes tipos de tangerinas. Son pequeñas, fáciles de pelar y se suelen comer crudas, aunque también quedan deliciosas servidas en un almíbar de azúcar o licor.

## CONSERVACIÓN

Las naranjas se conservan varios días a temperatura ambiente o de una a dos semanas en la nevera.

Las naranjas enanas se conservan hasta diez días en la nevera.

## INFORMACIÓN NUTRICIONAL

Las naranjas son una excelente fuente de vitamina C; de hecho, una sola naranja proporciona el doble de la cantidad diaria recomendada de dicha vitamina. También contienen calcio. Los limones son ricos en vitamina C.

Las limas son ricas en vitamina C y también son una buena fuente de potasio, calcio y fósforo.

Los pomelos son una excelente fuente de vitamina C.

Las naranjas enanas son ricas en vitamina C y A. También aportan calcio, fósforo y riboflavina.

## PELAR Y CORTAR A RODAJAS LOS CÍTRICOS

Al pelar las naranjas es muy importante cortar la cáscara o el meollo amargo, dejando la carne intacta.

▼ Corte una rodaja a ambos extremos de la fruta para exponer la carne. Póngala de pie y corte la piel y la cáscara blanca siguiendo la curva de la fruta.

▼ Sostenga firmemente la fruta de lado y corte la carne en rodajas horizontales de aproximadamente 3 mm de grosor utilizando un movimiento de sierra.

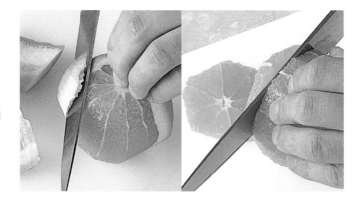

## SEGMENTAR CÍTRICOS

Con esta técnica sencilla podrá cortar los cítricos en gajos o segmentos libres de la membrana dura que los recubre. Trabaje sobre un cuenco para recoger el zumo que cae de la fruta.

▼ Sostenga la fruta pelada en una mano. Corte a ambos lados de una membrana blanca hasta llegar al centro de la fruta, dejando el mínimo de carne adherida.

▼ Trabaje alrededor de la fruta, cortando junto a las membranas y retirando los gajos. Doble las membranas hacia dentro a medida que corta los gajos.

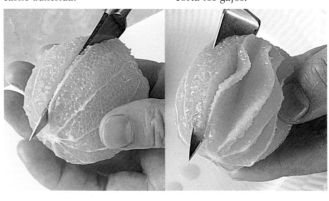

## LIMONES

Son, junto con las naranjas, los cítricos más importantes de la cocina, pues su sabor ácido realza tanto los platos dulces como los salados. El zumo de un limón mejora casi cualquier receta y es en la piel donde se albergan los aceites esenciales aromáticos.

Los limones son el ingrediente principal de las tartas de limón, preparadas con rodajas enteras confitadas o con su zumo y piel, así como de las pastas y cremas de limón. El zumo y la piel de los limones se utilizan también para aportar acidez a sopas, salsas, cremas y un número casi interminable de platos dulces y salados.

### Elección

Al comprar los limones, elija aquellos que pesen más en función de su tamaño. Muchos se suelen encerar y vaporizar para aportarles brillo, por lo que si desea utilizar la piel de un limón compre siempre que le sea posible limones no tratados.

## LIMAS

Son más pequeñas que los limones y, al igual que éstos, aportan un delicioso sabor agrio a los platos dulces y salados. Son un poco más ácidas que los limones, aunque más aromáticas, lo que las hace ideales para emplear en platos tailandeses e indonesios. También se utilizan ampliamente en la cocina mexicana, centroamericana y caribeña. Si bien se utilizan para realzar gran número de platos, son el ingrediente estrella de la tarta de lima. El zumo de lima es, junto con el tequila, el ingrediente clásico del cóctel Margarita.

### Elección

Seleccione frutas sin manchas, de color atractivo y pesadas para su tamaño. Deseche las que empiecen a arrugarse. Se conservan hasta una semana en un lugar frío.

### TAZAS DE CÍTRICOS

Las naranjas, los limones y las limas pueden transformarse en atractivos recipientes donde albergar sorbetes del mismo sabor. Vacíe las frutas y utilice la pulpa para preparar el relleno. Córteles una rodaja en la base para que se mantengan de pie. A continuación, congele la fruta vaciada hasta el momento de utilizarla.

### PIEL CRISTALIZADA

La piel de las naranjas, los limones y las limas puede cocerse en un almíbar de azúcar y emplearse como decorativa guarnición. Corte tiras finas de piel de cítricos desechando toda la cáscara. Coloque la corteza en un cazo, cúbrala con agua y azúcar, y cueza hasta que el almíbar se haya evaporado. Extienda las cortezas y espolvoréelas con azúcar lustre. Deje enfriar.

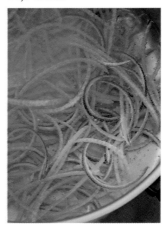

### Recetas clásicas

**Tarta de limón merengada**
Fondo de tarta relleno de crema de limón y recubierto con merengue y azúcar.

**Crêpes Suzette**
Tortitas recubiertas con una salsa de naranja y mantequilla, y flameadas con licor de naranja.

**Tarta de cítricos caramelizada con sorbete de bayas**
Fondo de tarta relleno con una mezcla de huevos, azúcar, crema y zumo de cítricos, todo ello batido, horneado y servido con una cobertura caramelizada. Se acompaña con un sorbete de bayas y lima confitada, y se rocía con almíbar.

frutas y frutos secos

214

## TORONJA

Son muy populares; de hecho, es una de las frutas más ampliamente cultivadas en el mundo. Existen diferentes tipos que difieren entre sí en tamaño, color y dulzor. La mayoría tiene la piel amarilla pero la carne oscila del amarillo pálido al rosa o al rojo rubí. Cuanto más rosada sea, más dulce. A diferencia de los limones, las limas y las naranjas, el zumo de las toronjas y su piel se utilizan raramente en la cocina, pues su sabor es demasiado pronunciado. Por dicha razón es preferible servirla sola o con alimentos neutros y en aquellos casos en que no importe que domine su sabor.

### Elección

Compre toronjas que resulten proporcionalmente pesadas con respecto a su tamaño. Deseche aquellas que tengan la piel arrugada, blanda o esponjosa.

**Ugli** Es un híbrido de toronja, naranja y tangerina. Es grande y tiene por lo general un aspecto fornido, aunque su sabor es dulce y agradable.

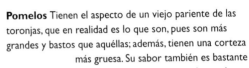

**Pomelos** Tienen el aspecto de un viejo pariente de las toronjas, que en realidad es lo que son, pues son más grandes y bastos que aquéllas; además, tienen una corteza más gruesa. Su sabor también es bastante similar, aunque el pomelo es más jugoso y especiado.

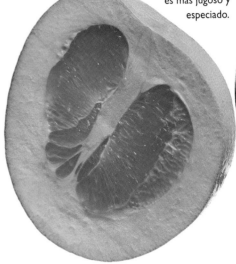

---

## GUARNICIONES DE CÍTRICOS

**Nudos de cítricos** Quedan bien para adornar *petits fours*. Pele el cítrico desechando la cáscara y corte la piel en tiras finas. Ate un nudo en cada tira.

**Lazos de cítricos** Corte la fruta en rodajas finas con un cuchillo afilado, luego corte a partir de un extremo hasta llegar al centro de la rodaja. Tuerza la rodaja en direcciones opuestas.

**Zigzags** Entalle un dibujo en zigzag en torno al centro de un limón. Corte el diseño con un cuchillo acanalado hasta partir el limón por la mitad.

**Rodajas festoneadas** Utilice un pelador de cítricos para cortar tiras longitudinales de corteza de limón o naranja y conferirles así un aspecto acanalado. Corte la fruta en rodajas finas.

cítricos

## 215

# frutas exóticas y mediterráneas

## Elección y conservación

Los plátanos, que continúan madurando una vez recolectados, pueden comprarse en casi cualquier punto de madurez. Cuando está maduro tiene un color amarillo uniforme y a medida que madura va adquiriendo manchas marrones. Los plátanos sin madurar presentan diversas tonalidades verdes, mientras que los que están demasiado maduros se oscurecen progresivamente.

Elija kiwis de piel lisa y que resulten pesados para su tamaño. Los ejemplares verdes maduran si se guardan a temperatura ambiente, pero no los guarde junto a otros, ya que las enzimas responsables de ablandar la carne harán que maduren con demasiada rapidez.

Compre papayas que cedan al presionarlas con la palma de la mano. Las verdes maduran si se guardan a temperatura ambiente; una vez maduras, consérvelas en la nevera. Los mangos perfectamente maduros deben estar blandos al tocarlos, al igual que los aguacates, y suelen desprender un aroma dulce. Si la piel tiene manchas negras, tal vez haya madurado en exceso, por lo que la carne será demasiado blanda y dulzona.

Una chirimoya en su punto perfecto de madurez debe ser firme, ceder ligeramente al tacto y tener una piel verde «acolchada» moteada con manchas marrones. Debe resultar pesada para su tamaño. Si es dura y tiene un color verde pálido uniforme, es casi seguro que está verde; por el contrario, los ejemplares blandos y marrones han pasado su mejor momento.

Los dátiles frescos deben tener un aspecto rollizo y una piel lisa y brillante. Deseche los que estén arrugados o presenten cristales de azúcar en la piel.

Elija higos blandos y de aroma dulce, pero deseche aquellos que estén demasiado blandos. Una vez maduros, consúmalos lo más pronto posible; si todavía están verdes, guárdelos a temperatura ambiente de uno a dos días y, a continuación, hasta tres días en la nevera.

**Plátanos** Pueden hornearse como postre o como ingrediente para aromatizar pasteles, panes rápidos, budines, empanadas y helados. También se emplean en ensaladas de fruta o como cobertura. Utilice plátanos ligeramente verdes para hornear con mantequilla y azúcar; los más maduros quedan bien en panes y pasteles.

**Plátano macho o banano** Está emparentado con el plátano, aunque es mucho más fornido que éste. No puede comerse crudo, pero queda excelente cocido, ya sea frito o hervido en su piel y cortado a rodajas.

**Kiwi** Tienen una piel rugosa y una carne verde brillante rodeada de multitud de pequeñas semillas comestibles. La carne agridulce es delicada al paladar. Es preferible comerlo crudo o en ensaladas de frutas.

**Fruta de la pasión o granadilla** Tiene una piel dura y arrugada que contiene multitud de pequeñas semillas comestibles en el interior de su pulpa intensamente fragante. Puede utilizarse para preparar helados, sorbetes, bebidas o para incorporar a ensaladas de frutas. Las semillas son comestibles y la fruta puede comerse al natural o tamizarse. Elija aquellos ejemplares que parezcan pesados para su tamaño. Se arrugan al madurar y se conservan hasta una semana en la nevera.

**RENDIMIENTO**

**3 PLÁTANOS MEDIANOS**

=

4 plátanos pequeños

=

600 g

=

1 taza aplastados

216

**Caqui** Esta fruta de color rojo anaranjado puede ser tanto redonda como alargada. Cuando está completamente maduro tiene una carne sedosa, una textura blanda y un sabor dulce. Se emplea en compotas, ensaladas o reducida a puré en sorbetes, helados, budines al vapor, galletas y panes rápidos. Elíjalos sin manchas y con color atractivo. Déjelos madurar a temperatura ambiente y, una vez maduros, consúmalos enseguida.

**Carambola** Tiene un sabor dulce, aunque algo aguado. Se utiliza principalmente como decoración en ensaladas de frutas y merengues. Elija aquellas que tengan un color atractivo y no estén estropeadas.

**Granada** Esta fruta de piel roja dura y brillante contiene un gran número de semillas comestibles de color rosa fuerte y carne dulce. Utilice las semillas para adornar ensaladas de frutas, postres y platos principales, o bien tamícelas y utilice el zumo como aromatizante. Elija siempre ejemplares coloridos y sin cuartear, y que cedan ligeramente al tocarlos.

**Níspero** Esta fruta típicamente mediterránea, dulce y algo resinosa, se pela y se come cruda, aunque también se utiliza en confituras y platos elaborados con pollo y cerdo asado. Elíjalos sin manchas y que cedan ligeramente al tocarlos. Se conservan hasta dos semanas en la nevera.

**Guayaba** La piel verde pálido de esta fruta contiene una carne que oscila entre el blanco y el rosa fuerte. Tiene un aroma dulce y perfumado y un sabor ácido. Es buena cruda o ligeramente escalfada, aunque también se reduce a puré para preparar helados, confituras y fragantes gelatinas.

**Pepino dulce** Pele y tire la piel amarga, y corte la carne en rodajas finas. Utilícelo en ensaladas de frutas, en purés para preparar sorbetes y salteado en mantequilla como guarnición. La piel debe tener un color amarillo y ceder ligeramente al presionarla.

## INFORMACIÓN NUTRICIONAL

Los plátanos son un alimento muy energético, razón por la que forman parte de la dieta de los atletas. Son ricos en potasio, riboflavina, niacina y son una buena fuente de vitamina A, $B_6$ y C.

Los kiwis son excepcionalmente ricos en vitamina C; uno solo proporciona más de la cantidad diaria recomendada para un adulto. También contienen vitamina E, A y potasio.

La fruta de la pasión es una excelente fuente de vitamina A y C. Además, contiene potasio, hierro y un poco de calcio.

Las papayas son muy ricas en vitamina C. También proporcionan vitamina A, calcio y hierro.

Los mangos son una excelente fuente de vitamina A y betacaroteno. También contienen vitamina C.

Los higos tienen calcio, hierro y cobre, al tiempo que aportan no poca fibra dietética.

**Higos chumbos** Pueden comerse crudos o cocidos: utilice guantes para retirar la piel espinosa. La carne tiene la textura del melón y puede servirse para acompañar carnes ahumadas o curadas. Elija los que carezcan de manchas. Los maduros tienen la piel rosada. Maduran a temperatura ambiente y se conservan 5 días en la nevera.

frutas exóticas y mediterráneas

**Papaya** Fruta tropical en forma de pera y con carne de color verde que se vuelve de un amarillo anaranjado al madurar. La carne anaranjada es dulce, jugosa y sedosa, y tiene unas semillas negras comestibles de sabor ligeramente pimentado que a veces se utilizan como adorno. Es excelente al natural o en ensaladas de frutas. Al igual que el melón, combina muy bien con las carnes curadas; puede entrar en la composición de cualquier *curry* o servirse en ensaladas completas, como la indonesa *gado gado*.

**Piña** Debe recolectarse una vez madura, pues la fécula no se transforma en azúcar cuando se ha separado de la planta. La piña excesivamente madura tiene un aroma fuerte y a veces partes blandas.

**Mango** Fruta tropical de tamaño considerable y una piel presente en diferentes tonos verdosos, amarillos, dorados rosados y rojos. La carne es amarillenta y su sabor y aroma son únicos, a medio camino entre la piña y el melocotón. Es preferible comerlo crudo, tanto solo como en ensalada de frutas. Puede reducirse a puré para preparar helados, sorbetes y yogures helados.

**Dátiles** Su piel es fina y parecida al papel, y su carne es dulce y blanda. Es probablemente una de las frutas más calóricas, pues 100 g contienen 230 kilocalorías. Pueden emplearse para preparar tentempiés salados o aperitivos y forman parte de pasteles, galletas, panes, *muffins*, ensaladas de frutas y rellenos.

**Higos** La piel es verde o de un negro púrpura y envuelve una carne rosa o roja, blanda y suculenta con pequeñas semillas. Se sirven al natural como entrada o postre, o bien horneados. Existen tres variedades: la de piel púrpura y carne rojiza, la de piel entre verde y amarilla y carne rosada, y la de piel verde y carne de color ámbar.

**Chirimoya** Fruta de forma ovalada y carne blanda y dulce de consistencia parecida a las natillas y un sabor que recuerda a la piña, la papaya y el plátano juntos. Puede incorporarse a ensaladas o reducirse a puré para preparar helados o sorbetes.

**Lichis** Pequeña fruta de color entre rosada y rojiza cuya piel alberga una carne blanca y suculenta. La piel y la semilla interna de color marrón oscuro no son comestibles, pero la carne es deliciosa, con una textura que recuerda a la de las uvas y un sabor dulce y perfumado. Sírvalos al natural o añádalos pelados y deshuesados a ensaladas de frutas. También pueden escalfarse al estilo chino en un almíbar aromatizado con flores. Elija los que tengan un color entre rosado y rojizo. Se conservan hasta una semana en la nevera.

**Alquejenje o uva espina del Cabo** Pequeña fruta de color dorado anaranjado envuelta en una flor cuyo tacto recuerda al papel. Su sabor es dulce con notas ligeramente ácidas. Se vende envuelta en su farfolla y es conveniente probar una para comprobar que no estén demasiado maduras. Es excelente tanto cruda como para decoración. También puede cocerse para preparar confituras y gelatinas.

## PREPARAR UNA PIÑA

▼ **Pelar** Corte el penacho y el extremo inferior de la piña. Colóquela de pie y corte la piel de arriba hacia abajo con un cuchillo grande.

▼ **Retirar los ojos** Extraiga los ojos o pinchos de la carne con la punta de un cuchillo pequeño. Corte la fruta en rodajas horizontales con un cuchillo de cocinero.

▲ **Descorazonar** Coloque planas las rodajas de piña y extraiga el centro leñoso con un cortapastas pequeño.

## CORTAR UN MANGO A DADOS

La carne fibrosa de los mangos está adherida a un hueso central difícil de extraer. El método del puercoespín está indicado en aquellos casos en los que el mango se sirva como postre.

Córtelo por la mitad a lo largo y a ambos lados del hueso, trabajando lo más cerca posible del mismo.

▲ Corte la carne de las dos secciones en forma de celosía hasta llegar a la piel, pero sin atravesarla.

▲ Ahueque la piel hacia afuera con ayuda de los pulgares. Corte los dados con un cuchillo.

## FLORES DE HIGO

Corte el extremo del tallo con un cuchillo. Practique una cruz profunda en la parte superior del higo y ábralo presionando ligeramente los lados con los dedos. Puede servir las flores al natural o aplicarles un relleno en el centro con una cuchara o manga pastelera.

## DESHUESAR DÁTILES

Sostenga el dátil firmemente en una mano y extraiga el hueso junto con el pecíolo con la punta de un cuchillo pequeño.

## ALQUEJENJES CARAMELIZADOS

Pele las hojas hacia arriba y retuérzalas en la base. Sumerja las frutas en un almíbar de azúcar y déjelas escurrir. Colóquelas sobre papel sulfurizado y déjelas solidificar.

## PREPARAR UN LICHI

Empiece por el extremo del tallo y corte cuidadosamente a través de la piel rugosa y quebradiza con ayuda de un cuchillo. La carne blanca y perlada contiene una semilla alargada de color marrón que no es incomestible. La fruta madura es rosada.

# otras frutas

El ruibarbo, las uvas y los melones no entran en ninguna categoría particular. De hecho, al ruibarbo se le considera una fruta, aunque de hecho se trata de una hortaliza. Además, es una excepción en el mundo de las frutas, pues debe cocerse para que sea comestible. Las uvas son una fruta de postre, pero también pueden añadirse a salsas para pato, ternera o pescado. Los melones de sabor y textura delicados no se cuecen y pueden emplearse en sopas frías, sorbetes, ensaladas de frutas, así como para acompañar lonchas finas de jamón.

## Elección

Compre ruibarbo de tallos finos y crujientes que desprendan savia al partirlos por la mitad.

Elija las uvas con detenimiento. Deben tener un aspecto firme, un color bonito y ser dulces; es fácil comprobarlo probando un grano suelto. No compre uvas demasiado maduras que empiecen a adquirir un tono marrón.

Al comprar melones, sopéselos y decántese por aquellos que resulten pesados para su tamaño; deben tener también un aroma fragante. Cuanto más maduro sea, más dulce será su aroma, pero no debe llegar a ser almizclado, ya que ello significaría que está demasiado maduro. Al presionar el extremo del tallo con el pulgar, aquél debería ceder ligeramente. Deseche los ejemplares con partes blandas.

**Uvas** Aquéllas cultivadas específicamente para su consumo como fruta se conocen como uvas de postre y existen numerosas variedades. Las blancas pueden ser desde amarillo pálido hasta un verde intenso; las negras son moradas, azuladas o de color vino oscuro. Se considera que las mejores son las moscatel, grandes, aromáticas, que pueden ser negras, rojas o blancas. Entre las variedades sin semillas figuran la Thompson y la Flame. Contienen menos tanino que otras variedades, y son dulces y jugosas. Las uvas deben lavarse antes de servirse.

### PREPARAR EL RUIBARBO

A principios de la temporada el ruibarbo es tierno y requiere poca preparación, pero a medida que la estación avanza debe pelarse. Corte las hojas y tírelas, luego extraiga la piel en tiras finas con un mondador de hortalizas. Corte la base de cada tallo y cada uno de éstos en diagonal antes de cocerlos.

### PELAR Y RETIRAR LAS PEPITAS DE LAS UVAS

Si las uvas se van a emplear en una salsa o guarnición deben pelarse y despepitarse.
- **Pelar** Blanquéelas 10 segundos y a continuación pélelas con un cuchillo mondador empezando por el extremo del tallo.
- **Despepitar** Abra un clip esterilizado y extraiga las pepitas con el extremo en forma de gancho. Para retirar las pepitas recurra a la punta de un cuchillo pequeño.

**Ruibarbo** El ruibarbo se encuentra en su mejor momento a principios de primavera, cuando los tallos son dulces y tiernos y la planta se ha forzado. El ruibarbo viejo, que presenta unos tallos más gruesos de color rojo y hojas grandes de color verde oscuro, es más duro. Siempre debe cocerse y por lo general se acostumbra a endulzar.

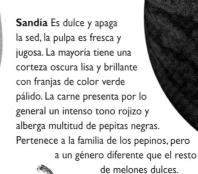

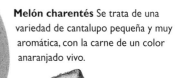

**Sandía** Es dulce y apaga la sed, la pulpa es fresca y jugosa. La mayoría tiene una corteza oscura lisa y brillante con franjas de color verde pálido. La carne presenta por lo general un intenso tono rojizo y alberga multitud de pepitas negras. Pertenece a la familia de los pepinos, pero a un género diferente que el resto de melones dulces.

**Melón de invierno** Melón de invierno que se encuentra en su mejor punto durante dicha estación. Tiene una carne deliciosamente dulce y jugosa de un verde pálido que al madurar se transforma en anaranjada. La piel es lisa y amarilla.

**Melón Galia** Melón redondo ligeramente dulce, muy fragante y jugoso, de carne verde y corteza de color amarillo dorado.

**Melón charentés** Se trata de una variedad de cantalupo pequeña y muy aromática, con la carne de un color anaranjado vivo.

**Melón cantalupo** Melón pequeño y redondo con una piel reticulada de color marrón dorado. La carne es de un pálido tono anaranjado y tiene un delicioso sabor aromático.

## INFORMACIÓN NUTRICIONAL

El valor nutricional de los melones varía de un tipo a otro; sin embargo, la mayoría constituye una excelente fuente de vitamina C. Los de carne naranja contienen una cantidad significativa de betacaroteno y casi todos aportan cierta cantidad de vitamina B. Son muy pobres en calorías.

## PREPARAR MELONES

Los melones pequeños pueden convertirse en decorativos recipientes para ensaladas de frutas y otros postres. Entalle una línea en zigzag en la piel, justo por encima de la línea del ecuador. Corte cada vez por las líneas entalladas hasta llegar al centro de la fruta. Extraiga las semillas y la carne fibrosa, y deséchelas. Por último, retire la carne de la sección inferior con un vaciador de melón.

## VACIADOR DE MELÓN

Tiene dos pequeños cuencos a lo largo del mango, uno más grande que el otro, y es muy fácil de utilizar. Inserte el vaciador sobre la carne del melón y gírelo hasta liberar bolas limpias de pulpa. Puede utilizarse también con otras frutas.

# frutas secas

Las frutas secas se utilizan tanto en platos dulces como salados. Son más dulces que la fruta fresca, ya que durante el proceso de secado los azúcares se concentran. Para obtener 1,2 kg de frutas secas se precisan hasta 5 kg de fruta fresca. Lógicamente, las frutas secas tienen muchas más calorías que las frescas.

**Dátiles** Son muy dulces y pegajosos, y tienen una piel oscura y arrugada. El dátil más apreciado es el tunecino Deglet Noor, que significa «dátil de la luz». El dátil Medjool también es muy apreciado y tiene una textura parecida a un *toffee*. Pueden adquirirse en diferentes presentaciones. Los semisecos están especialmente indicados para preparar postres; los prensados o los sobres de dátiles picados son ideales para cocer y hornear.

**Manzanas secas** Pueden utilizarse en compotas de frutas o en platos normandos, en los que se mezclan manzanas, crema y Calvados para conseguir resultados espectaculares.

**Ciruelas pasas** Se obtienen de las ciruelas rojas o púrpura y se encuentran disponibles en varias presentaciones, incluidas deshuesadas y listas para comer. La más delicada es la de Agen, que se vende entera con el hueso y que debe remojarse antes de cocerse.

**Peras secas** (*izquierda*) **y orejones de melocotón** (*inferior izquierda*) Tienen un sabor más delicado que el de los albaricoques.

## UTILIZAR LAS FRUTAS SECAS

- Para evitar que las frutas secas caigan al fondo de las masas para pasteles, enharínelas ligeramente antes de preparar la masa. La harina ayudará a suspender las frutas en la masa y evitará que absorban líquido.
- Las frutas secas se pegan al cuchillo al picarlas. Para facilitar la operación, sumerja el cuchillo o las tijeras en agua caliente mientras las corta.
- A no ser que las ciruelas pasas estén «listas para comer», deben remojarse. Si se trata de pasas que no hay que remojar y la receta indica que deben remojarse en brandy, divida por la mitad el tiempo de remojo. Si las ciruelas pasas están cocidas no hay necesidad de remojarlas.

**Orejones de albaricoque** Son muy versátiles y aparecen en muchos platos, tanto dulces como salados. Tienen un sabor intenso y son agradablemente ácidos. Se encuentran disponibles secos o listos para comer; remoje los primeros antes de utilizarlos.

## UVAS PASAS Y PASAS

Todas ellas son uvas secas, cuya diferencia estriba en el tipo de uva utilizado: moscatel para las uvas pasas, uvas negras de Corinto para las pasas de Corinto y uvas blancas sin pepitas para las sultanas.

**Higos** Los mejores higos secos se obtienen a partir de higos de Esmirna muy maduros, de color amarillo dorado, secados al sol y a los que se da la vuelta de vez en cuando, lo que les confiere su forma de cojín aplanado. Para conservar su jugosidad no deben estar muy compactados en sus embalajes. Si los utiliza para cocer remójelos en vino o agua durante unas horas.

**Uvas pasas** Son pequeñas, dulces y sabrosas. Puede sustituirlas por pasas de Corinto o sultanas.

**Pasas de Corinto** Deben remojarse en brandy antes de cocerse.

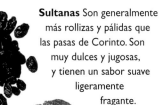

**Sultanas** Son generalmente más rollizas y pálidas que las pasas de Corinto. Son muy dulces y jugosas, y tienen un sabor suave ligeramente fragante.

# conservas y condimentos

**Confitura** Se prepara con frutas enteras que se pican o aplastan y se cuecen con azúcar.

*Chutneys* Son frutas u hortalizas cocidas a fuego muy lento con azúcar, vinagre y especias.

**Compotas** Son dos o más frutas cocidas con azúcar y uvas pasas o frutos secos.

**Mermelada** Término con que se designa a las conservas preparadas con naranjas u otros cítricos, como pomelo, limón, lima o tangerina, aunque también pueden emplearse otras frutas.

**Esencia de frutas** Se extrae de las pieles de los cítricos, donde se encuentran los aceites esenciales.

**Pastas de frutas** Son purés de frutas especiados cocidos a fuego lento en el horno o en una cacerola destapada hasta que están espesos y cremosos.

**Gelatina** Se obtiene a partir de zumo de fruta tamizado o colado para librarlo de cualquier partícula y a continuación cocido con azúcar.

**Conserva de frutas** Es similar a la confitura, pero contiene trozos de fruta más grandes.

## ABLANDAR LA CONFITURA

Con esta técnica se evita que la confitura que vaya a emplearse para rellenar pasteles se desparrame al extenderla sobre las capas. Disponga la confitura tamizada o libre de semillas sobre una superficie de trabajo limpia, seca y lisa, y extiéndala hacia adelante y hacia atrás con un cuchillo de paleta hasta que esté bien blanda y pueda extenderse con facilidad. Utilice el mismo cuchillo de paleta para aplicar la confitura sobre las capas del pastel.

## GLASEADO DE FRUTAS

Para dar a los pasteles un acabado liso y brillante, y proporcionar jugosidad a pasteles, tartas y tartaletas, prepare un glaseado de confitura. Utilice una de albaricoque para los pasteles de chocolate, y de frutas rojas para las tartas de frutas. Derrita 125 g de confitura y tamícela. Devuelva la confitura al cazo, añada 0,5 l de agua y llévela a ebullición sin dejar de remover. Aplique el glaseado.

# frutos secos y semillas

## Elección

Existe una amplia variedad en formas y tamaños, y envasados en diferentes presentaciones. Es preferible comprarlos enteros y sin descascarillar, pues se enrancian rápidamente. Si los compra enteros compruebe que las cáscaras estén limpias, sin roturas ni hendiduras, así como sin agujeros ni manchas. Deben resultar pesados para su tamaño; si no es el caso, quizá sean viejos y estén arrugados. Los frutos secos descascarillados deben ser firmes y rollizos, grandes y de color uniforme.

## PELAR LOS FRUTOS SECOS

▲ **Avellanas y nueces del Brasil** Es preferible tostarlas antes de pelarlas. Extiéndalas sobre la placa de hornear y tuéstelas en el horno a 180 °C durante 10 minutos, sacudiendo la placa de vez en cuando. Envuélvalas en un lienzo y déjelas reposar unos minutos; frótelas para pelarlas.

▲ **Almendras y pistachos** Su piel es amarga y podría estropear su delicado sabor si se deja adherida. Para pelarlas, blanquéelas (*véase* pág. 22) y pince la piel ablandada entre los dedos pulgar e índice. Es más fácil pelarlas si todavía están calientes.

## MOLER FRUTOS SECOS

En algunas recetas, sobre todo en aquellas donde no se utiliza harina, se precisan frutos secos finamente molidos. Sin embargo, si se muelen en exceso se transforman en una pasta. Para evitarlo utilice el robot eléctrico, la batidora mezcladora o la picadora y accione el aparato trabajando con pequeñas tandas. Con cada taza añada una cucharada del azúcar indicado en la receta. Pulse el botón, pare y vuelva a pulsar de nuevo repitiendo la operación hasta que todos los frutos secos estén molidos.

### Sustituciones

*Las pacanas y las nueces son muy versátiles y pueden sustituir a muchos frutos secos; las almendras y las avellanas también pueden intercambiarse. En el caso de los postres, las recetas están especialmente pensadas para una fruta seca específica, por lo que es preferible no sustituirlas excepto en los casos anteriores.*

## PELAR CASTAÑAS

Las castañas tienen una carne dulce y feculenta envuelta en una piel fina y una cáscara dura y quebradiza que deben retirarse. No intente pelar demasiadas de golpe, pues a medida que se enfrían, la piel que las recubre se adhiere con fuerza al fruto.

Sostenga la castaña entre los dedos y corte la cáscara con un cuchillo afilado. Entalle la piel y blanquee la castaña en agua hirviendo un minuto; una vez hecho, la piel externa se pela sin problema.

◄ **Retirar la piel interna** Introduzca las castañas en una cacerola con agua hirviendo y cuézalas unos minutos por debajo del punto de ebullición. Cuando las pieles empiecen a separarse, retire las castañas de una en una y arranque o frote la piel hasta desprenderla.

| Tipo | Descripción | Rendimiento | Empleo | Notas |
|------|-------------|-------------|--------|-------|
| **Almendras** | Una de las frutas secas más versátiles. Sabor dulce | 3,5 kg enteras = 170 g descascarilladas | Blanqueadas para decoración; tostadas en platos salados; molidas para pasteles, tartas, pastas y galletas | Para obtener el mejor sabor compre almendras enteras y blanquéelas |
| **Anacardos** | Fruto rollizo de carne blanca grisácea, con una textura crujiente deliciosa | 500 g descascarilladas | Salteados, *curry*, platos de arroz o esparcidos sobre ensaladas; platos indios y del sudeste asiático; mantequillas | Añada los anacardos, enteros o molidos, al finalizar la cocción para no atenuar su sabor |
| **Avellana** | Carne crujiente con un inconfundible sabor ligeramente amargo que se atenúa al tostarse | 500 g enteras = 250 g descascarilladas | Tostadas, picadas y ralladas en postres y pasteles. Muy utilizadas en platos salados | Existe una variedad de avellana denominada Filbert |
| **Cacahuetes** | Ligeramente amargos si están crudos, pero tostados tienen un sabor entre dulce y salado delicioso | 500 g enteros = 170 g descascarillados | Ensaladas o salteados; en el sudeste asiático se emplean enteros, molidos (para salsas) o para preparar aceite | Los cacahuetes maduros se recolectan de la misma forma que las patatas |
| **Castañas** | Sabor dulce y delicado. Feculentas, con una textura fundente | 500 g enteras = 275 g descascarilladas | En rellenos, sopas, purés, pasteles, galletas y helados; incorporadas a hortalizas, salteados y guisos | Cuézalas siempre, pues contienen ácido tánico, que tiene un sabor crudo e inhibe la absorción de hierro |
| **Coco** | Su zumo es extremadamente dulce; la carne, aunque jugosa, es menos dulce. El coco seco no es más que coco rallado y secado | 1 mediano = 500 g rallado | El zumo se emplea para preparar bebidas; también se obtiene leche, crema y pasta de coco, que se emplean en platos indios y del sudeste asiático | Al comprar un coco sacúdalo suavemente para oír el líquido. Los «ojos» deben ser limpios y secos |
| **Nueces** | Las nueces secas tienen un sabor agridulce | 500 g enteras = 250 g descascarilladas | Postres, pasteles, helados; salteados o ensaladas | |
| **Nueces de macadamia** | Nuez redonda de textura mantecosa y hojaldrada y sabor dulce | 500 g enteras = 170 g descascarilladas | Agréguelas enteras a las ensaladas. Utilícelas para preparar mantequillas, salsas saté; platos indonesios | No se pierda el aceite elaborado con nueces de macadamia, de un delicado sabor dulzón |
| **Nueces del Brasil** | Nuez grande de sabor dulce y lechoso | 500 g enteras = 250 g descascarilladas | Como decoración o postre | Se enrancian una vez expuestas al aire, por lo que los frutos descascarillados se deben consumir enseguida |
| **Pacanas** | Nuez alargada recubierta con una cáscara ovalada de color rojo brillante. Tiene un sabor dulce | 500 g enteras = 375 g descascarilladas | Tarta de pacanas, pasteles, empanadas y helados. Aporta textura a las ensaladas; puede usarse en los rellenos | Son muy grasas, por lo que deben comerse con moderación |
| **Piñones** | Frutos pequeños blancos y ovalados con un sabor inconfundible | 500 g enteros = 250 g descascarillados | Ingrediente clave del pesto. Muy utilizado en platos salados griegos, turcos y de Oriente Medio | Debido a su elevado contenido en aceite, se pasan rápidamente |
| **Pistachos** | Nueces de color verde pálido o intenso recubiertas con una piel entre marrón y rojiza, y de sabor dulce y suave | 500 g enteros = 2 tazas llenas | Rellenos, patés y platos festivos indios. Dulces, postres, helados | |

## Alergias

*Algunas personas son alérgicas a ciertos frutos secos, en especial los cacahuetes, aunque las nueces, las nueces del Brasil, las avellanas y las almendras también pueden provocar reacciones alérgicas que, en casos extremos, pueden llegar a provocar la muerte. Si va a cocinar para personas que no conoce y utiliza frutos secos en una receta (tenga en cuenta que incluso algunos aceites de frutos secos pueden provocar una reacción alérgica), coméntelo antes de servir el plato.*

## PREPARAR UN COCO ENTERO

Inserte una broqueta metálica en la parte de la cáscara donde se encontraba el tallo y escurra el líquido a través de los agujeros. Para abrir el coco, golpéelo uniformemente con un martillo dándole la vuelta hasta que se abra por la mitad.

Extraiga la pulpa de la cáscara pasando un cuchillo pequeño entre ambas. Pele la piel oscura externa con un mondador y pique o ralle la pulpa según sea la receta.

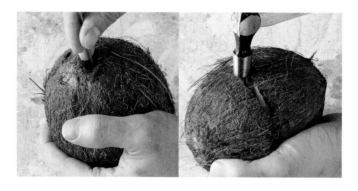

## LECHE DE COCO

Se puede adquirir preparada, pero puede prepararse en casa utilizando coco fresco o seco. La carne rallada se deja reposar en agua hirviendo y se exprime a continuación hasta extraer la leche de coco. Puede repetir esta operación más de una vez, pero obtendrá una leche cada vez más fina.

• Ralle la pulpa de coco con la cara gruesa de un rallador de caja, o bien directamente con la cuchilla metálica del robot eléctrico.

• Introduzca el coco rallado en un cuenco y cúbralo con agua hirviendo. Mezcle bien y deje reposar 30 minutos hasta que haya absorbido el agua.

• Vuelque la mezcla sobre un tamiz forrado con una muselina y deje escurrir la leche.

• Cierre la muselina y exprima la bolsa resultante hasta extraer el máximo de leche posible.

## CONSERVACIÓN

Los frutos secos son ricos en grasas, lo que significa que se enrancian rápidamente al entrar en contacto con el aire. Por ello mismo es preferible adquirirlos en pequeñas cantidades y comprobar la fecha de caducidad. También se recomienda adquirirlos en un comercio de rotación rápida.

Los frutos secos enteros deben guardarse en un lugar frío y oscuro; los descascarillados, en un recipiente hermético en un lugar frío y oscuro. Pueden congelarse hasta seis meses.

**Pepitas de girasol**
Son ricas en vitamina E, proteínas, vitamina B, hierro y niacina. Es preferible tostarlas en seco, ya que así se realza su sabor a nueces.

**Semillas de amapola**
Tienen un sabor agradable y una textura crujiente. Se utilizan normalmente para espolvorear sobre panes o para incorporar a pasteles y galletas.

**Pepitas de calabaza**
Son grandes y tienen una textura deliciosa y un sabor suave que recuerda a las nueces. Al igual que la mayoría de pepitas, son muy nutritivas.

**Semillas de sésamo**
Tuéstelas ligeramente en una sartén sin grasa o en el horno 4-5 minutos, o bien hasta que se doren. Las semillas de sésamo molidas se utilizan para preparar *tahini*.

## TOSTAR PEPITAS Y SEMILLAS

Para realzar el sabor a «nueces» de pepitas y semillas, tuéstelas en un horno precalentado a 180 °C de 4 a 5 minutos.

• Extienda las semillas o pepitas sobre una placa de hornear hasta formar una capa.

• Colóquela en el horno precalentado y cueza 4-5 minutos, sacudiendo la placa de vez en cuando.

• Vigile el proceso. No las tueste demasiado tiempo.

# aromatizantes

## JENGIBRE Y GALANGA

### Jengibre confitado
El rizoma de jengibre confitado es a la vez dulce y especiado, y se utiliza finamente picado o cortado en delgadas rodajas para preparar pasteles, galletas y postres.

### Jengibre cristalizado
La fruta confitada se pasa por azúcar lustre y se sirve a modo de dulce.

### Jengibre molido
Es una buena elección para aromatizar pasteles, budines y panes de jengibre. Se vende en forma de polvo fino, tiene un color arenoso y es aromático y pungente.

### Rizoma fresco de jengibre
El jengibre tiene un aroma dulce y fragante, ligeramente especiado, que sabe a cítricos frescos. El rizoma debe presentar un aspecto terso y una piel plateada. Cómprelo en pequeñas cantidades. Se conserva hasta una semana en un lugar frío y seco.

**Jengibre encurtido** Jengibre cortado en rodajas muy finas y encurtido en un vinagre dulce. El jengibre encurtido japonés acompaña tradicionalmente al *sushi*.

**Galanga** Existen dos variedades de galanga, ambas emparentadas con la familia del jengibre. De hecho, tiene un aspecto y un sabor que recuerda a este último y, aunque es más pálido y veteado, es también más pungente y especiado. Utilícela en sopas y platos de pasta del sudeste asiático. Combina bien con platos de pollo y pescado. Puede cortarse en rodajas muy finas o machacarse con cebolla, ajo, hierba limonera y chiles hasta obtener una pasta especiada destinada a la preparación de *currys* rojos y verdes.

### PREPARAR EL JENGIBRE

El rizoma de jengibre fresco se utiliza en gran número de platos asiáticos e indios. La carne de color amarillo pálido es ligeramente fibrosa. Para conservarlo fresco, pele pequeñas cantidades de jengibre justo antes de usarlo. El jengibre pelado puede cortarse a rodajas, picarse, rallarse o machacarse.

▼ **Pelar** Raspe la piel del jengibre con la hoja de un cuchillo grande y afilado.

▼ **Rallar la carne** El rallador japonés de madera denominado *oroshigane* es ideal; puede emplear uno de caja metálico.

### PREPARAR GALANGA

Después de pelar la galanga se corta en lonchas finas. Utilícela en *currys* tailandeses y en platos en los que se requiera un sabor especiado.

## MEZCLAS DE *CURRY*

Existen en el mercado una enorme variedad de mezclas de *curry*, muchas de ellas indias, aunque las hay también de Tailandia e Indonesia. Incluso los chinos y los japoneses cuentan también con sus mezclas de especias favoritas. Aquí presentamos una selección de las mezclas más populares.

**Curry en polvo** Mezcla de cilantro, comino, alhoa, mostaza blanca, pimienta negra, cúrcuma, jengibre y chiles rojos. Utilícela para *curry* de pollo, cordero o buey.

**Curry tailandés** Para la pasta de *curry* roja: chiles rojos, cebolla roja, ajo, galanga, hierba limonera, comino, cilantro, *blachan* (pasta de gambas seca y fermentada) y tallos de cilantro fresco. Para la pasta de *curry* verde: sustituya los chiles rojos y la cebolla por chiles verdes y cebolla blanca, y utilice hojas de cilantro.

**Garam masala** Cilantro, comino, pimienta negra, hojas de laurel, cardamomo verde, macís, clavos, canela. Agréguelo al *curry*, platos de hortalizas, arroz o *dhals* al finalizar la cocción.

**Chermoula** Cebolla, ajo, chile, cilantro fresco, menta, comino, pimentón, azafrán, zumo de limón. Muy utilizado en platos marroquíes, sobre todo de pescado.

**Especias *cajun*** Ajo, pimienta negra, mostaza, chile en polvo, comino, pimentón, tomillo, cebolla. Utilícelas en platos tipo *cajun*, como el *gumbo*.

**Cinco especias chinas** Anís estrellado, pimienta de Szechuan, casia, clavos, semillas de hinojo. Se utiliza en un buen número de platos chinos, especialmente para los de aves y pato.

## PREPARAR LAS ESPECIAS

El aroma y el sabor de las especias enteras como el comino, el cardamomo o las semillas de cilantro queda realzado si se tuestan en una sartén sin grasa antes de molerlas o incorporarlas enteras a los platos. Pueden tostarse solas o con otras especias. Precaliente una sartén sin aceite y añada las especias enteras; remuévalas a fuego moderado hasta que exhalen su aroma y déjelas enfriar ligeramente si va a molerlas.

### Clavos

*Pinche una cebolla con uno o dos clavos (no ponga demasiados) y añádala a un caldo de pollo, salsa de pan o platos guisados a fuego lento, a los que añadirán su inconfundible sabor.*

## MORTERO Y MANO DE MORTERO

Cortar con un mortero en forma de cuenco curvado y su mano correspondiente es fundamental si no dispone de un molinillo de especias y desea moler las especias en casa en vez de comprarlas preparadas. Los hay de mármol, piedra, madera, vidrio y porcelana. El interior debe ser ligeramente rugoso para proporcionar la fricción necesaria al moler las especias. La mano de mortero suele ser del mismo material que el cuenco y debe ser relativamente pesada.

## MEZCLAS DE ESPECIAS DULCES

Estas tradicionales mezclas aromáticas son muy apreciadas por los cocineros europeos, quienes las emplean para aromatizar pasteles, galletas y budines, así como para dotar de sabor a platos de carnes y aves. La mezcla de especias para encurtir de procedencia inglesa se utiliza en vinagres y diferentes condimentos.

**Cuatro especias**
Mezcle 1 cucharada de pimienta negra, 2 cucharaditas de clavos enteros, 2 de nuez moscada rallada y 1 de jengibre molido. Algunas variantes incluyen canela y pimienta de Jamaica.

**Especias para encurtir**
Mezcle 2 cucharadas de jengibre molido con 1 de mostaza blanca, pimienta negra, chiles rojos de pimienta de Jamaica, semillas de eneldo y macís molida. Agregue canela en rama machacada, 2 hojas de laurel y 1 cucharadita de clavos enteros.

**Mezcla de especias**
Muela finamente 1 cucharada de semillas de coriandro, 1 cucharadita de clavos, otra de pimienta de Jamaica y un trozo de canela en rama; mezcle con 1 cucharada de nuez moscada rallada y 2 cucharaditas de jengibre molido.

| Tipo | Otros nombres | Descripción | Utilizar en | Consejos |
|------|---------------|-------------|-------------|----------|
| **Ajowan** | | Es una especia india emparentada con el comino y la alcaravea, aunque tiene un sabor más herbáceo que recuerda al tomillo | Es popular en platos de *dhal* y otras legumbres | |
| **Alcaravea** | | Popular especia europea de aroma cálido y pimentado y sabor fuerte que recuerda al eucalipto y al anís. Se utiliza generosamente en Holanda, Alemania, Austria y Europa del este, en platos tanto dulces como salados | Sopas y platos de hortalizas, en especial la col; pasteles, panes y galletas | Generalmente se utiliza entera, añadida o espolvoreada sobre los panes. La alcaravea molida tiene un sabor muy intenso y debe usarse con cautela |
| **Alhoa** | *Fenugreco, methi* | Especia de color marrón dorado con aspecto de piedras minúsculas. Tiene un intenso aroma a *curry* y un sabor fuerte y picante | Indicado para *curry* de carne, aves y vegetales, así como para *dhals* | Utilícelo con moderación, pues tiene un sabor fuerte y tiende a dominar un plato si se emplea en exceso |
| **Anís** | Semillas de anís | El anís está emparentado con el eneldo, el hinojo y la alcaravea, y tiene su mismo sabor anisado | Utilícelo en platos dulces y salados; queda bien en pasteles, pastas y panes, tanto amasado con la masa o espolvoreado por encima. Puede añadirse a los platos indios | Compre las semillas enteras y muélalas en casa. Si las tuesta en seco, realzará su sabor especiado |
| **Anís estrellado** | Anís chino | Es la especia más popular de la cocina china. La especia entera tiene forma de una estrella de ocho puntas compuestas de pequeñas semillas ambarinas. Tiene un aroma fuerte y sabor anisado | Es excelente en platos orientales, especialmente con pollo y pato. También en platos de pescados y mariscos | Es una de las cinco especias que tanto se emplean en China y en Vietnam |
| **Asafétida** | | Popular especia india de sabor extremadamente desagradable en estado crudo pero que desaparece durante la cocción. En la India se utiliza la especia no tratada, en la que la resina forma una especie de terrones blandos. En Occidente se suele vender molida | Adecuada para platos de legumbres y hortalizas | Utilícela con mucha moderación |
| **Azafrán** | | Especia extremadamente cara que se obtiene de los estigmas de una especie de crocus. Tiene un aroma suave, pero imparte un sabor inconfundible y un color amarillo coral a los platos a los que se añade | Queda bien en sopas, platos de arroz, huevos y pescado, y en especial en platos como la paella y el *biryani*. Utilícelo también en platos de aves. Indicado para pasteles, panes y galletas | |
| **Cardamomo** | | Especia india de aroma pungente y sabor alimonado. Hay varios tipos: el verde es el más habitual; las semillas blancas son verdes blanqueadas y se utilizan en postres; el negro posee un sabor inconfundible | Se utiliza generosamente en la India para preparar platos tanto dulces como salados. Utilícelo en *currys*, *pilafs*, *dhals*, panes y pasteles. Es un ingrediente imprescindible en el *garam masala* | Utilice sólo las semillas verdes o blancas; las marrones son demasiado fuertes y algo desagradables |

aromatizantes

| Tipo | Otros nombres | Descripción | Utilizar en | Consejos |
|------|---------------|-------------|-------------|----------|
| **Casia y canela** | Falsa canela (casia) | Especia aromática muy popular y emparentada con el laurel. Ambas se obtienen de la corteza interna del árbol; la casia se seca en forma de tiras leñosas y la canela en forma de canutillos. La canela tiene un maravilloso aroma y un cálido sabor a especias. La casia es similar, aunque menos fragante y aromática | Utilice la casia en platos salados como *currys* y encurtidos. Emplee la canela en platos dulces como pasteles, budines y galletas. También puede utilizarse en platos de aves y caza | |
| **Clavo** | | Los clavos son los capullos cerrados de un arbusto de hoja perenne. Tienen un aroma y sabor pungentes y distintivos que no pasan desapercibidos. Sin embargo, deben usarse con moderación pues pueden dominarlos en exceso | Excelentes en platos tanto dulces como salados. Se utilizan para los vinos calientes, pasteles y budines de Navidad, pasteles de frutas, compotas de frutas y panes de jengibre. También se emplean en la salsa de pan, en los adobos para caza, en las carnes hervidas como jamón, buey, cordero, guisos de cerdo, así como en *chutneys* y encurtidos | Son un ingrediente clave en el polvo de las cinco especias chinas. La especia molida tiene un sabor realmente fuerte |
| **Comino** | | Especia imprescindible en muchas cocinas, como las de la India, Oriente Medio, norte de África y México. Su aroma es fuerte y especiado, y su sabor cálido y pungente | Indicado para platos mexicanos, cuscús y otros platos norteafricanos, curry y carnes guisadas. Es un ingrediente esencial en numerosas mezclas de *currys* y en el *garam masala* | |
| **Coriandro** | Cilantro | Las pequeñas semillas marrones de la planta del cilantro son, junto con las de comino y cardamomo, una de las especias más representativas de la cocina india. El coriandro molido es aromático, con un sabor ligeramente cítrico | Utilice el coriandro molido para *currys*, platos de aves, carnes y hortalizas. Utilice las semillas enteras para preparar *chutneys* y encurtidos | Compre las semillas enteras y muélalas en casa, pues el aroma desaparece rápidamente una vez molidas. Tueste las semillas en seco para realzar el sabor de la especia |
| **Cúrcuma** | Azafrán indio | Especia india muy popular que aporta un intenso color amarillo y un sabor cálido y almizclado a los platos. La cúrcuma fresca parece un rizoma de jengibre pequeño, pero en Occidente se la conoce en su forma molida | Utilícela en *currys* platos de arroz, aves y pescados, *chutneys* y encurtidos | |
| **Enebro** | | El enebro es un pariente del ciprés; sus bayas son de color azul oscuro, casi negras, y tienen un sabor a ginebra muy peculiar | Utilícelo en adobos para carnes y caza, así como en guisos de venado, caza, cordero y cerdo; también en patés y terrinas | Macháquelo antes de emplearlo |
| **Hinojo** | | Las semillas de hinojo tienen un sabor similar a la hierba fresca, con un aroma fragante y un sabor fresco a alcaravea | El hinojo molido se utiliza en *currys* y puede añadirse a los platos de carnes y hortalizas. Las semillas enteras o aplastadas se utilizan para panes, galletas y en algunas recetas de coles | |

| Tipo | Otros nombres | Descripción | Utilizar en | Consejos |
|------|---------------|-------------|-------------|----------|
| **Nuez moscada y macís** | | La nuez moscada y la macís proceden del mismo arbusto perenne; la primera es la pepita o semilla del fruto y la segunda la envoltura o arilo en forma de encaje que la rodea. Ambos tienen un aroma deliciosamente dulce y fragante, un aroma cálido y sabor delicioso, si bien la nuez moscada es más dulce y fragante que la macís | Pasteles, budines, cremas y salsas de leche. Utilice la nuez moscada en pasta, platos de hortalizas, aves y de pescado | |
| **Pimienta de Jamaica** | Malagueta, pimienta inglesa | Procede del Nuevo Mundo y se suele asociar casi siempre con la cocina antillana. Es muy aromática, con un sabor penetrante que recuerda al clavo, la nuez moscada y la canela. Tiene un sabor inconfundible | Se utiliza en pasteles de frutas, pastas y budines de Navidad, así como para encurtir, para marinadas de pescado y marisco, y para adobos de aves y caza | |
| **Pimienta de Szechuan** | Pimienta china, japonesa o pimienta anisada | Aunque se la denomina pimienta, no está emparentada con ésta. Tiene un sabor pungente con un aroma pimentado ligeramente cítrico | Se utiliza ampliamente en la cocina china, donde se frota sobre aves y pato. Se mezcla a menudo con sal y se usa como condimento | Es una de las cinco especias chinas |
| **Semillas de apio** | | Estas pequeñas semillas de color marrón grisáceo proceden de la planta del apio. Tienen un sabor fuerte, casi amargo, por lo que deben utilizarse con moderación. Se suelen vender en forma de sal de apio y pimienta de apio, que bien pueden prepararse en casa moliéndolas con sal o pimienta en grano | Sopas, salsas, guisos, platos de huevos, pescado, aves y conejo. Zumo y salsa de tomate, aliños de ensaladas, panes y galletas | |
| **Semillas de eneldo** | | Tienen un sabor similar a la hierba fresca, con un aroma fragante y un sabor fresco que recuerdan a la alcaravea | Utilice semillas enteras o aplastadas para encurtidos, *chutneys*, para preparar vinagre aromatizado, así como en panes y pasteles. Utilice las semillas aplastadas en platos de huevos y pescado, en la mayonesa y en platos de patatas | |
| **Tamarindo** | Dátil indio | Especia popular en India así como en diferentes partes del sudeste asiático. Imparte un sabor astringente a numerosos *currys* y platos orientales. Se suele vender en forma de bloques compactos y, como su nombre sugiere, tiene forma de dátil | Utilícelo en *currys*, *chutneys* y platos de legumbres y hortalizas | |
| **Vainilla** | | La vainilla es la cápsula que alberga las semillas de una especie de orquídea. Tiene un aroma muy acusado y un agradable sabor dulzón | Numerosos postres, budines de café y chocolate, helados, cremas | El extracto de vainilla se obtiene de la especia; no utilice la esencia de vainilla |
| **Zumaque** | | Baya del arbusto del mismo nombre que crece en todo Oriente Medio. La baya, entera o molida, tiene un sabor astringente | Utilícelo para adobos y marinadas, en platos de pescado y hortalizas, así como en rellenos y platos de arroz y legumbres | |

aromatizantes

## PREPARAR LA VAINILLA

Tanto la vaina como las semillas de la vainilla pueden utilizarse como aromatizantes; las semillas imparten un sabor más fuerte que la vaina.

Corte la vaina por la mitad a lo largo; póngala en infusión con leche caliente durante 30 minutos o bien guárdela en un frasco con azúcar blanquilla.

▲ **Retirar las semillas** Raspe las semillas de la vaina partida con la punta de un cuchillo. Utilícela como la vaina.

## IDEAS PARA COCINAR CON ESPECIAS

Existen innumerables posibilidades a la hora de utilizar las especias. Aquí sólo presentamos algunas ideas para dotar a su especia favorita de un mayor protagonismo.

**Canela** Utilice un trozo de canela en rama para preparar el chocolate caliente.

**Pimienta de Jamaica** Utilice cantidades uniformes para moler sobre platos de pescados y mariscos.

**Alcaravea** Esparza las semillas de alcaravea sobre panes de centeno.

**Cardamomo** Prepare una tisana infusionando vainas enteras de cardamomo verde aplastadas en agua hirviendo. Agregue una tira de piel de naranja y deje en infusión 5 minutos; a continuación, añada hojas de té verde o negro y deje reposar unos minutos antes de servir con azúcar.

**Coriandro** Utilice las bayas enteras machacadas en encurtidos.

**Azafrán** Infusione el azafrán en leche caliente y añádalo a continuación a una salsa de crema y vino para acompañar el pescado.

**Alhoa** Deje germinar las semillas y utilícelas en bocadillos y ensaladas. Debe enjuagarlas dos veces al día.

**Enebro** Añada bayas enteras de enebro machacadas a las salsas para acompañar platos de caza.

**Nuez moscada** Espolvoréela sobre budines de arroz o bebidas lácteas.

**Vainilla** Prepare azúcar vainillado introduciendo una vaina de vainilla en un frasco con azúcar blanquilla. Utilícelo para cremas, helados y otros postres.

## PREPARAR AZAFRÁN Y TAMARINDO

El azafrán y el tamarindo deben remojarse antes de emplearlos. El tamarindo se suele vender en forma de bloques prensados. Rompa un trozo de unos 2,5 cm² y remójelo en 1,5 dl de agua caliente 10-20 minutos, rompiendo y exprimiendo el tamarindo con los dedos. Filtre el líquido, deseche la pulpa y las semillas y agregue el primero a *curry*, platos de arroz y *dhals*. El azafrán se vende en forma de hebras finas. Vierta agua o leche caliente sobre unas hebras. Deje remojar 10 minutos removiendo de vez en cuando. Filtre el líquido o bien mézclelo con el plato en preparación.

## MOLINILLO DE ESPECIAS

Un molinillo eléctrico para especias facilita la tarea del molido al tiempo que permite diferentes grados de precisión, según se requiera. Utilice pues un molinillo de café, pero límpielo cuidadosamente antes y después de utilizarlo, pues tanto el sabor del café como el de las especias contaminará el de cualquier ingrediente que se muela con posterioridad.

especias

233

# aceites

El aceite, un ingrediente esencial para cualquier cocinero, se utiliza como grasa para dorar, saltear y freír alimentos, así como para condimentar y aromatizar. Algunos aceites pueden emplearse para diferentes usos, otros en cambio sólo se utilizan para cocinar o bien para aromatizar debido a su intenso sabor.

## ACEITE DE OLIVA

Está considerado como el rey de los aceites. Es versátil, ya que está indicado para freír, cocinar y aliñar. Además, tiene un sabor excelente y es el aceite más saludable, gracias a su alto contenido en grasas monoinsaturadas (las mismas que se cree reducen el nivel de colesterol en sangre).

El aceite de oliva virgen y extra virgen proceden del primer prensado en frío de las aceitunas. El mejor aceite de oliva procede de pequeñas explotaciones en las que se mezclan con cuidado diferentes tipos de aceitunas. Utilícelo para aliñar ensaladas, mezclar con la pasta, rociar las hortalizas cocidas o añadir a las salsas. Si lo va a freír, atenúe su sabor con un poco de aceite de girasol. El aceite de oliva prensado en frío o aceite puro de oliva es un aceite más refinado. Las aceitunas se reducen a una pasta tras la primera presión y se lavan con agua caliente para extraer más aceite. Utilícelo para saltear, freír y asar, así como para preparar aliños mezclándolo con aceite de oliva virgen o extra virgen. El sabor y el color de un aceite de oliva dependen de varios factores, como el país de origen, el clima, el suelo y la mezcla de aceitunas.

**España** Muy apreciado, pero hay quienes lo consideran algo fuerte. La mayor parte de aceites de oliva españoles proceden de una misma variedad de aceitunas más que de una mezcla, por lo que tienen un sabor menos complejo.

**Italia** Según algunos produce los aceites de oliva más exquisitos. Existen muchos tipos, aunque los mejores son los de la Toscana, sin desmerecer por ello algunos aceites de Sicilia, Perugia y Liguria.

**Grecia** El aceite de oliva griego tiene un sabor robusto y es más económico que el italiano o el francés.

**Francia** Tiene una producción relativamente escasa, pero en Provenza se producen algunos aceites interesantes.

**California** En el valle de Napa, California, se producen unos cuantos aceites de oliva muy apreciados por su sabor ligeramente dulce.

**Australia** Los aceites de oliva australianos tienden a ser dulces y fuertes.

## Aceites y grasas

*Todos los aceites se obtienen de grasas, de ahí que los menos aconsejables sean los de grasas saturadas de origen animal. Se cree que aumentan los niveles de colesterol en la sangre. Por otro lado, los ácidos grasos poliinsaturados y monoinsaturados reducen el colesterol, por lo que están indicados para aquellas personas que siguen una dieta baja en colesterol.*

| Aceite | Grasa saturada | Grasa poliinsaturada | Grasa monoinsaturada |
|---|---|---|---|
| Cártamo | 10 % | 75 % | 15 % |
| Coco | 90 % | | |
| Colza | 7 % | 33 % | 60 % |
| Girasol | 12 % | 70 % | 18 % |
| Maíz | 13 % | 60 % | 27 % |
| Oliva | 15 % | 15 % | 70 % |
| Palma | 45 % | 10 % | 40 % |
| Sésamo | 25 % | 75 % | – |
| Soja | 15 % | 55 % | 30 % |
| **Aceites de frutos secos** | | | |
| Almendras | 10 % | 20 % | 70 % |
| Avellanas | En gran parte monoinsaturado | | |
| Cacahuete | 20 % | 30 % | 50 % |
| Nueces | 10 % | 15 % | 75 % |

## OTROS ACEITES PARA COCINAR

**Aceite de maíz** Se obtiene del germen del maíz. Se utiliza mucho para cocinar y tiene un sabor algo fuerte. No es muy sabroso.

**Aceite de girasol** Excelente para usos múltiples. Es ligero, casi inodoro, por lo que es muy popular para freír, así como en aquellos platos en los que no se desee enmascarar el sabor de otros ingredientes. Puede mezclarse con otros aceites, como el de oliva y el de frutos secos, para preparar aliños y la mayonesa, si es que ésta no se desea demasiado fuerte. Se trata de un aceite que contiene un elevado porcentaje de grasas poliinsaturadas y es, junto con el de cártamo, el mejor en dietas bajas en colesterol.

**Aceite de cártamo** Aceite ligero multiuso que se extrae de las semillas del cártamo. Tiene una textura más aceitosa y un sabor a nueces más pronunciado que el de girasol, al que puede sustituir junto con el aceite de cacahuete. Al igual que el aceite de girasol, es pobre en grasas saturadas.

**Aceite de cacahuete** Aceite útil, ligeramente aromatizado, muy apropiado para cualquier cocina y en aliños de ensaladas. Es el aceite más popular de las cocinas india, china y del sudeste asiático.

**Aceite de soja** Aceite útil para freír debido a que no se descompone a temperaturas elevadas. No está recomendado para preparar aliños, pues hay quienes le encuentran cierto sabor a pescado. Desde un punto de vista comercial es el aceite más importante, pues se emplea para preparar margarinas. Es además uno de los aceites más saludables, dado su pobre contenido en grasas saturadas.

**Aceite de colza** Se conoce también como canola y es muy popular en la cocina india.

**Aceite de coco** Es el aceite menos saludable, pues contiene hasta un 90 % de grasas saturadas. Sin embargo, es popular en las recetas del sudeste asiático, las Antillas y el Pacífico. La crema y la leche de coco llevan un poco de aceite de coco y el aceite puro tiene sabor a coco.

**Aceite de semillas de uva** Se obtiene a partir de las semillas de uva utilizadas en la producción del vino. Tiene un sabor suave y delicado, muy indicado para preparar aliños, sobre todo si se mezcla con aceites más aromatizados.

**Aceite vegetal** Mezcla de varios aceites, por lo general de colza, soja, coco y/o palma. Es muy refinado y económico, y aunque es indicado para freír (no se descompone a temperaturas elevadas) tiene un sabor y una textura algo grasos; además, no queda bien en los aliños.

## ACEITES ESPECIALES

**Aceite de almendras**
Aceite dulce utilizado para preparar pasteles, galletas, postres y dulces.

**Aceite de nueces**
Aceite muy aromático con un inconfundible sabor al fruto seco del que procede. Utilícelo con moderación, pero no lo caliente en exceso. Utilícelo en aliños para ensaladas o para rociar sobre la pasta y las hortalizas cocidas.

**Aceite de sésamo**
Popular en China, Oriente Medio e India. Hay dos variedades, una pálida y ligera obtenida a partir de las semillas sin tostar, y otra más oscura con un sabor y un aroma más pronunciados. Utilícelo con moderación. Se quema si se calienta demasiado.

**Aceite de avellanas**
Delicioso aceite con un agradable sabor a avellana. Sólo se precisa un poco para aportar todo su sabor; mézclelo con otros aceites en lugar de utilizarlo solo. Añádalo a aliños para ensaladas, espolvoréelo sobre hortalizas o utilícelo en pasteles, galletas y pastas.

**Aceite de mostaza**
Aceite para cocinar muy popular en la India, aunque no se encuentra con facilidad en otros países. Tiene un sabor a mostaza que desaparece al calentarlo. Se utiliza a menudo en vez de *ghee* o mantequilla clarificada.

# vinagres

Casi cualquier país del mundo produce su propio estilo de vinagre. Existen casi tantas clases de vinagres como tipos de alcoholes diferentes, un negocio ciertamente importante, pues no en vano el vinagre es un subproducto de la elaboración del vino. Los vinagres de sidra son muy populares en Norteamérica y el Reino Unido, mientras que en Francia y España dominan los de vino; el de jerez es muy apreciado.

**Vinagre balsámico** Es el vinagre más fino y antiguo. Se prepara en Módena y Reggio, en el norte de Italia, desde hace unos 1.000 años, pero sólo hasta hace poco se ha hecho un hueco en los comercios. Su color es oscuro y su sabor recuerda al oporto y las finas hierbas, así como a flores silvestres. Utilícelo en aliños simples o rocíelo sobre pasta, ensaladas y sobre hortalizas asadas o al vapor. No emplee mucho, pues con un poco es más que suficiente.

Hay dos categorías, el artesano y el comercial; el primero debe llevar en la etiqueta la mención *tradizionale*. Dichos vinagres han envejecido en barricas de roble un mínimo de cuatro a cinco años; si la etiqueta indica *vecchio*, el vinagre tiene 12 años, 25 en el caso del *extra vecchio*. El color de la etiqueta indica la calidad del vinagre: el dorado es de mejor calidad, a continuación el plateado y, por último, el rojo.

El vinagre balsámico comercial no está regulado, pero muchos de éstos son de buena calidad.

**Vinagre de arroz** Procede de diferentes bebidas alcohólicas de arroz, de las que el sake es el más conocido. Existen, sin embargo, diferentes variedades, como el vinagre rojo chino o el vinagre negro de color ámbar y sabor opulento. En Japón existe también otro vinagre marrón de textura consistente. Entre los vinagres más suaves se encuentran los blancos, de sabor ligeramente dulce y no muy astringentes. Todos estos tipos de vinagre se utilizan en las cocinas orientales, tanto en platos dulces como salados, así como en salsas para remojar. Utilícelos en las recetas orientales o en lugar del vinagre de vino en los aliños.

**Vinagre de frambuesa** Se prepara macerando frambuesas ablandadas en vinagre de vino blanco y filtrando el líquido hasta obtener un vinagre afrutado, especialmente indicado para aliñar ensaladas, peras o manzanas escalfadas, así como pollo, pato e hígados.

**Vinagre de jerez** Se prepara siguiendo un largo y lento proceso que le aporta su característico sabor opulento y suave, pero con la intensidad suficiente como para realzar salsas y aliños. Rocíelo sobre hortalizas al vapor o asadas, o bien añádalo a salsas y guisos.

**Vinagre de malta** Se obtiene de la cebada malteada y es fundamental en la preparación de *chutneys* y encurtidos. La variedad incolora ha sido previamente destilada y es muy fuerte, por lo que se utiliza para encurtir minicebollas y otras hortalizas, así como en aquellos casos en que sea importante conservar el color de la hortaliza. El vinagre de malta marrón se colorea con caramelo y se utiliza para preparar *chutneys* oscuros. Aunque es menos agrio que el vinagre de vino, su sabor es demasiado fuerte como para utilizarlo en aliños. Es el vinagre ideal para acompañar los *fish and chips* tan populares del Reino Unido.

**Vinagre de sidra** Se obtiene de la sidra o de la pulpa de la manzana y es muy popular en Estados Unidos. Tiene un color marrón claro, cierto sabor picante y un perceptible sabor a manzana. Utilícelo en recetas de estilo normando o para encurtir frutas, como las peras.

**Vinagre de vino** Hay muchos vinagres de vino rojo, blanco y rosado, y de calidades diferentes. Aunque muchos países occidentales producen su propio vinagre de vino, los vinagres tradicionales proceden de países con fuerte tradición vinícola, como Francia, España e Italia. Los mejores vinagres de vino se preparan siguiendo el método de Orléans, un proceso que empieza con un vino de calidad como base y en el que la fermentación acética se desarrolla sin prisas y de forma natural.

A diferencia del método anterior, los vinagres más económicos se preparan en tanques muy grandes previamente calentados, un método rápido pero que produce un vinagre basto y poco aromático.

Los vinagres de vino blanco son muy versátiles y están especialmente indicados para preparar aliños, salsas y mayonesa. Utilícelos para dotar de tono a sopas y guisos.

## Preparar un vinagre aromatizado

Los vinagres de frutas y hierbas son fáciles de preparar; pueden utilizarse para dotar de un sabor delicioso a aliños para ensaladas, salsas, sopas, adobos y marinadas. Decida qué hierbas o frutas va a utilizar; la albahaca, el cilantro, el perejil, la menta y las frutas combinan bien con el vinagre de vino blanco, mientras que el romero y el tomillo quedan deliciosos con el vinagre de vino tinto.

Blanquee un manojo grande de la hierba o fruta elegida y sumérjalo en agua helada. Escúrralo y séquelo con papel de cocina. Vierta 1,5 dl de vinagre sobre el aromatizante y transfiera el conjunto a un robot eléctrico. Accione el aparato hasta obtener una mezcla homogénea.

Vierta la mezcla en una jarra, tápela y déjela reposar toda la noche en la nevera. Filtre el vinagre a través de una muselina (derecha) sobre un frasco limpio y, a continuación, vierta el vinagre aromatizado en una botella limpia. Puede añadir frutas o hierbas blanqueadas al vinagre como decoración. También puede preparar aceite de ajo o chile siguiendo este método; cuantos más chiles o ajos emplee, más fuerte será su sabor.

## Aromatizar vinagres y aceites

*Al preparar una vinagreta (véase pág. 191), el aceite y el vinagre deben combinar entre sí. La generosa textura del aceite de oliva extra virgen combina con el vinagre balsámico. Los aceites de frutos secos dan muy buenos resultados con los vinagres de frutas, como el de frambuesa, mientras que los de chile o hierbas se benefician del sabor ácido del vinagre de vino.*

## El vinagre como medio de conservación

El vinagre se emplea como conservante desde antaño. La preparación de *chutneys*, conservas y condimentos con frutas y hortalizas estacionales es una forma deliciosa de conservar los alimentos que no se hayan consumido. Al elegir un vinagre para encurtir, asegúrese de que sea de calidad; además, debe ser muy ácido para conservar las frutas y las hortalizas. El vinagre de malta marrón proporciona buen sabor, pero la variedad incolora se utiliza más a menudo para resaltar el color de las frutas y las hortalizas sin teñirlas. También puede usar los vinagres de vino, jerez y sidra.

La mayoría de frutas y hortalizas pueden conservarse en vinagre, pero el aspecto decorativo del frasco luce más si se cortan los ingredientes según el mismo tamaño. Los trozos pequeños son más fáciles de envasar. Elija frutas y hortalizas jóvenes y firmes, cuanto más frescas mejor, y asegúrese de que queden bien cubiertas de vinagre, pues parte del líquido podría evaporarse durante la conservación.

# extras en la despensa

Una despensa bien provista no sólo debe contener ingredientes básicos como la harina y el azúcar, sino que debe incluir también todo un abanico de productos que puedan utilizarse para transformar un plato sencillo en algo diferente y para conseguir un efecto culinario determinado, como es el caso de un agente cuajante.

**Gelatina** Se extrae de los huesos de los animales y se presenta en forma de polvo en paquetes pequeños o en láminas. Una buena gelatina no tiene sabor. Generalmente se disuelve en un líquido caliente tras haberla remojado en agua fría y se utiliza para cuajar *mousses* y gelatinas.

**▼ Salsa Worcester** Se prepara con tamarindo, melaza, anchoas, salsa de soja, cebollas, azúcar, lima y otros ingredientes secretos. Tiene un sabor picante inconfundible. Se emplea para el Bloody Mary.

*Agar agar* Es la alternativa vegetariana a la gelatina. Se vende en forma de tiras, deshilachado y en polvo, y a diferencia de la gelatina debe disolverse en agua hirviendo. Proporciona una gelatina muy firme, pero no reacciona con las enzimas de la piña y la papaya, por lo que no podrá cuajar dichas frutas con el *agar agar*.

**◄ Esencia de anchoas** No tiene un aroma tan dominante como las pastas orientales de gambas y pescado, aunque proporciona un sabor similar. Si se mezcla con salsa de soja puede sustituir el *nam pla* (salsa de pescado tailandesa) o el *belacan* (pasta de gambas).

**▼ Cubitos de caldo** Disponibles en varios sabores, desde pollo a pescado, estos cubitos concentrados son un elemento útil si no se dispone de caldo. Deshágalos con agua hirviendo siguiendo las instrucciones del paquete. Suelen ser bastante salados: no sazone la condimentación de la preparación hasta que haya añadido el cubito.

## Disolver la gelatina

La gelatina, tanto en polvo como en láminas, debe remojarse antes de utilizarla para que se mezcle bien con la mezcla a cuajar. No deje hervir la gelatina al calentarla o de lo contrario estropeará su *mousse* o gelatina con hilos.

**En polvo** Vierta en un cuenco 4 cucharadas de agua fría y espolvoree la gelatina. Deje reposar la mezcla 5 minutos hasta que esté esponjosa. Coloque sobre un cazo con agua caliente y remueva hasta que esté transparente.

**En lámina** Ablande las hojas en agua fría durante 5 minutos. Exprima el exceso de agua, transfiera las hojas al líquido caliente para que se disuelvan.

## Preparar un *aspic*

Remoje la gelatina en polvo o las láminas 2-3 minutos en un poco de caldo frío, calculando 10 g de gelatina por cada 0,5 l. Caliente el resto del caldo y añádale a continuación la mezcla de gelatina. Remueva a fuego lento hasta que la gelatina se haya derretido. Recubra porciones de salmón, pollo o carnes frías con la preparación obtenida.

**Formas de *aspic*** El *aspic* es una guarnición clásica para el consomé frío. Prepárelo con gelatina en polvo o láminas y vierta a continuación una capa de 1-2 cm en una fuente poco honda. Deje enfriar y corte en forma de pétalos, rombos o medias lunas.

| Tipo | País de origen | Descripción | Empleo |
|------|----------------|-------------|--------|
| *Ketjap manis* | Indonesia | Salsa de soja negra y espesa, de aroma potente y sabor dulce. El *ketjap asin* es más líquido y su sabor es más suave | Platos indonesios de arroz y pastas |
| *Nam pla* | Tailandia | Se prepara con pescado salado fermentado y es un condimento esencial en la cocina tailandesa. Se utiliza tanto para cocinar como para condimentar. Aunque huele a pescado crudo no se nota al incorporarse a los platos, a los que proporciona un auténtico sabor salado | En platos de carne, pescado, aves y pastas, como salsa para remojar mezclada con chiles, ajo, azúcar y zumo de lima |
| **Pasta de gambas** | *Belacan* (Malasia), *nuoc mam* (Vietnam), *ngapi* (Birmania) | La pasta de gambas se utiliza en todo el sudeste asiático. Se prepara con minúsculas gambas saladas, machacadas y dejadas fermentar. La pasta se encuentra disponible en diferentes presentaciones, seca y compacta en forma de bloque o envasada en frascos o latas. Al igual que el *nam pla*, la pasta de gamba huele muy mal, pero su olor desaparece durante la cocción | |
| **Salsa de ciruelas** | China | Tipo de salsa agridulce, preparada con zumo de ciruelas y vinagre y aromatizada con chiles, jengibre y especias | También sirve para acompañar el pato mandarín, como salsa para remojar y en otros platos chinos |
| **Salsa de ostras** | China | Salsa espesa a base de salsa de soja, coloreada con caramelo y aromatizada con jugo de ostras. Su sabor es delicado y sorprendentemente no huele a pescado | Puede utilizarse en diferentes platos cocidos a los que aporta a la vez sabor y color. Resulta especialmente buena con platos de pollo y queso de soja y en algunos platos de fideos cuyo sabor se desee realzar |
| **Salsa de soja clara** | China | Color marrón claro y sabor delicado | Sopas, salsas para mojar, mariscos y platos de hortalizas |
| **Salsa de soja japonesa** | Japón | Al igual que todas las salsas de soja japonesas, es menos salada y más dulce que la salsa de soja china. La *usukuchi* es ligera y fragante. Otras son más fuertes y oscuras, pero no saladas | Utilice la salsa de soja clara para sopas, salsas para mojar, en platos de pescado y para llevar a la mesa. La salsa de soja oscura es mejor para platos de carnes rojas |
| **Salsa de soja oscura** | China | Más fuerte y oscura que la clara, tiene un sabor ligeramente dulce gracias al caramelo que se le añade durante el proceso de fermentación | Platos de carnes rojas como buey o pato, o en preparaciones a base de pollo y cerdo |
| **Salsa *hoisin*** | China | Se conoce a menudo como salsa para barbacoa y es a la vez dulce y especiada, con un leve aroma anisado | Se sirve con el pato mandarín |
| **Salsa *teriyaki*** | Japón | Preparación a base de salsa de soja mezclada con vino, azúcar y especias | En marinadas y para rociar o sazonar platos asados a la parrilla o a la barbacoa |
| *Shoyu* | Japón | Salsa muy aromatizada | Salsas para mojar, en especial para el *sushi* |
| *Tamari* | Japón | Salsa oscura de sabor fuerte; se destila sin trigo | Salsas para mojar, en especial para el *sushi* |

extras en la despensa

239

# sal y pimienta

## SAL

Uno de los ingredientes básicos de la cocina, capaz de realzar el sabor de casi cualquier alimento. En pocas cantidades proporciona a los platos una especial intensidad, tanto a las preparaciones dulces como a las saladas. El sabor salado constituye una de las cuatro regiones básicas del gusto de la lengua, por lo que sin sal los alimentos suelen tener un sabor suave e insípido.

- Para preparar pan se precisa sal, la cual fortalece el gluten y alimenta la levadura. Si utiliza demasiada, la masa podría colapsarse.
- Utilice una pizca de sal al batir claras de huevo; la sal inhibe la proteína, facilitando la obtención de unas claras batidas firmes.
- Cuando vaya a hervir hortalizas, utilice una pizca de sal al iniciar la cocción. La sal se absorberá y no se perderán el resto de los minerales de las hortalizas.
- Si agrega una pizca de sal a mezclas para masas y pasteles realzará su sabor. La sal reduce el sabor agrio de los ácidos incrementando el dulzor de los azúcares, siempre que se utilice con moderación.
- No sale las legumbres hasta que estén cocidas, pues se endurecerían. De la misma forma, no frote con sal los cortes de carne antes de cocinarlos.

**Sal de mesa** Se trata para mantener los cristales separados. Si añade unos granos de arroz al salero evitará que la sal se humedezca en una atmósfera húmeda.

**Sal *kosher*** Sal de grano grueso que no contiene aditivos y es la mitad de salada que la sal de mesa. Se puede espolvorear sobre las ensaladas y los panes antes de hornearlos.

**Sal negra** Procede de la India, donde se emplea como especia y condimento.

**Sal marina** Se obtiene evaporando agua de mar por medios naturales o artificiales. Se utiliza generalmente para mesa y cocina y se presenta de dos formas, como sal fina para la mesa y en una versión de cristales más gruesos apropiados para moler en el molinillo de sal.

**Sal gema** Esta sal procedente de lagos y mares interiores se utiliza para cocinar. Antiguamente se vendía en forma de bloques grandes, aunque en la actualidad se vende refinada y se le añade carbonato de magnesio para evitar que se humedezca al contacto con el aire.

## CONSERVACIÓN

La sal debe guardarse en un recipiente hermético y en un lugar fresco y seco. No la guarde en saleros de plata, pues adquiere un color verde cuando el cloro de la sal reacciona con este mineral.

### HORNEAR MARISCOS

Puede utilizar sal gema para preparar un lecho sobre el que podrá hornear ostras, mejillones o almejas sin que se desplacen. Extienda una capa de sal de 1 cm sobre una placa de horno y coloque encima las ostras u otros mariscos. Tire la sal una vez horneados.

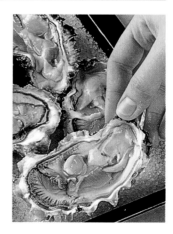

# PIMIENTA

La pimienta es la especia más importante en todo el mundo. La palabra pimienta procede de la palabra sánscrita *pippali*, que significa baya. Hay diferentes clases de pimientas. La planta crece en cualquier zona tropical o subtropical del Lejano Oriente, África, las islas de los Mares del Sur y Brasil. La pimienta es una de las especias que más se utilizan, pues puede añadirse a prácticamente cualquier plato salado. Tanto la pimienta negra como la blanca se utilizan en todo el mundo, en cualquier estadio del proceso de cocción y como condimento de mesa. Pero la pimienta no sólo aporta su especial sabor a los platos, sino que tiene la capacidad de realzar otros sabores.

**Pimienta rosa** En realidad no es pimienta auténtica, sino que procede de un árbol nativo de Sudamérica. Tiene un sabor suave.

**Pimienta verde fresca** Son las bayas de la planta de la pimienta que se enlatan en lugar de secarse. Tienen un distintivo sabor fuerte, aunque no demasiado picante. Utilice la pimienta en grano verde en platos del sudeste asiático y en salsas para pato o caza.

**Pimienta variada** Estas bayas de pimienta proceden de la misma planta, una trepadora que crece en muchas regiones tropicales y subtropicales. Para obtener la pimienta negra se recolectan las bayas antes de que maduren y se dejan secar al sol hasta que se vuelven negras y arrugadas. Para la pimienta blanca las bayas se dejan madurar por completo en la planta y a continuación se retira la farfolla externa. El sabor de la pimienta negra es más aromático y especiado que el de la blanca, que es picante con notas cálidas terrosas.

## MOLINILLO DE PIMIENTA

Un molinillo de pimienta es un utensilio básico en cualquier cocina, además de ser casi imprescindible en la mesa. Muela pimienta en el momento en que la precise para obtener lo mejor de su aroma y sabor. Puede ajustar la molienda para obtenerla gruesa o fina siguiendo las instrucciones de la receta o su gusto personal. El molinillo de pimienta también se puede emplear para moler otras especias, aunque deberá limpiarlo a fondo cada vez para que la pimienta no adquiera otros sabores. Elija un molinillo pesado y de mecanismo fuerte.

## APLASTAR PIMIENTA EN GRANO

Los granos de pimienta son ideales para presionarlos sobre bistés o una pechuga de pavo antes de cocerlos. Coloque la pimienta en grano en una bolsa de plástico y aplaste las bayas con un rodillo. También puede hacerlo en un mortero, aplastándolas con la mano del mortero.

## CUBRIR CON PIMIENTA

El queso de cabra al natural y otros quesos blandos pueden revestirse con pimienta negra molida. Esparza unos 25 g de pimienta poco molida sobre una lámina de papel sulfurizado. Pase los rulos de queso por la pimienta y luego corte rodajas individuales.

sal y pimienta

241

# endulzantes

## AZÚCAR

El azúcar es el único ingrediente imprescindible en la preparación de pasteles, galletas, pasteles de queso y bizcochos. Los bizcochos sin grasa, los pasteles del ángel, las *mousses* y algunas galletas pueden prepararse a veces sin mantequilla, harina o huevos, pero nunca sin azúcar. La melaza y el almíbar son distintas formas de azúcar.

**Azúcar moreno** Es húmedo y pegajoso. Los azúcares morenos naturales proceden de la caña de azúcar cruda y su color depende de la cantidad de melaza que contengan. El azúcar moreno claro es muy popular para la preparación de postres y pasteles, porque se mezcla muy fácilmente y tiene un sabor suave a azúcar moreno. El azúcar moreno oscuro, como el de Barbados, posee un sabor más pronunciado. Utilice este último para preparar pasteles y panes de jengibre y budines de Navidad.

**Azúcar blanco** Al retirar la melaza del azúcar se obtiene azúcar blanco o refinado. Existen diferentes presentaciones, todas ellas dulces, aunque cuanto más fino se haya molido tanto más dulce sabrá.

**Azúcar terciado o demerara** Azúcar parcialmente refinada con una pequeña proporción de melaza. Se utiliza para aportar a las coberturas de los pasteles y las galletas un sabor dulce y crujiente.

**Azúcar granulado** Si tiene dudas acerca del tipo de azúcar blanco que ha de utilizar, el granulado sirve en casi todos los casos.

**Azúcar extrafino** Tiene unos cristales muy finos que se disuelven con rapidez. Es la mejor elección para preparar pasteles, cremas y merengues.

**Azúcar lustre** Azúcar en polvo que se disuelve fácilmente al mezclarlo con un líquido. Utilícelo para preparar glaseados o para espolvorear sobre los postres. Puede prepararlo en casa moliendo azúcar extrafino en un molinillo para café.

## UTILIDADES DEL ALMÍBAR DE AZÚCAR

Las dos técnicas esenciales consisten en no remover el almíbar mientras hierve. Ponga azúcar y agua fría en una cacerola de fondo grueso y remueva a fuego lento hasta que el azúcar se disuelva. Para obtener un almíbar simple hierva durante un minuto. Para almíbares hervidos, *véase* inferior. El caramelo se forma a temperaturas muy elevadas, por lo que se ha de comprobar por el color y no por el tacto.

- **Almíbar de azúcar ligero** (250 g de azúcar por 500 ml de agua) Utilícelo en ensaladas de frutas.
- **Almíbar de azúcar mediano** (250 g de azúcar por 250 ml de agua) Utilícelo para confitar frutas y preparar caramelo.
- **Punto de hebra** (110 °C) Empléelo en dulces y en pastas de frutas.
- **Bola blanda** (116-118 °C) Para merengue italiano y glaseado de crema de mantequilla.
- **Bola dura** (125 °C) Utilícelo para el mazapán (pasta de almendras), el *fondant* y dulces.
- **Quebrado blando** (123 °C) Utilícelo para preparar *nougat*, algunos caramelos y *toffee*.
- **Quebrado duro** (145 °C) Para azúcar hilado, algodón de azúcar y frutas glaseadas.
- **Caramelo, claro y oscuro** Para aromatizar salsas y en postres como el flan. El caramelo cuajado, troceado o picado se utiliza como adorno o como cobertura.

## TERMÓMETRO PARA EL AZÚCAR

Es de gran utilidad para determinar la temperatura exacta de los almíbares de azúcar hervidos y los puntos de cuajado de confituras, dulces y gelatinas. Procure que el extremo del termómetro toque sólo el líquido, nunca la cacerola.

## ALMÍBARES DE AZÚCAR HERVIDOS

Si el almíbar se deja sobre el fuego el agua se evaporará y el almíbar se espesará. Mientras el almíbar hierva, pincele las paredes del cazo o cacerola con agua para evitar la formación de cristales de azúcar. Una vez que el almíbar haya alcanzado la temperatura determinada, sumerja el recipiente en agua helada para detener la cocción.

**Bola blanda** Primer estadio de saturación; mantiene su forma pero se ablanda al apretarla.

**Bola dura** Forma una bola firme y flexible con una consistencia pegajosa.

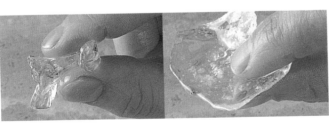

**Quebrado blando** El almíbar queda quebradizo; su textura es blanda y manejable.

**Muy quebradizo** A partir de este punto el azúcar empezará a caramelizarse.

## CARAMELO

El color ambarino se alcanza cuando un almíbar de azúcar espeso se calienta más allá del punto de quebrado duro y se evapora la humedad. El caramelo claro es suave y el medio tiene un color marrón dorado y sabe a nueces. No lo cueza por encima de los 190 °C, pues podría quemarse. Si se solidifica, caliéntelo brevemente.

Ponga a hervir un almíbar de azúcar mediano en un cazo de fondo grueso. Baje el fuego y agite el recipiente una o dos veces para que el almíbar se coloree de forma homogénea. Cuando el caramelo alcance el color deseado, sumerja la base del recipiente en agua helada; retire el recipiente del fuego cuando se solidifique.

**Formas libres de caramelo** Prepare un almíbar de azúcar denso y cuézalo hasta que se convierta en caramelo. Forre una placa de hornear con papel sulfurizado aceitado. Coja una cucharada de caramelo y déjelo caer libremente desde la punta de la cuchara sobre el papel. Deje enfriar las formas y sepárelas del papel.

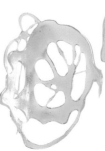

endulzantes

### PREPARAR GLASEADOS

▶ **Glaseado al agua** Tamice azúcar lustre sobre un cuenco, agregue un poco de agua y el aromatizante deseado y bata vigorosamente. Continúe batiendo hasta obtener un glaseado homogéneo, añadiendo más líquido si fuese necesario.

◀ **Glaseado real** Añada glicerina para retrasar la solidificación. Tamice azúcar lustre sobre un cuenco y realice un hueco en el centro. Agregue claras de huevo poco batidas y zumo de limón. Bata durante 10 minutos hasta que el glaseado quede firme y brillante; incorpore la glicerina.

▶ **Glaseado de chocolate** Agregue chocolate a un almíbar de azúcar y bata todo a fuego moderado. Para comprobar el punto de hebra sumerja los dedos en agua helada y luego en el chocolate, por si se forma un hilo. Golpee el fondo del recipiente evitando burbujas de aire. Utilícelo enseguida.

◀ **Glaseado de crema de mantequilla** Hierva almíbar de azúcar al punto de bola blanda e incorpórelo a las yemas y al huevo vertiéndolo en chorrito fino y sin dejar de batir hasta que la mezcla espese. Agregue trocitos de mantequilla ablandada e incorpore el aromatizante elegido. Enfríelo durante 5-10 minutos.

## MIEL

El color, sabor, consistencia y calidad de la miel dependerán de la fuente del néctar, así como de su método de producción. En general, cuanto más oscura sea más fuerte será su sabor. La mayor parte de las mieles comerciales se baten y pasteurizan para darles una textura y sabor uniforme y prolongar su vida, pero desde el punto de vista del sabor y la salud es preferible comprar miel cruda y sin filtrar de una sola flor. Guárdela en un lugar frío y oscuro asegurándose de que el recipiente esté cerrado herméticamente, pues de lo contrario podría absorber la humedad del ambiente.

Además de ser una cobertura muy popular, la miel se utiliza para aportar dulzor y jugosidad a pasteles, galletas, panes y dulces. También puede utilizarse para glasear carnes.

**Panal de miel** No es más que miel todavía sellada entre las celdas. Puede comprarlo entero, por la mitad o troceado. Se suele sellar con cera para que la miel no pueda escaparse. Es más fácil adquirirla envasada en frascos.

**Miel clara** Las mieles claras han sido tratadas al calor, un proceso que evita que cristalicen, lo que ocurre de forma natural al cabo de unas pocas semanas. Muchas personas prefieren la miel clara, pues resulta más fácil de utilizar en la cocina. Dependiendo de su fuente, la miel puede ser fuerte y oscura como la de castaño, o pálida y delicada como la de trébol. Entre los sabores más populares se encuentran las mieles de trébol, tomillo, naranja, brezo, romero, acacia y salvia. La miel de azahar tiene asimismo un aroma y un sabor deliciosos.

**Miel de Hymettus** Es la miel griega más famosa y tiene un sabor muy perfumado.

**Miel de brezo escocesa** Tiene un sabor suave y un color claro, con un agradable gusto aromático.

# JARABES Y MELAZAS

Procedentes de fuentes naturales, los jarabes y melazas que se mencionan a continuación pueden constituir una alternativa muy saludable al azúcar. Su pegajosidad natural es útil en muchas recetas, pues proporcionan untuosidad a las salsas y las preparaciones al horno. Elija jarabes y melazas orgánicos para evitar la inclusión de aditivos e ingredientes químicos que se suelen emplear en el proceso de refinado.

**Jarabes de cereales** El maíz, la cebada, el trigo y el arroz pueden transformarse en jarabes que se utilizan para sustituir el azúcar en salsas y preparaciones horneadas. Los jarabes de cereales no son tan dulces como el azúcar y tienen un sabor suave y sutil. Al jarabe de maíz oscuro se le añade caramelo y un aromatizante para que adquiera un sabor similar al de la melaza. El jarabe de maíz es el más fácil de encontrar y se utiliza para preparar caramelos y glaseados, ya que evita que otros azúcares cristalicen, aportando una textura lisa y cremosa.

**Melaza** La melaza es un subproducto que se obtiene al refinar el azúcar de caña. Tiene un sabor denso y fuerte que se concentra al hervirlo. Se suele utilizar para aromatizar, en especial las judías horneadas y otras preparaciones como pan, pastas y pan de jengibre. La melaza clara es el residuo obtenido al hervir la caña de azúcar por primera vez; la melaza oscura procede del segundo hervido. El tercer producto es muy negro y aromatizado, casi no permite apreciar su dulzor. La melaza oscura es ideal para hornear y cocinar.

| Tipo de jarabe | Descripción | Empleo | Consejos |
|---|---|---|---|
| **Jarabe de arce** | Se obtiene de la savia evaporada del arce. Tiene un sabor profundo y distintivo y es más dulce que el azúcar, por lo que se requiere menos cantidad en la cocción | Para glasear jamón o zanahorias. Excelente con tortitas y barquillos | Compruebe que no se trata de un jarabe de arce sintético |
| **Jarabes de cereales** | Gran parte de los cereales, como es el caso del maíz, la cebada y el arroz, pueden utilizarse para preparar almíbares. El almíbar de maíz se utiliza en gelatinas y salsas para barbacoa | El extracto de malta (procedente de la cebada) tiene un sabor fuerte y se utiliza para preparar pan | Los jarabes de cereales son menos refinados que otros, por lo que entran más lentamente en la corriente sanguínea |
| **Jarabe de melaza dorado** | Jarabe dorado claro | En galletas y para preparar *toffees* y salsas de caramelo. Tradicionalmente, se cuece con el bizcocho para preparar el bizcocho almibarado | Las impurezas del jarabe le proporcionan su sabor y color |
| **Jarabe de palma o de dátil** | Se obtiene de las palmas datileras y es muy negro, dulce y opulento | Como ingrediente en algunas recetas indias | |
| **Melaza** | Este líquido espeso y almibarado es un subproducto que se obtiene al refinar el azúcar. Tanto su color como su calidad son muy variadas | Utilícelo para hornear galletas y pasteles de frutas y para glasear trozos de cerdo y jamón | La melaza oscura contiene menos azúcar que la clara y es rica en vitaminas y minerales |
| **Melaza negra** | Similar a la melaza, se obtiene al refinar el azúcar. Es espesa, negra y muy pegajosa, y su sabor también es fuerte. | Utilícela para hornear ciertos budines y panes de jengibre, pasteles de frutas, budines de Navidad y *toffees* | Utilice melaza para preparar las judías horneadas de Boston |

# chocolate

El chocolate es uno de los aromatizantes dulces más populares en todo el mundo, ya se trate de las maravillosas trufas de chocolate belga o de una simple taza de chocolate caliente. Se obtiene a partir de los frutos del cacao y su sabor depende en gran medida de la calidad de la mezcla de semillas utilizadas, del tostado de las mismas y de la proporción de manteca de cacao utilizada.

**Chocolate de pastelero** A este chocolate no se le ha incorporado azúcar ni aromatizantes. Es muy popular entre los reposteros porque tiene un buen punto de solidificación y se corta con facilidad, por lo que es ideal para preparar decoraciones flexibles como cintas. Sin embargo, resulta difícil de encontrar para el público en general, aunque puede sustituirlo por chocolate negro extrafino.

**Chocolate de cobertura** Es un chocolate con un alto porcentaje de manteca de cacao. Es apreciado por los reposteros por su sabor fino y acabado brillante, pero es más difícil de trabajar que el chocolate pastelero y además debe modificarse (*véase* derecha) antes de emplearlo. Se suele utilizar para preparar decoraciones de chocolate realizadas a mano.

**Chocolate negro extrafino** Es una buena elección para cocinar. Por regla general, cuanto más elevado sea el porcentaje de sólidos de cacao mejor será su calidad. Debe leer la etiqueta, pero elija siempre un chocolate con un 50 % como mínimo de sólidos de cacao, aunque los expertos exigen como mínimo un 60-70 %.

**Chocolate negro o semidulce** Este chocolate puede tener entre el 30 y el 70 % de sólidos de cacao. Cuanta más calidad tenga, menos azúcar contendrá.

**Chocolate con leche** Es muy popular, pero no resulta adecuado para hornear, pues posee un escaso porcentaje de cacao.

**Chocolate blanco** No se trata de un chocolate para los aficionados pues no contiene sólidos del mismo. Algunos fabricantes utilizan grasas vegetales en lugar de manteca de cacao, por lo que sus productos no deberían merecer la mención de chocolate. El chocolate blanco puede utilizarse en aquellos postres en que se necesite un contraste de color, pero al igual que el chocolate con leche, se quema con facilidad y debe derretirse con cuidado.

**Chocolate para modelar** Este chocolate tiene su mérito, pues su alto contenido en grasas hace que se derrita bien y se trabaje con facilidad. Utilícelo para preparar cintas de chocolate, pero añádale chocolate negro al derretirlo para mejorar su sabor.

## ¿Dulce o salado?

*La palabra «chocolate» procede del término azteca* xocolatl, *que hace referencia a una bebida de chocolate especiada con chile. Los europeos le añadieron azúcar y especias aromáticas como vainilla y canela para suavizarlo, pero en América todavía se utiliza para aromatizar platos salados.*

### INFORMACIÓN NUTRICIONAL

El chocolate contiene proteínas y es una buena fuente de vitamina B, además de aportar cobre, calcio y hierro. Su alto contenido graso (30 %) no lo hace indicado para aquellas personas que sigan una dieta de adelgazamiento: una porción de 115 g contiene 540 calorías.

## CONSERVACIÓN

El chocolate se derrite a temperatura corporal. Debe conservarse en un lugar frío y seco entre 15 y 17 °C. Si el chocolate tiene manchas blancas significa que no se ha guardado correctamente o se ha modificado (*véase* derecha) a una temperatura demasiado elevada.

## PREPARAR EL CHOCOLATE

Es más fácil picar y rallar el chocolate cuando está frío y firme. Refrigérelo durante el verano y sosténgalo envuelto en papel de aluminio. Todos los utensilios deben estar totalmente secos.

**Picar** Pase la hoja de un cuchillo de cocinero hacia adelante y hacia atrás sobre el chocolate.

**Rallar** Sostenga el chocolate con firmeza y páselo contra la hoja de agujeros gruesos del rallador.

## DERRETIR CHOCOLATE

Es preferible derretir el chocolate al baño María, a fuego muy lento. Si se calienta en exceso se quemará y formará grumos. Si se rocía con agua se endurecerá y separará, adquiriendo un acabado mate.

Píquelo toscamente y coloque los trozos en un cuenco refractario introducido en una cacerola con agua caliente (no agitándose). Cuando el chocolate empiece a derretirse, mézclelo con una cuchara de madera hasta que quede liso y homogéneo.

## MODIFICAR EL CHOCOLATE

Esta técnica se utiliza en los chocolates que posean un elevado contenido en manteca de cacao y proporciona el brillo y consistencia necesarios para muchas decoraciones. Los sucesivos procesos de derretido, enfriado y recalentado rompen la grasa, produciendo un chocolate brillante y sin vetas que se solidifica bien.

▶ Derrita lentamente el chocolate sobre un cuenco dispuesto sobre una cacerola con agua caliente (no agitándose). Mezcle hasta que esté liso y alcance una temperatura de 45 °C.

▶ Coloque el cuenco de chocolate sobre otro con cubitos de hielo y remueva hasta que el chocolate se enfríe y la temperatura baje a 25 °C. Caliente de nuevo el chocolate sobre un cuenco con agua caliente por espacio de 30-60 segundos, hasta que alcance una temperatura de 32 °C para poder manipularlo.

chocolate

## PREPARAR FORMAS DECORATIVAS

Al preparar chocolate para cortar o raspar trabaje con rapidez, para que no se solidifique antes de haber acabado. Una vez lo haya extendido formando una capa homogénea, puede colocar otra capa de papel sulfurizado sobre el chocolate e invertir ambas láminas de forma que la última quede debajo. De esta forma evitará que el chocolate se abarquille al enfriarse. Pele el papel superior antes de cortar.

Las formas pueden utilizarse para decorar pasteles o helados, o para preparar cajas o pirámides (inferior), las cuales pueden rellenarse con frutas, sorbetes, dulces o chocolate.

**◄ Extender el chocolate**
Vierta el chocolate modificado sobre una placa para hornear recubierta con papel sulfurizado. Extiéndalo rápidamente con una espátula grande y angular, formando una capa de unos 3 mm de grosor. Déjelo enfriar cuando esté solidificado.

**◄ Cortar formas** Sumerja un cortapastas en agua caliente, séquelo y corte el chocolate en círculos. Para obtener triángulos, cuadrados o rectángulos, utilice un cuchillo. Deje solidificar las formas sobre papel sulfurizado.

## FORMAS DE CHOCOLATE RECUBIERTAS

Corte triángulos o cuadrados, ponga un poco de azúcar lustre en un tamiz y sacúdalo suavemente sobre las formas. Después, ponga un poco de cacao en polvo en otro tamiz y sacúdalo sobre el azúcar lustre. Puede variar el efecto utilizando primero el cacao o espolvoreando cacao en polvo sobre chocolate blanco. Al preparar formas trabaje mientras el chocolate todavía esté maleable. Si se solidifica y endurece, quedará quebradizo y se cuarteará.

## PREPARAR RECIPIENTES DE CHOCOLATE

Muchos reposteros preparan estos pequeños recipientes sumergiendo la parte externa de un molde cubierto con película de plástico en chocolate modificado. Aquí presentamos dos métodos.

**► Con moldes de papel**
Pincele una capa fina de chocolate modificado en el interior de unos moldes de papel pequeños. Déjelo hasta que se solidifique y retire con cuidado el molde de papel.

**◄ Con moldes de plástico** Recorte un vaso o taza de plástico desechable dándole la altura requerida y llénelo hasta el borde con chocolate derretido. Vierta el exceso de chocolate y déjelo enfriar hasta que se solidifique. Retire el molde de plástico cortándolo si fuese necesario.

## DECORACIONES DE CHOCOLATE

**Frutas semirrecubiertas** Las frutas blandas como las fresas pueden sumergirse en chocolate negro o blanco para decorar pasteles o postres. Deje escurrir el exceso de chocolate y déjelas reposar sobre papel sulfurizado hasta que el chocolate se solidifique.

**Canutillos de chocolate** Extienda chocolate sobre el dorso de una placa de horno. Una vez solidificado, frote la superficie del chocolate para calentarla ligeramente. Sostenga firmemente la placa y deslice una rasqueta bajo el chocolate para obtener formas de canutillo o cigarrillos.

**Hojas de chocolate** Limpie unas hojas de rosal con un paño húmedo y séquelas. A continuación, derrita 315 g de chocolate, sostenga una hoja por el pecíolo y pincélela con una capa generosa de chocolate sobre una cara; el envés proporciona los mejores resultados. Refrigérela hasta que esté firme y luego separe suavemente la hoja del chocolate.

**Rizos de chocolate** Sostenga firmemente un bloque de chocolate blanco o negro y pase un mondador de hortalizas por un extremo para obtener rizos. Si desea obtener mejores resultados utilice un chocolate con bajo contenido en manteca de cacao o chocolate de pastelero, los cuales no se rompen con tanta facilidad al formar rizos.

## Recetas clásicas

**Pastel caliente de queso y chocolate** Es un delicioso postre a base de chocolate en el que se añade cacao en polvo a la pasta para obtener un fondo o base de chocolate, mientras que el relleno se aromatiza con pepitas también de chocolate.

**Pastel Sacher** Hay innumerables pasteles de chocolate. Este pastel clásico austríaco es famoso por su opulenta y brillante cobertura de chocolate.

***Ganache* de chocolate** Es una cobertura de chocolate extremadamente rica que se obtiene vertiendo crema de leche caliente sobre chocolate y batiendo la mezcla con una cuchara de madera hasta que queda lisa y brillante.

Utilice el *ganache* como glaseado, para rellenar pasteles o para unir pasteles o merengues.

***Roulade* de chocolate** Se parece al brazo de gitano de chocolate y consiste en una base de bizcocho horneada en un molde plano, cubierta con un relleno espeso de vainilla, y enrollada y decorada con rizos de chocolate y cacao en polvo.

**Negritos de chocolate** Los negritos o *brownies* se preparan con una mezcla de chocolate, harina, mantequilla derretida, huevos y azúcar, y pueden aromatizarse con nueces partidas por la mitad, café, esencia de vainilla y trocitos de chocolate picado.

## CONTORNOS DECORATIVOS

Extienda con la manga pastelera un dibujo sobre un plato utilizando *ganache* de chocolate (*véase* izquierda). Déjelo solidificar, luego rellene con una salsa de chocolate blanco o un *coulis* de frutas.

chocolate

# café y té

## CAFÉ

El café se suele preparar en forma de bebida, aunque también puede emplearse para aromatizar postres helados y pasteles. Los dos tipos de café más importantes son el *Coffea arabica* y el *Coffea robusta*. El *arabica* se considera superior, pero el *robusta* se mezcla a menudo con *arabica* para obtener un café más económico, aunque de sabor igualmente agradable.

## TUESTE

**Sin tostar** Antes de tostarlas, las semillas del cafeto tienen normalmente un tono claro que oscila entre el muy pálido hasta el verde o el amarillo, y pueden ser redondas u ovaladas. Algunas «vainas» sólo contienen una semilla en forma de guisante.

**Tueste natural** Este tipo de tueste es apropiado para cafés suaves de aroma y sabor delicado. Los granos de café tiene un color marrón claro o pálido.

**Tueste mediano** Está indicado para cafés de carácter bien definido. El sabor es fuerte, aunque todavía apropiado para beberlo al natural tras las comidas o con leche en el desayuno.

**Tueste oscuro** Este tueste proporciona a los cafés de cuerpo un aroma fuerte y un sabor ligeramente amargo. Los granos de café son oscuros y brillantes.

**Tueste torrefacto** Proporciona al café un sabor fuerte y amargo. Los granos son casi negros y brillantes.

**Tueste expreso** Granos de café intensamente negros y brillantes que producen un café oscuro, con cuerpo y amargo.

## MOLIENDA

**Molido medio** Es apropiado para cafés bastante ligeros preparados en cafetera o cafetera napolitana.

**Molido regular** Este molido está situado entre el fino y el medio y se supone que está indicado para ambos. Sin embargo, es más medio que fino y, aún suponiendo que conozca la molienda adecuada para su cafetera, es preferible utilizar la indicada. Va bien para cafeteras napolitanas y cualquier otra cafetera que solicite un molido medio.

**Molido fino (filtro)** Utilice el café molido fino para cafeteras de filtro o de goteo. Produce un café fuerte y con cuerpo.

**Molido turco** A veces se denomina café pulverizado o en polvo, lo que no debe confundirse con el café instantáneo. Con este molido se obtiene un café excepcionalmente fuerte. El sabor de los granos se intensifica mediante la molienda.

## OTROS PRODUCTOS ELABORADOS CON CAFÉ

**Café instantáneo** El café instantáneo se obtiene concentrando la infusión de granos de café. En los gránulos de café el concentrado se congela de forma ultrarrápida, con lo que se obtienen unas partículas secas y crujientes; los mejores tipos emplean la variedad *arabica*. El café en polvo suele ser más económico que los gránulos y se prepara con granos de café *robusta*, cuyo concentrado se seca y reduce a polvo fino. Los de mejor calidad se calientan posteriormente para obtener una especie de polvo granular.

**Esencia de café** Este preparado es útil cuando se desea utilizar café como aromatizante. Asegúrese de que compra esencia de café puro y no de achicoria.

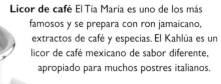

**Licor de café** El Tía María es uno de los más famosos y se prepara con ron jamaicano, extractos de café y especias. El Kahlúa es un licor de café mexicano de sabor diferente, apropiado para muchos postres italianos.

## UTENSILIOS PARA PREPARAR CAFÉ

Asegúrese de elegir la molienda adecuada para su cafetera. Cuanto más finamente molido esté un café, más grande será la superficie expuesta al agua, con lo que necesitará más tiempo para que el agua pase a través. El café obtenido tendrá, en consecuencia, mayor o menor cuerpo y será más o menos fuerte. Las cafeteras están diseñadas para una molienda determinada, por lo que, si no se utiliza la adecuada, producirán un café aguado o pesado si los granos están poco molidos, o amargo y granuloso si son demasiado finos.

### PARA CAFÉ POCO MOLIDO
Jarra (*carafe*)

### PARA CAFÉ MEDIO
Cafetera (inferior), cafetera napolitana, método de la jarra y el filtro

### PARA CAFÉ FINO
Cafetera eléctrica de filtro, expreso, *ibrik* (para el café turco, en el que se utiliza café pulverizado).

## TÉ

**Té negro** Una vez recolectadas las hojas se secan, se machacan y se dejan fermentar al aire libre. Este proceso proporciona al té negro su color, fuerza y sabor característicos. El té negro se bebe generalmente con leche, pero si se acompaña con limón se obtiene una bebida muy refrescante. Entre las variedades de té negro se encuentra el de Assam, el de Ceilán, el Darjeeling, el Keemun, el Orange Pekoe y el Lapsang Souchong.

**Mezclas de tés** Todos los tés ingleses son mezclas de tés negros. Se trata de una tarea muy especializada que se desarrolla desde el siglo XVII, fecha en que se introdujeron los tés en Occidente. Existen más de tres mil mezclas de tés diferentes, por lo que para probar una selección deberá visitar un establecimiento especializado. Entre las mezclas de tés más conocidas se encuentra el Earl Grey, el English Breakfast y el Irish Breakfast.

**Tés verdes** Proceden generalmente de China y Japón, donde son muy populares. Las hojas se secan una vez recolectadas, a diferencia de las de los tés negros, que se dejan fermentar, y la infusión tiene un sabor más fresco, suave y astringente. Los tés verdes se sirven solos o con hierbas como la menta o la verbena, pero siempre sin leche. El Gunpowder, el té de jazmín, el Hyson y el Moyunes son algunos tés verdes.

**Tés *Oolong*** Estos tés se encuentran a medio camino entre los verdes y los negros, pues las hojas se han fermentado a medias.

**Tisanas e infusiones de frutas** Las tisanas son unas bebidas populares saludables, pues no contienen teína, cafeína ni taninos. Existe un amplio abanico donde elegir y cada año aparecen nuevas variedades en los supermercados. Al igual que el té, pueden utilizarse para preparar helados y sorbetes, ya sean solas o mezcladas con zumos de frutas.

## OTRAS PREPARACIONES A BASE DE TÉ

El té puede utilizarse en un sorprendente número de recetas, y en muchos casos aporta un toque original a las técnicas clásicas. En la cocina china se ahúma para añadir sabor y color a alimentos como el pollo y el pavo, pero no para cocerlos. El té negro se mezcla con azúcar moreno y hierbas o especias y se coloca en una cacerola de fondo grueso. Los alimentos se disponen sobre una rejilla situada sobre la mezcla anterior, se tapan y se dejan cocer a fuego vivo unos 15 minutos para que la carne se ahúme. El té también se utiliza para aromatizar *ganache* de chocolate y para preparar helados.

▶ **Helado de té verde** Para extraer el máximo sabor del te machaque hojas de té verde y añádales poco a poco helado de vainilla ablandado. Sírvalo con una salsa de chocolate negro (*véase* derecha).

# índice

# agradecimientos

**Editor** Jane Bamforth
**Editor artístico** Gilda Pacitti
**Asistente de diseño** Ambrene Marghoob
**Fotógrafos** David Murray, Jules Selmes
**Tecnología de la información** Paul Stradling, Elisa Merino
**Director de producción** Karol Davies
**Control de producción** Nigel Reed
**Investigación fotográfica** Richard Soar
**Índice** Madeline Weston

## Colaboradores

**Pat Alburey** es una conocida y experimentada escritora gastronómica que crea y prueba recetas, además de colaborar como estilista culinaria en diversas revistas. Es consultora de cocina, autora de varios libros y colabora en programas de radio y televisión.

**Chrissie Ingram** trabajó como editora culinaria para una importante revista antes de establecerse por su cuenta como escritora y editora culinaria. En la actualidad colabora con varias revistas y publicaciones y es autora de varios libros de cocina.

**Carroll & Brown desea agredecer la colaboración de las siguientes empresas e instituciones por ceder sus ilustraciones:**

**Cucina Direct**
pág. 32 (inferior izquierda)

**Divertimenti**
pág.11 (superior derecha), pág. 45 (inferior izquierda), pág. 131 (inferior izquierda), pág. 141 (inferior derecha), pág. 151 (superior derecha), pág. 155 (inferior derecha), pág. 186 (inferior derecha), pág. 251 (inferior izquierda), pág. 258, pág. 261 (inferior), pág. 265, pág. 266 (izquierda), pág. 273, pág. 276 (derecha), pág. 277, pág. 278, pág. 280 (izquierda), pág. 282 (izquierda), pág. 283 (derecha), pág. 284 (izquierda), pág. 285 (derecha), pág. 288, pág. 290, pág. 298 (superior e inferior)

## Sobre Le Cordon Bleu

Le Cordon Bleu se fundó en París en el año 1895. En la actualidad cuenta con escuelas en cuatro continentes (Francia, Reino Unido, Canadá, Estados Unidos, México, Perú, Brasil, Japón y Australia) y sus alumnos suman más de cincuenta nacionalidades. Es ampliamente conocida y respetada en todo el mundo. Le Cordon Bleu, con su equipo de más de 50 chefs, disfruta de una larga tradición de excelencia en las artes culinarias y está dedicado a profundizar en el conocimiento de la buena cocina y el arte de vivir. Le Cordon Bleu ejerce también como consultor y trabaja en la promoción de diferentes productos culinarios con diversas instituciones culinarias, organizaciones profesionales y una de las líneas de cruceros más lujosas.

## Las escuelas de Le Cordon Bleu

### París
8 rue Léon Delhomme, París 75015, Francia
Teléfono: 33/1 53 68 22 50 Fax: 33/1 48 56 03 96
e-mail: infoparis@cordonbleu.net

### Londres
114 Marylebone Lane, Londres W1U 2HH, Reino Unido
Teléfono: 44/20 7935 3503 Fax: 44/20 7935 7621
e-mail: london@cordonbleu.net

### Tokio
Roob 1, 28-13 Saragaku-cho, Shibuya-ku, Daikanyama, Tokio 150, Japón
Teléfono: 81/3 54 89 01 41 Fax: 81/3 54 89 01 45
e-mail: tokyoinfo@cordonbleu.net

### Ottawa
453 Laurier Avenue East, Ottawa, Ontario KIN 6R4, Canadá
Teléfono: 1/613 236-CHEF (2433) Fax: 1/613 236-2460
e-mail: ottawa@cordonbleu.net

### Sídney
250 Blaxland Road, Ryde, Sídney, Nueva Gales del Sur 2112, Australia
Teléfono: 61/2 9808 8307 Fax: 61/2 9807 6451

### Le Cordon Bleu Restaurant, Business and Management, Australia
163 Days Road, Regency Park, Adelaida, Australia del Sur 5010, Australia
Teléfono: 61/8 8348 4659 Fax: 61/8 8348 4661
e-mail: degree@cordonbleu.net

### New York Corporate Office
404 Airport Executive Park, Nanuet, Nueva York, NY 10954, Estados Unidos
Teléfono: 1/914 426 7400 Fax: 1/914 426 0104
e-mail: lcbinfo@cordonbleu.net
http://www.cordonbleu.net

### Brasil
Universidade de Brasilia-UNB, Centro de Excelencia em Turismo, Campus Universitario Darcy Ribeiro, Av. L3 Norte, ED. Finatec, CEP 70910-900 D.F. Brasil
Teléfono: 55/61 307 1110 Fax: 55/61 307 3201

### México
Universidad de Anahuac, Av. Lomas Anahuac s/n, Lomas Anahuac, México 57260, México
Teléfono: 52/5 328 8047 Fax: 52/5 596 1938

### Perú
Escuela Superior de Administración de Hotelería y Turismo, Av. Núñez de Balboa 530, Miraflores, Lima 18, Perú
Teléfono: 51/1 447 0437 Fax: 51/1 242 9209